기업가와 디스토피아

기업가와 디스토피아

초판 1쇄 2017년 12월 25일

지은이 이정희·장문석·은은기·황보영조
김성룡·양재열·김건우·최현미·도상윤

펴낸이 서길수
펴낸곳 영남대학교출판부

출판등록 1975년 9월 5일 경산 제16-1호
주소 경북 경산시 대학로 280
전화 053) 810-1801~3
FAX 053) 810-4722
홈페이지 book.yu.ac.kr

ISBN 978-89-7581-559-1 93900

이 도서의 국립중앙도서관 출판예정도서목록(CIP)은
서지정보유통지원시스템 홈페이지(http://seoji.nl.go.kr)와
국가자료공동목록시스템(http://www.nl.go.kr/kolisnet)에서
이용하실 수 있습니다. (CIP제어번호 : CIP2017033930)

기업사 시리즈 제2부

기업가와 디스토피아

이정희 · 장문석 · 은은기
황보영조 · 김성룡 · 양재열
김건우 · 최현미 · 도상윤 지음

영남대학교출판부

프롤로그

본서는 기업사 시리즈의 제 1부 <기업가와 유토피아: 기업가는 무엇을 꿈꾸는가>2016에 이어 기업이 초기 팽창과 성공 이후 부딪힌 비극적 좌절과 갈등의 세계, 즉 새로운 디스토피아로 빠져드는 모습을 그려내고자 하였다.

서양 각국의 대표적인 기업가들은entrepreneurs 등장 초기에 유토피아 꿈에 기초한 풍요와 거대한 부를 창출하는 데 성공하였다. 그러나 대기업으로 발돋음해 가면서 기업가들의 거대한 자본의 세계와 팽창은 겉으로 보이는 번쩍이는 아름다움과 우아한 건축물 뒤에는 서서히 파괴적이며 열악한 환경의 어둡고 음울한 세계, 즉 디스토피아가 번져가고 있었다. 경제적 유토피아를 내세우면서 공룡처럼 팽창했던 각국의 사적 기업들의 영향력과 세력의 한계는 기업 내 노동 분규와 수탈 그리고 정치의 개입 등에서 새로운 국면에 마주치게 되었다.

1910년대 아메리칸 드림과 '꿈'을 안고서 각국의 빈곤한 노동자들이 미국으로 이민의 방법으로 몰려 들었고 또한 남부에서 노예 신분에서 벗어 난 흑인들이 북부 콜로라도의 리들러 광산에서 일자리를 찾아 헤매었다. 그러나 이 광산은 미국의 최대의 기업가였던 죤 록펠러가 20여 년 1984년 벤자민 메릿으로부터 거의 공짜로 탈취하다시피 한 자산이었다. 오직 '이윤'만을 목표한 기업가들의 운영은 점점 더 많은 이익을 위해 노동자들의 임금을 수탈하거나 노동력을 압박해 갔다. 급기야 노동자들은 저항을 시작했고 이것은 다시 유혈적인 학살과 탄압을 불러 일으키면서 미국 사상 최악의 폭력이 발생하였다.

독일 나치스 정권은 국민들에게 자동차를 쉽게 가질 수 있다는 꿈을 선전했다. 히틀러는 자동차 대중화를 위해 저가 모델을 개발과 함께 새로운 고속도로 건설에 직접 개입하였다. 이 과정에서 결국 공장 건설의 재정을 담당한 기업가들의 '제국자동차협회'가 물러나게 되었다. 히틀러의 지원을 전폭적으로 받게 된 나치스당의 하부 조직이었던 어용적 '독일노동전선'은 폭스바겐의 모델 개발과 함께 생산과정을 장악하는 기회를 가졌다. 이들은 '국민차' 폭스바겐의 개발을 단순히 경제 성장이나 기술개발이나 일자리 창출이라는 차원이 아니라 '민족공동체' 조직를 위한 정치적 목적과 대중 선동에 이용하기 위한 도구로 활용하였다. 심지어 이 과정에서 '기쁨을 통한 힘' 조직은 국민들로부터 막대한 자금을 모금하여 전쟁 준비자금으로 활용하였다. 국민은 결코 국민의 차를 보급 받지 못하였다. 결국은 이것은 기업이 철저히 전체주의 국가 권력에 활용된 전형적인 사례가 되었다.

러시아에서도 국가 주도의 산업화가 진행되던 1880년 이후 점점 격렬해져 간 폭력적 노동 분규는 마침내 1905년 수백 명이 학살되는 '피의 일요일' 사건으로 비화되었다. 이 유혈적 비극은 곧 전국적 규모의 총파업으로 파급되었다. 급기야 전제 정부와 지배계층은 새로운 위기 앞에서 굴복할 수밖에 없었으며 이것은 1905년 혁명으로 연결되었다. 러시아에서 친슬라브주의적 애국주의에 의거한 기업가들의 순진한 경제적 유토피아의 한계를 극명하게 드러낸 국면이었다.

이처럼 기업이 전체주의 국가 권력에 시녀 역할을 하거나 수탈과 새로운 억압의 선두 주자가 됨으로서 인류를 밝고 풍요에 넘치는 유토피아로 끈 것이 아니라 오히려 대규모의 실업과 빈곤, 소외, 억압 또는 전쟁의 도가니로 끌어가거나 폭력과 학살로 얼룩진 어두운 디스토피아 세계를 낳는 사례들을 볼 수 있다. 우리는 이 일련의 사건에서 어떤 원인에서 기업이 그와 같은 한계와 취약성을 갖게 된 것인지, 또 동시에 기업이 어떤 배경 하에서 좌절하게 되는가에 대해서 살펴 볼 것이다. 또 이 역사적 탐구를 통해서 우리는 유토피아 이상을 위하여 기업이 행할 수 있는 역할에 대하여 진지한 통찰력을 얻을 수 있을 것이다.

본 연구자들은 영국, 미국, 프랑스, 이탈리아, 스페인, 독일, 러시아 등의 각국의 전문가들로서 각국의 기업가와 기업사를 연구하면서 각국의 기업가들이 매우 서로 다른 정치적 경제 사회적 배경을 갖고 발전해 왔음에도 불구하고 궁극적으로 모두 다 공통의 현상들, 즉 산업 노동자들의 소외와 저항, 사회적 대립과 갈등 그리고 국가 권력의 불공정한 개입 등을 별견하게 되었다. 기업의 성장은 국가의 정치와 사회구조를 떠나서 도저히 가능할 수 없다. 기술의 발전 또한 정치의 공정성이나 사회적 평등, 문화 가치의 공유와 별도로 존재할 수 없음을 새삼 확인할 수 있을 것이다. 기업가들의 유토피아의 이상이 단지 꿈으로만 그치지 않으려면 말이다.

어려운 연구 여건에도 불구하고 이 연구를 축적하여 마침내 책으로 공동 저서로 만들 수 있도록 노력해 온 8인의 연구자의 노고를 깊이 성원하며 또 공동저서로 편집하여 출판할 수 있도록 도와준 영남대학교 출판부에 진심으로 감사드린다.

2017년 12월 경산 압량벌 영남대 이정희

차례

제1장 서론

기업가의 꿈이 악몽이 될 때

장문석(영남대학교 역사학과 교수)

기업가는 부를 창조하면서 유토피아도 함께 창조한다. 그는 당장 자신의 이윤과 성공을 위해 일하지만, 그런 가운데 전체 사회의 부를 증대하며 성장과 번영에 기여한다. 기업가야말로 파이를 자르는 방식을 둘러싼 제로섬 게임에서 탈피하여 파이 자체를 크게 만드는 지속적인 성장과 번영의 유토피아를 창조하는 주역인 것이다. 그런가 하면 기업가는 부를 극대화할 수 있는 이상적인 기업 환경을 조성하거나 아예 부라는 수단을 통해 이상적인 공동체를 건설하려는 유토피아의 실험에 나서기도 한다. 역사는 그런 유토피아의 실험에 나선 기업가들의 사례를 드물지 않게 보여준다. 그런 점에서 기업가는 주요한 유토피아의 기획자이자 생산자라고 할 수 있다. 기업가의 유토피아가 기업사의 흥미로운 주제인 까닭이 여기에 있다.[1]

그러나 기업가에게 유토피아인 것이 다른 이에게는 디스토피아일 수 있다는 점이 역설적 현실로 다가온다. 예컨대 유럽인들이 아메리카에서 개발한 광산이나 농장은 유럽 기업가들에게는 천문학적인 이윤을, 그리고 덤으로 유럽 소비자들에게는 달콤한 설탕을 보장하는 유토피아였을지 모르지만, 그곳에서 일하던 원주민 노동자들과 아프리카에서 끌려온 노예들에게는 끔찍한 디스토피아였을 뿐이다. 그래도 이 경우는 유럽과 아메리카 사이의 공간적 거리가 유토피아와 디스토피아를 멀찍이 떨어뜨려 놓고 있어서 그나마 구분하기는 쉽다. 그러나 같은 공간에서 누군가에게 유토피아인 것이 가까운 다른 누군가에게는 디스토피아일 수 있었다. 가령 19세기 미국에서 '산업 지도자captain of industry'가 곧 '강도 귀족robber baron'일 수 있었던 것처럼 말이다. 과연 미국의 경우뿐만 아니라 부와 번영을 추구하는 기업가의 유토피아적 꿈이 부지불식간에 악몽으로 바뀌어 빈곤과 갈등을 양산하는 경우가 허다했다. 그러므로 기업가의 유토피아와 디스토피아는 아주 가까우며, 심지어는 동전의 양면이라고 할 수 있다.

무엇보다 기업가 안에 유토피아와 디스토피아가 공존한다. 부와 번영을 희구하는 기업가의 끝없는 욕망 자체가 다른 누구보다 그 자신에게 천국과 지옥을 동시에 맛보게 해주니 말이다. 그런 욕망이 충족될 때 기업가는 달콤한 낙원의 과실을 향유하지만 충족되지 못할 때에는 쓰라린 지옥의 고통을 감내해야 하는 것이다. 그와 같은 기업가의 디스토피아는 통상 위기 국면에서 극명하게 나타난다. 물론 위기의 원인은 다양하다. 당장 다른 기업가들과의 경쟁이 격화되거나 비용이 상승하고 수요가 하락하는 등 시장 여건이 악화되어 위기가 찾아온다. 또한 기업가의 비용 절감 노력이 노동자들의 반발을 야기하거나 특정한 정치적 목적을 추구하는 권력이 기업 활동에 간섭하면서 위기가 도래하기도 한다. 이런 위기들을 온전히 돌파할 수 있느냐의 여부가 기업과 기업가의 명운을 결정한다. 그렇기에 시장 변동과 사회정치적 변수들을 면밀히 고려하여 투자와 생산, 마케팅에서 적절한 전략을 구사하는 것이 이른바 기업가 역량entrepreneurship의 핵심적인 내용이 될 것이다. 그러나 제아무리 뛰어난 역량을 지닌 기업가라고 한들, 대공황처럼 예측하기 힘든 극적인 변동은 순식간에 끔찍한 디스토피아로 다가올 수밖에 없다. 반드시 대공황과 같은 극단적인 경우는 아니더라도, 시장의 불확실성 속에서 움직이는 기업가들에게 파산의 악몽은 항상 그림자처럼 따라다닌다.

그러므로 기업가는 본성상 유토피아와 디스토피아의 경계에 서 있는 존재다. 위기라는 시험대를 무사히 통과한 기업가에게는 막대한 보상이 기다리는 반면, 그렇지 못한 기업가에게는 파산의 악몽이 어른거린다. 예컨대 중세 상인들의 경우가 그 점을 잘 보여준다. 당시는 조선술이나 항해술도 형편없고 해적 떼도 극성을 부린 때였으므로 상품을 가득 실은 배가 안전히 입항할 때까지 상인들은 가슴을 졸여야 했다. 당시 원거리 무역의 이윤은 엄청났으므로, 무사히 입항만 하면 떼돈을 벌

수 있었지만 그렇지 못하면 일거에 파산을 면치 못했다. 물론 중세 상인들의 유토피아와 디스토피아는 '운'에 좌우되는 경향이 컸다고 할 수 있다. 근대 상인들의 경우는 조금 달랐다. 18세기 미국 필라델피아 상인 기업가들을 연구한 도어플링거Thomas M. Doerflinger에 따르면, '역경adversity'은 곧 '기회opportunity'로서, 역경에 진취적이고 도전적으로 대처할 수 있느냐의 여부가 기업가의 유토피아와 디스토피아를 갈랐다고 한다.[2] 곧 자신의 '덕'이 자신의 '운'을 결정했다는 것이다. 그러나 중세 상인이든 근대 상인이든 모두 위험부담을 떠맡고 모험을 무릅쓰는 존재라는 점에서는 본질적으로 차이가 없다. 그들은 항상 성공과 실패, 천국과 지옥을 오가는 존재인 것이다. 바꿔 말해, 기업가의 유토피아와 디스토피아는 마치 쌍둥이 형제처럼 함께 다니는 것이다. 이와 같은 기업가의 본질은 이탈리아 경영학자인 트렌토Sandro Trento가 다음과 같이 잘 요약하고 있다.

> 기업가는 자본을 소유하고 생산 수단을 통제하며 기업을 경영하는 사람이다. 이런 프로필에서 본질적인 양상은 **모험**과 연관되어있다. 무엇보다 기업가는 그 자체 변덕스런 수입을 받아들일 용의가 있는 사람인데, 이 수입이 얼마나 될 지는 기업 활동의 **불확실한** 결과들에 좌우되거니와 대부분 사전에 예측할 수도 없다.[3]

그러나 기업가의 디스토피아가 단지 불확실한 시장에서 활동하는 위험감수자risk-taker의 악몽만은 아니다. 오히려 디스토피아는 시장의 불확실성을 통제하고 이상적인 환경을 창출하려는 기업가의 유토피아적 꿈이 도전받고 좌절될 때 음습하게 찾아온다. 그런 디스토피아가 더 끔찍한 이유는, 기업가의 이상에 도전하는 이들이 기업가의 친숙한 대화 상대자들일 경우가 많기 때문이다. 예컨대 노동자들과 권력자들이 바로 그런 대화 상대자들이다. 기업가가 이상적인 노동의 공동체를 구상할 때 노동자들이 벌이는 파업 투쟁은 그런 기업가의 유토피아를 단번에 허물어뜨린다. 또한 기업가가 기업 활동의 이상적인 자유를 주장할 때 전체주의적 권력을 추구하는 이들은 기업가의 경영권까지 통제하려고 함으로써 자유의 유토피아에 재갈을 물린다. 기업가가 노동자들과 권력자들의 협력을 기대하는 만큼 그들의 적대적 반응은 기업가에게 큰 충격으로 다가올 수 있다. 그러므로 기업가는 자신에게 유토피아인 것이 다른 이에게 디스토피아일 수 있다는 진실을 이해할 필요가 있다. 즉 성공 신화를 꿈꾸면서 파산의 악몽에 시달리는 기업가 안에 유토피아와 디스토피아가 공존하듯이, 기업가의 유토피아는 곧 다른 이의 디스토피아로서 천국과 지옥의 거리는 한 뼘 차이밖에 되지 않는다는 것이다.

유토피아와 디스토피아의 **근접성**은 역사적 사례들을 잠깐만 훑어봐도 능히 확인된다. 먼저 기업가의 유토피아가 노동자들의 디스토피아와 맞부딪치는 경우를 보자. 유럽의 기업가들은 자본주의적 발전으로 양산되는 계급투쟁을 악몽으로 여기면서 그런 사회적 갈등을 완화하거나 예방하려는 다양한 노력을 기울였다. 특히 영국 산업화를 목격한 후발국 기업가들의 경우에 사회적 갈등을 봉쇄해야 한다는 문제의식이 훨씬 더 첨예했다. 그리하여 자본과 노동의 관계를 가장과 자식들의 관계로 표상하면서 다양한 목가적 '미장센'을 연출하는, 이른바 산업 온정주의industrial paternalism가 유럽 각국에서 다양한 형태로 나타났다. 그러나 기업가들의 온정주의적 노력에도 불과하고 노동 현장의 가혹한 현실은 여전했고, 노동자들은 온정주의를 희생과 복종의 요구를 눈가림하는 것으로 받아들였다. 가령 19세기 이탈리아의 위대한 온정주의 기업가인 로시Alessandro Rossi가 '새로운 스키오Nuova Schio'라는 원대한 유토피아적 공장촌을 기획하고 있었을 때, 스키오의 노동자들은 대규모 파업

투쟁에 나서고 있었다. 1873년 3월 22일부터 5일 동안 발생한 격렬한 파업은 로시에게 엄청난 배신감을 안겨주었다. 파업 이후 '새로운 스키오'를 위한 야심적인 구상은 결정적으로 왜소화되었다. 부드러운 곡선의 길은 건조한 직선 도로가 되고, 단독 주택은 공동 주택으로 대체되었다. 노동자들의 저항이 로시의 유토피아적인 온정주의의 기획을 허물어뜨린 셈이다.

비단 로시처럼 권위주의적 유토피아의 기획이 아니라고 해도 기업가의 유토피아는 다른 이들에게는 디스토피아였다. 가령 사회주의적 유토피아를 실험한 영국의 공장주 오언Robert Owen의 경우가 이채롭다. 그는 인간의 본성이 고정되어있는 것이 아니라 환경에 의해 형성된다고 믿고, 환경을 바꾸어 인간의 본성을 변화시키고자 했다. 그가 스코틀랜드에 세운 뉴 라나크New Lanark 공장은 당시에 유명세를 타며 방문객들로 북적였다. 오언은 쾌적한 환경에서 적게 일하고도 많이 생산할 수 있는 유토피아적 기획으로서 협동촌을 구상했다. 그러나 그가 1824년 미국 인디애나에 세운 협동촌인 뉴 하모니New Harmony—오언의 구상대로 미국에 세워진 15개의 협동촌들 중 최초의 것—는 이상만큼 조화로운 노동의 공동체가 아니었다. 뉴 하모니는 대개 낡은 기술에 기반을 둔 자급자족적 농업 공동체에 가까웠다. 그리하여 구성원들은 들판에서의 고된 노동에 시달려야 했고, 이상에 불탔던 중간 계급 출신의 노동자들에게 그런 거칠고 황량한 노동의 공간은 유토피아이기는커녕 끔찍한 디스토피아일 따름이었다. 이 변질된 유토피아에서는 구성원들 사이의 긴장도 끊이지 않아 당파들까지 생겨나며 분쟁이 일어났다. 오언은 이 공동체들을 계속해서 재정 지원하다 결국 파산하고 말았다. 요컨대 오언의 사회주의적 유토피아도 다른 누군가에게는 디스토피아였던 셈이다.

기업가의 유토피아는 노동자들뿐만 아니라 국가 권력에게도 디스토피아로 간주될 수 있었다. 특히 국가 권력을 극대화하고자 한 권위주의적·전체주의적 국가에게 기업가의 자유는 체제에 대한 수상쩍은 도전으로 받아들여졌다. 물론 기업가들은 권력이 이윤 극대화를 보장해주는 지렛대가 되어주기를 희망했다. 실제로 많은 경우에 국가 권력은 노동 운동을 통제하고 수요를 보장하며 외국 경쟁자를 차단하는 등 기업 활동에 특혜를 베풀었다. 그래서 기업과 국가의 평화로운 동행은 모든 기업가의 유토피아적 꿈이기도 했다. 그러나 '약'이 '독'이 되듯이 특혜는 응분의 대가를 요구하기 마련이었다. 이탈리아 파시즘과 독일 나치즘의 경우는 기업과 국가의 특권적 관계가 일부 기업가들에게 비극적인 운명을 초래하기도 했음을 보여준다.

예컨대 20세기 이탈리아 최대의 자동차 기업인 피아트Fiat는 파시스트 체제의 수혜를 향유하면서 "보호받는 독점"으로 불리기도 했으나 파시스트 체제와 노동조합의 경영권 간섭에 시달려야 했다. 무솔리니Benito Mussolini는 피아트를 '국가 속의 국가'로 비난하면서 피아트에 대한 다양한 위협과 제재를 가하곤 했다. 로마의 무솔리니에게 토리노Torino의 아녤리Giovanni Agnelli는 중앙 권력을 위협하는 지방의 불온한 봉건 영주나 다름없었다. 그리하여 포드주의를 향한 아녤리의 유토피아적 열정에 힘입어 '이탈리아의 디트로이트'로 변모하고 있던 토리노는, 기업 활동의 완전한 자유를 추구하는 아녤리와 지방 파시스트들의 대립과 갈등이 일어나는 그로테스크한 공간이 되었다. 비록 피아트는 정치 권력과의 교착 상태로부터 간신히 벗어날 수 있었지만, 몬테카티니Montecatini와 같은 기업은 체제의 원조로 번창하면서도 체제의 무리한 요구까지 들어주다 결국 파산의 운명을 면치 못했다. 기업가의 유토피아와 디스토피아 사이의 거리가 멀지 않다는 점을 새삼 입증해주는 사례가 아닐 수 없다.

<1-1> 파시즘과 기업가, 토리노(1932)

가운데가 베니토 무솔리니, 맨 오른쪽이 피아트의 조반니 아넬리

출처: Wikimedia Commons

이와 관련하여 독일 나치즘과 폭스바겐Volkswagen의 관계는 또 다른 흥미로운 사례가 된다. 나치 체제는 '국민차'를 선전하면서 폭스바겐의 개발과 고속도로의 건설을 정력적으로 추진했다. 국가가 앞장서 새로운 실용차의 개발과 생산의 모든 과정을 주도하려고 했다. 그런가 하면 거대한 대중여가 조직인 '기쁨을 통한 힘Kraft durch Freude'을 통해 대대적인 모금 운동도 전개했다. 이는 나치 체제가 집요하게 국민의 지지와 동의를 창출하고 조직하려고 한 기제였음을 보여준다. 그러나 이런 '포퓰리즘'이 궁극적으로 '전체주의'를 추구한 나치즘의 정치적 목적을 위한 것이었음은 두말할 나위가 없다. 요컨대 폭스바겐의 사례는 기업이 얼마나 쉽게 정치 권력에 의해 동원되고 이용될 수 있는지를 웅변으로 말해준다. 그리하여 서양 문화에서 자유의 상징이라고 할, 자동차의 소유라는 유토피아적 꿈에 부풀었던 독일 국민들은 결국 아마겟돈이나 다름없는 잔혹한 전쟁에 동원됨으로써 한순간에 디스토피아로 추락했던 것이다.

한편, 기업가들은 이탈리아와 독일의 경우처럼 전체주의적 권력과 갈등하거나 권력에 이용되는 길을 피하기 위해 다른 손을 빌리지 않고 스스로 정치 세력화를 추구하기도 했다. 가령 1905년 '피의 일요일' 이후 러시아의 상인 기업가들은 사회적 지탄의 대상이 된 시점에 '부르주아 정당'을 결성하고 두마로의 진출을 꾀했다. 그 이전까지 토지 귀족과 젠트리층, 인텔리겐치아 모두로부터 열등한 세력으로 배척당한 기업가 세력이 독자적인 정치 세력으로 출현하려는 찰나였다. 그러나 두마 내의 자유주의 세력과의 제휴도 여의치 않았고, 젠트리층과 인텔리겐치아 모두 이 상인 기업가 세력을 경원시했다. 마침내 1914년 전제정의 두마 해산령으로 기업가들의 정치 세력화를 위한 실험은 참담한 실패로 끝나고 말았다. 이는 곧 기업가들의 정치적 유토피아가 한순간에 물거품이 된 사건이었다고 하겠다. 그리하여 기업가들이 정치 권력과의 동맹을 꿈꾸든, 스스로 정치 권력화되기를 꿈꾸든 간에 꿈은 악몽으로 변하고 말았다. 어쩌면 권력의 **미토스**mythos와 기업의 **로고스**logos 사이의 행복한 동행이라는 꿈 자체가 너무도 유토피아적이어서 디스토피아로의 추락을 피할 수 없었을지 모른다.

그런데 기업가의 미토스가 기업가 자신의 로고스를 압도하는 경우도 있었다. 이 경우에 기업가의 유토피아는 노동자들과 권력자들에 대해서뿐만 아니라 기업가 자신에게도 디스토피아가 될 수 있었다. 이 경우는 아주 특이하고도 흥미로운 사례로서 별도의 논의가 필요함 직하다. 이 논의를 위해서는 기업가에 대한 슘페터Joseph A. Schumpeter의 통찰이 유용하다. 그에 따르면, 기업가는 단순히 이윤 동기로 움직이는 존재가 아니다. 기업가에게는 더 심오하고 내밀한 미토스가 있다. 슘페터는 기업을 하나의 왕국이나 제국으로 영원히 존속시키려는 왕조 개창자의 신화적 욕망—"사적 제국을 건설하려는......자기 왕조를 건설하려는 꿈과 의지"—을 기업가의 숨겨진 동기로 들추어냈다.[4] 실제로 역사상 수많은 기업가들이 그런 미토스적 욕망을 숨김없이 드러내며 가족 기업을 일구고 이를 후대에 물려주었다. 필멸의 현실 앞에서 불멸을 추구하는 기업가의 미토스, 즉 신화가 가족 기업을 일으키고 번성하게 한 원동력이 된 셈이다. 그러나 그런 유토피아적 꿈은 오래 지속되지 못했다.

기업사가들 사이에서 통용되는 이른바 '부덴브로크 신드롬Buddenbrooks syndrome'은 3대를 넘기지 못하고 스러져가는 가족 기업family firm, family business의 비극적 운명을 표현한다. 독일의 문호 토마스 만Thomas Mann의 대하소설인『부덴브로크 가의 사람들』에서 비롯된 이 용어는, 기업을 통해 불멸을 꿈꾸는 모든 기업가의 묵시록이라고 할 만하다. 요컨대 '부덴브로크 신드롬'이라는 일종의 유전병은 1-2대에 불굴의 의지와 탁월한 능력으로 가업을 세우고 반석에 올려놓지만, 3-4대에 기업가 역량이 감퇴하고 데카당스에 빠지며 몰락하는 기업 가문의 필연적 종말을 예고한다. 이 '부덴브로크 신드롬'에서 불멸의 근원적 욕망이 강렬할수록 몰락의 비극성도 그만큼 짙어진다. 이런 불멸과 몰락의 이중성은 부덴브로크 가의 3세대를 대표하는 토마스의 말에서 고스란히 드러난다. 그는 다음과 같이 반문한다. "내 아들 속에서 계속 살아가기를 난 희망했는가?" 그리고 이렇게 읊조린다. "후손 속에서 영광스럽고도 역사적으로 존속하겠다는 우려 섞인 생각, 얼마 안 가 결국 역사적으로 해체되고 분해될 것에 대한 두려움."[5] 그의 읊조림은 지상에서 영원으로의 승천을 꿈꾸는 기업가의 유토피아가 몰락의 디스토피아라는 다른 얼굴을 갖고 있음을 웅변해주는 듯하다.

<1-2> 토마스 만의『부덴브로크 가의 사람들』 초판본(1901)
출처: Wikimedia Commons

과연 이상에서 살펴본 다양한 사례의 디스토피아적 현실들은 필경 기업가에게 유토피아인 것이 노동자들과 권력자들, 심지어 기업가 자신에게도 디스토피아일 수 있음을 보여준다. 그런 사례들에서 유토피아로부터 디스토피아로의 전이는 마치 손바닥 뒤집듯 손쉽게 일어나는 것 같다. 이는 거듭 강조하거니와 유토피아와 디스토피아가 한 뼘 차이에 불과하고, 심지어 동전의 양면일 수 있다는 점을 함의한다. 그러므로 기업가가 마주 대면하는 현실은 항상 유토피아와 디스토피아가 교차되고 착종되어있다고 할 수 있다. 이처럼 기업가가 직면하는 복합적이고 경계적인 현실을 **헤테로토피아**heterotopia라는 독특한 용어로써 설명할 수도 있다.

일찍이 이 용어를 영감에 넘치는 방식으로 제시한 푸코Michel Foucault에 따르면, 헤테로토피아란 유토피아와 디스토피아가 뒤얽힌 채 기성 장소들을 도치하고 전위시키는 "다른autre" 장소, 혹은 장소 바깥의 장소를 말한다. 푸코에 따르면, 유토피아가 현실에 장소가 없는 정신적 구성물이라면, 헤테로토피아는 위치를 갖는 "현실화된 유토피아"라고 할 수 있다. 헤테로토피아가 '혼재향混在鄕'으로 번역되는 데서도 알 수 있듯이, 이곳은 유토피아와 디스토피아, 정상과 비정상, 이성과 광기, 선과 악의 이항대립이 해체되고 자리바꿈이 일어나며 모순적 경험들이 공존하는 공간이다. 이를테면 묘지와 감옥, 사창가, 휴양촌, 심지어 다락방 등을 떠올릴 수 있다. 바로 그런 공간에서 유토피아적 꿈들과 그런 꿈들의 좌절, 다시 말해 디스토피아로의 추락을 동시에 포착하는 개념을 발견할 수 있다. 정치학자 콘Margaret Kohn은 그런 헤테로토피아가 사회통제의 공간이 될 수도 있고 권력에 대한 게릴라 투쟁의 거점이 될 수도 있다고 본다. 그렇다면 헤테로토피아라는 모순적 공간이 열어놓는 새롭고도 다양한 가능성들은 또 다른 유토피아의 생산을 위한 무대가 될 수도 있다.[6]

<1-3> 미셸 푸코

출처: Wikimedia Commons

앞에서 말한 로시와 오언의 좌절된 유토피아적 꿈의 무대인 '새로운 스키오'와 '뉴 하모니'가 그런 헤테로토피아의 전형적인 사례로 보인다. 그런가 하면 아넬리가 건설하던 '이탈리아의 디트로이트'도 기업가의 유토피아와 파시스트들의 디스토피아가 맞닥뜨린 독특한 헤테로토피아의 공간일 듯하다. 심지어 러시아 상인 기업가들의 정치적 유토피아가 전제정에 의해 좌절된 무대인 두마 역시도 헤테로토피아의 공간일지 모른다. 이런 사례들보다 더욱 흥미로운 것은, '부덴브로크 신드롬'이라는 저주의 마법이 걸린 가족 기업 자체도 일종의 헤테로토피아적 공간으로 보인다는 점이다. 가족 기업 자체가 '가족'이라는 미토스와 '기업'이라는 로고스가 혼재하는 이질적이고 모순적인 공간이 아니던가! 또한 가족 기업의 한 축을 이루는 가족도 삶과 죽음, 지상과 영원이 혼재하는 공간이며, 다른 한 축인 기업 역시 횡재와 파산, 성공과 실패가 혼재하는 공간이다. 그러므로 가족 기업은 서로 이질적인 것들의 유토피아들과 디스토피아들이 어지럽게 혼재하는 전형적인 헤테로토피아의 공간처럼 보이는 것이다.

그러나 그런 헤테로토피아들은 좌절과 추락, 왜곡, 부패, 타락을 경험한 "현실화된 유토피아"지만 출구 없는 닫힌 공간이 아니다. 오히려 그곳은 모든 가능성에 열려있는 장소다. 예컨대 '새로운 스키오'는 구상에 비해 왜소하게 실현되었지만 당대 및 후대 관찰자들의 영감을 불러일으킨 기념비적인 공간으로 남았다. 과연 도시 한가운데 세워진 이상적 노동자 동상인 '몬테베르데Monteverde'와 신식 보육원의 박공벽에 새겨진 모토인 '아이 속에 희망이In puero spes'라는 말은 로시의 원대한 유토피아적 꿈을 계속해서 대변하고 있다. 그런가 하면 '이탈리아의 디트로이트'에 건설된 미래주의적 공장인 린고토Lingotto 역시 아녤리의 꺾이지 않는 포드주의의 유토피아적 집념을 형상화한다. 심지어 '부덴브로크 신드롬'의 저주를 받았다고 생각된 가족 기업들도 그저 몰락의 운명을 수동적으로 기다리고 있지는 않았다. 실제로 수많은 가족 기업들이 가족 자원을 적절히 이용할 뿐만 아니라 가족 **외부의** 전문 경영자들을 적시에 영입함으로써 마주친 위기들을 타개하면서 오랫동안 성공을 구가했다. 실제로 몰락한 가족 기업들도 잘 헤아려보면 그 실패의 이유는 신의 저주가 아니라 인간적 오류에 있었다. 사실이 그렇다는 것은 '부덴브로크 신드롬'에 대한 존스Geoffrey Jones와 로즈Mary Rose의 다음과 같은 명쾌하고도 단호한 판단이 잘 보여주고 있는 바다.

확실히, 1930년대에 브롬리 가문Bromleys이 3세대에 이르러 쇠락한 것은 사실이지만, 이는 만성적인 전략적 오판 때문이지, 부덴브로크 기제가 작용했기 때문이 아니다. 이 가족 소유 직물회사는 브롬리 가문의 5세대 수중에서 1992년까지 멀쩡히 생존했다.[7]

<1-4> 이상적 노동자상, 스키오

출처: Wikimedia Commons

<1-5> '아이 속에 희망이', 로시 보육원

출처: Wikimedia Commons

<1-6> '이탈리아의 디트로이트', 피아트 린고토 공장의 옥상 시험주행로 건설 현장

출처: Archivio Storico Fiat

이상의 사실들은 기업가의 유토피아, 디스토피아, 헤테로토피아가 빠져나올 수 없는 '트릴레마trilemma'-삼자택일의 궁지-를 이루고 있는 것이 아님을 암시한다. 결국 우리가 '기업가와 디스토피아'라는 연구에서 알아내고 싶은 것은, 단지 기업 활동에 '밝은' 측면만이 아니라 '어두운' 측면도 있다는 사실 자체가 아니다. 우리가 궁극적으로 밝혀보고 싶은 것은, 기업가의 유토피아가 때때로 디스토피아적 악몽으로 변하거나 헤테로토피아적 현실을 낳지만, 그런 암울한 결과를 치유할 수단도 다름 아닌 기업가 역량에서 발견할 수 있지 않겠느냐는 가설이다. 만일 이런 가설이 옳다면, 기업가는 자신의 유토피아를 투사하면서 자신과 타자 모두에게 디스토피아일 수 있는 어떤 힘겨운 문제들도 산출하지만, 그런 문제들을 해결할 수 있는 수단도 보유하는 독특한 존재인 것이다. 사실, 바로 이 점이야말로 기업가 역량의 정수를 이루고 있지 않을까 한다. 그러므로 사회의 향상과 개혁을 추구하면서 기업가의 손을 빌리지 않을 이유는 없다.

이처럼 기업가가 그 자체 '문제'이자 동시에 '해결책'일 수도 있다는 가설은 이번 연구에서 본격적으로 다루기는 힘든 쟁점이다. 후속 연구가 필요한 까닭이다. 우리는 이번 연구를 포함하여 그동안 축적한 연구 성과를 바탕으로 기업가 혹은 기업가 역량이 세상을 변화시키고 인류를 구원하는 잠재적 힘으로서 기능할 수 있는지를 탐구하는 새로운 주제에 도전해볼 것이다. 이 새로운 주제에 잠정적으로 제목을 붙이면 '기업가와 박애'가 적절하지 않을까 한다. 이 주제는 최근 기업사에서 진지하게 연구되고 있으며, 실천적으로도 뜨거운 쟁점이 되고 있다. 그러나 이 주제를 잘 다루기 위해서라도 그에 선행하는 이미 다른 책에서 다룬 '기업가와 유토피아' 그리고 이번 책에서 다루는 '기업가와 디스토피아'라는 주제는 철저하게 연구되고 그 연구 성과가 폭넓게 공유될 필요가 있을 것이다. 아무쪼록 이 책이 기업가라는 존재에 대한 깊이 있는 학술적·사회적 논의를 위한 밑거름이 될 수 있기를 희망한다.

존 D. 록펠러John D. Rockefeller와 러들로Ludlow 학살: "우리의 뼈가 록키산맥의 눈처럼 하얗게 바랠 때까지"

양재열(영남대학교 역사학과 교수)

1914년은 헨리 포드Henry Ford의 T형 자동차가 대량 생산되어 자동차 유토피아Utopia가 시작된 해이다. 그러나 같은 해 서부 콜로라도주 러들로 광산에서는 학살이 일어났다. 한 쪽은 유토피아가 도래하고 한편은 디스토피아Dystopia가 공존하고 있었던 곳이 미국이었다. 이 시대는 국민 총생산량은 커졌으나 그 대부분은 기업가들과 재벌들이 가져갔다. 쉽게 말하면, 파이 덩어리는 커졌으나 그 파이 대부분을 기업가들이 먹고 나머지 극히 적은 부분을 노동자들이 다 같이 나누어 먹었다. 부자들은 배가 터져 죽을 지경이나 노동자들은 배가 고파 죽을 지경이었다. 또한 부자들은 그 파이를 노동자들에게 나누어 주고 싶은 마음이 추호도 없었다.

존 D. 록펠러는 노조에 가입한 파업 노동자들에게는 적대적이었다. 그러나 자기가 직접 만나지도 않고 만날 수 없는 이들에게는 자선을 베풀었다. 왜 가까이 있고 자기가 소유한 기업들의 노동자들에게는 적대적이었을까? '보이지 않는 손'이 자선을 도운 것인가? '보이는 손그것도 더러운 손'인 노동자들에게는 적대감을 보인 것이 록펠러였다. 당시 미국에서는 노·사간의 '수요 공급' 원칙에서 노동자들이 불리하였다. 대기업은 노동자들의 임금을 삭감하고 노동환경 개선에는 관심이 없고, 노동 시간을 연장하여 이윤 극대화를 추구하였다.

1914년 4월의 미국 콜로라도 주 러들로에서 일어난 학살 사건은 기업가의 노동자 탄압의 대표적인 사건이다. 러들로에서 일어난 학살에 대해 많은 학자들은 미국사에서 '노사관계의 전환점'이라고 주장한다. 예를 들면, 토마스 앤드류스Thomas G. Andrews는 이 사건을 미국사에서 가장 비극적인 '노동전쟁'이라고 불렀다. 그는 미국노동운동사에서 이 사건은 '순교자'의 역할을 했다고 평했다. 그리고 1982년 대선에서 민주당 대통령 후보로 나섰던 조지 맥거번George McGovern은 1972년 저서에서 '피에 물든 교훈'이라고 평했다. 비슷한 성향의 역사가인 스캇 마르텔Scott Martelle은 러들로 파업 광부들을 '자유의 투사'라고 불렀고, 그들은

"정치적 도식의 고리를 깨는데 일조를 했다"고 평했다. 이런 견해는 하워드 진의 견해와 다르지 않다.[1]

그러나 이들의 주장은 최근에 일부 비판을 받고 있다. 사실상 오랫동안 파업을 준비하고 전국적인 노조가 지원하였고, 상대방만큼이나 무장을 한 광부들의 파업이 실패하고 상호간에 많은 사상자가 났느냐는 것이다. 록펠러에게 우호적인 저자들은 사전에 잘 조직된 광부들이 파업에 왜 실패했는가 하는 점을 지적하고 있다.[2]

존 D. 록펠러에 대한 학자들의 견해도 두 부류로 나뉘어져 있다. 혁신주의나 신좌파 학자들은 록펠러는 잔인한 합병과 기업 통합을 통하여 재벌이 된 기업가의 대표적인 인물이라고 주장한다. 그는 무자비한 악덕기업인의 대표적인 인물로 치부되었다. 예를 들면, 아이다 타벨Ida Tarbell은 그를 '야심찬 악당들' 중에 대표적인 인물로 언급하였다.[3] 한편 어떤 학자들은 록펠러그의 아들인 존 록펠러 2세를 포함해서가는 다른 '강도귀족'들과 달리 사업에서나 사생활에서나 독실한 기독교인 신사로서 품위를 잃지 않았다고 보는 사람도 있다.[4]

록펠러 부자父子의 노동자관은 매우 부정적인 입장이다. 그들은 자선과 박애로 미국인들을 도우려고 했지만, 기독교적인 사랑은 오직 익명의 미국인중산층들에게만 적용되었다. 록펠러는 회사의 적이라고 생각되는 노조 가입 노동자들에게는 적대감과 편협한 태도를 보였다.

또 록펠러가 러들로 학살에 개입했는지의 여부도 학자들마다 그 견해가 다르다. 일부는 정경유착과 이윤에 눈이 먼 기업가가 노동자들을 학살한 것으로 보고 있다.[5] 그러나 어떤 학자들은 록펠러는 전혀 그럴 마음이 없었으나 먼 곳에 떨어져 있고 단속이 불가능였고, 현지 경영자들의 과도한 충성심이 파업 광부들을 죽음으로 몰았다고 주장하고 있다.[6]

이 글은 1914년 4월 20일 전후 미국 콜로라도 주 러들로에서 일어난 노동조합 측 파업 광부들과 록펠러혹은 회사 측의 민병대, 주방위군, 용병들의 충돌과 그로 인한 죽음과 그 후 록펠러가문의 대응에 대해서 쓰려고 한다. 그러기 위해서 록펠러의 전사前史로 기업 합병과 록펠러가의 노동자와 노조에 대한 관점을 먼저 쓰고, 러들로 학살특히 1914년 4월 20일의 과정을 상세하게 기술하려고 한다.

존 D. 록펠러John D. Rockefeller: 1839-1937의 기업 합병

<2-1> 존 D. 록펠러

19세기 후반과 20세기 초는 기업가들이 미국을 지배한 시대였다. 이 시대는 기업가들의 외적인 성장과 노동자들의 빈곤이 대조되는 전형적인 '도금시대'였다. 이 시기의 전형적인 사업가는 존 D. 록펠러였다. 1859년 3월 록펠러는 클라크M .B. Clark와 오하이오주 클리블랜드시 부둣가의 허름한 창고건물에 '클라크 앤드 록펠러'라는 간판을 내걸고 사업을 시작했다.

'클라크 앤드 록펠러' 회사는 온갖 돈 되는 물건은 다 취급했다. 회사를 개업한 첫 해 4,400달러, 다음 해에 1만 7,000달러의 흑자를 기록하며 급성장하였다. 더욱이 1861년 4월에 시작된 남북전쟁은 그들의 사업에 새로운 도약의 기회를 제공했다. 전쟁이 치열해질수록 군수물자의 주문이 쇄도했고, 상품가격은 치솟았다. 그 결과 '클라크 앤드 록펠러'사는 클리블랜드에서 가장 군수품 납품을 많이 하는 회사로 성장했다. 남북전쟁 당시 에이브러햄 링컨Abraham Lincoln 대통령은 "군수품의 부정부패가 엄청나며, 물품가격의 허위 청구나 불량 군수품 납품이 적지 않게 적발된다."[7] 고 지적하고 있다. 록펠러회사도 마찬가지로 엄청난 부당 이익을 취하고 있었다.

남북전쟁이 끝나자 록펠러는 석유에 관심을 돌렸다. 당시에 연방정부가 석유에 보조금을 지불하자 그 가격이 35센트에서 13.5$로 치솟았고, 원유 시추업자들이 우후죽순처럼 생겨났다. 경쟁이 심한 원유 채굴보다는 원유를 정제하는 것이 전망이 있다고 록펠러는 생각했고, 선견지명이 있었던 것이다.

록펠러는 1866년 동업자인 M.B. 클라크, 새뮤얼 앤드류스Samuel Andrews와 함께 8,000달러를 투자해 엑셀시어 워크스Excelsior Works사라는 정유회사를 만든다. 이 회사는 하루에 500여 배럴을 생산해 클리블랜드 지역의 대규모 정유소의 하나로 성장했다. 그 다음 단계로 록펠러는 1867년 헨리 플래글러Henry Flagler의 스탠더드 워크스Stand Works사와 동업관계를 이루어 1일 생산량이 1,500배럴로 증가하게 되었다. 이제 시급한 일은 신뢰할 만한 운송 수단을 충분히 확보하는 일이었다.[8] 이때부터 록펠러는 대규모 경영에서 비롯되는 이익을 누릴 수 있었다. 또한 그는 공급업자와 판매업자의 횡포로부터 회사를 보호하기 위해 철도 근처에 정유저장소를 세우고 운송수단을 확보하고 뉴욕 항에도 창고를 마련했다.

1870년 이후 석유산업은 과잉 생산에 따른 불황에 직면했다. 1865년부터 1870년 사이에 정제된 등유가격이 50% 이상 하락하면서 대부분의 정유업체는 갤런 당 수익 마진이 1865년 19.5센트에서 1869년 7.9센트까지 하락했다. 이 같은 전반적인 어려움에서 러록펠도 예외일 수는 없었다. 1865년 갤런 당 수익 마진이 43센트에서 1870년 17센트로 줄었던 것이다.[9] 하지만 록펠러 회사의 마진은 플래글러가 철도회사와 협상을 벌여 운송비를 절감했기 때문에 다른 정유업체의 평균 마진에 비해 높았다.

록펠러는 1870년 뉴욕 센추럴New York Central사의 자회사인 레이크 쇼어 철도Lake Shore Railroad사와 특별 계약을 체결했다. 계약 내용은 레이크 쇼어가 배럴당 운송료를 공시가격인 2달러에서 35% 할인해 1.30달러로 낮추는 조건으로 록펠러 회사는 레이크 쇼어의 클리블랜드와 뉴욕간 철도노선을 통해 1일 60배럴의 정유 운송량을 보장해 주겠다는 것이었다.[10] 이 같은 할인계약은 당시 철도사와 대기업간에 이루어졌던 일반적인 관례였다. 이런 방식으로 대기업이 중소경쟁업체에 비해 불공정한 특혜를 누린 것은 사실이었지만 이때까지만 해도 전혀 법에 저촉되지 않았다. 당시 미국에서는 근대적 기업이 처음 만들어지고 여러 가지 일이 벌어지고 있었으나 법은 아직 요원하였다.

1870년 록펠러는 동료들과 원유 생산업체와 철도회사에 더 많은 영향력을 행사하기 위해 동료들과 클리블랜드 정유업체를 하나의 기업으로 통합하는 일을 추진했다. 록펠러는 우선 동업관계에 있던 엑셀시어 워크스와 스탠더드 워크스를 통합해 주식회사 형태인 스탠더드석유회사Standard Oil Co.를 설립했다. 자본금 100만 달러로 출발한 스탠더드석유회사는 후에 수십억 달러의 자본금을 가진 대기업으로 성장하게 된다.

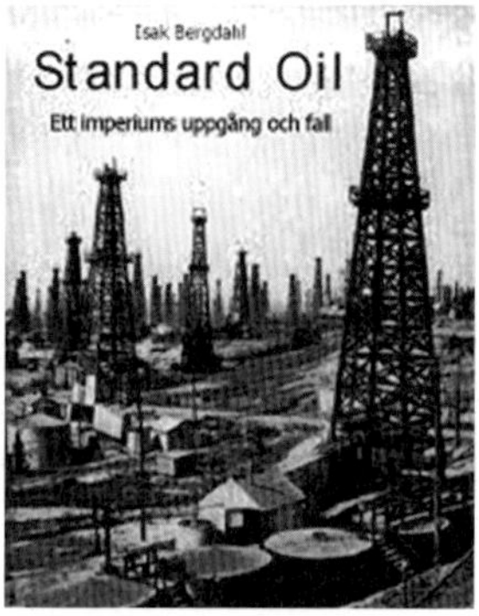

<2-2>
스탠다드 오일 석유회사

스탠더드석유회사를 설립한 후 록펠러는 클리블랜드에 있는 작은 규모의 경쟁업체들을 합병하기 시작했다. 소위 말하는 '클리블랜드 학살'이 시작되었다.[11] 가장 대표적인 예를 들어보자. 우선 당시 스탠다드석유사의 경쟁업체였던 클락 & 페인사Clark, Payne & Company의 이사였던 올리버 H. 페인Olive Paine과 맺은 협상이었다. 페인이 운영하던 회사는 회사명에서 알 수 있듯이 록펠러의 동업자였던 클라크 형제가 지분이 있었다. 페인은 예일대학교를 나온 지역 유지였고, 록펠러와 같은 클리블랜드고등학교 동기동창이었다.

록펠러는 그에게 월워스런Walworth Run 정유소를 팔고 스탠다드석유사 경영진으로 합류할 생각은 있는지 타진했다. 새로 발행한 주식을 모두 배당한다는 조건이었다. 모계 쪽으로 클리블랜드 지방 창시자의 자손이었던 페인은 돈에는 그다지 관심이 없었으나 전도유망한 기업의 경양 참여하는 일에 관심을 보였다. 이런 방법으로 록펠러는 경쟁자를 협력자로 만들었다.[12]

그 다음, 그는 페인의 사례를 들어 존 스탠리John Stanley를 설득해 그의 정유소를 손에 넣었다. 록펠러는 정유업자들과 협상을 할 때 보상금이나 매도금보다는 스탠더드석유사의 주식을 제시하는 편이었다. 스탠다드석유사의 가치를 알아본 사람들은 주식을 양도받았고, 그렇지 않은 사람들은 현금을 선호했다. 록펠러가 주식을 선호한 것은 당장 부족한 현금을 주기보다는 주식이 안전하였기 때문이다. 사실 그의 제안을 받아들여 주식을 보유했던 사람들은 훗날 상당한 부를 축적했다.

이렇듯 록펠러는 협잡이나 헐값으로 다른 회사를 합병하지는 않았다. 가장 기본적인 상도덕을 지키고 있었던 것이다. 록펠러는 스스로를 '기업 사냥꾼'이 아닌 '위기 조정자'로 여기는 사람이었다. 어쩌면 맞는 이야기인지도 모른다. 록펠러의 회고록에는 "1871년 후반에 클리블랜드에 있는 주요 정유소를 사들였다. 매입 당시 혼란스럽고 불확실한 상태로 운영하던 기업이 많았고 정유업자들은 사업에서 벗어나기를 간절히 바라고 있었다. 보상금은 현금이든 스탠더드석유사 주식이든 상관없이 그들이 원하는 대로 지급했다. 모든 매입 건은 궁극적으로 신의 성실을 유지하며 공정하게 진행되었다."[13]고 쓰고 있다. 그러나 대다수 합병과 관계없는 미국인들이나 록펠러의 주식과 회사 실적이 획기적으로 올라가는 것을 본 매도자들은 억울하다고 생각했고 비난을 했던 것이다.

하지만 독점을 향한 그의 여정에 방해가 되면 그 누구든 용서하지 않았다. 장인과 함께 정유회사를 운영하던 동생 프랭클린 록펠러Franklin Rocefeller가 인수에 협조하지 않자, 록펠러는 동생의 회사마저 파산시켰다. 그리고 플랭클린의 장인 윌리엄 스코필드Willaim Scofield가 '다시는 정유업을 하지 않겠다'는 구속 계약을 어기고 새로 정유업에 뛰어들자 록펠러는 그를 소송했다. 그에게는 형제도 사돈도 예외는 없었다.

심지어 록펠러는 자신의 첫 회사 상사였던 아이작 L. 휴이트Issac L, Hewitt의 정유회사도 인수했다.[14] 록펠러는 "당신은 모르는 나만의 독특한 돈벌이 방법이 있습니다."라고 상대를 심리적으로 압박함으로써 15만 달러에 해당하는 회사를 6만 5천 달러에 인수했다.[15]

위에서 언급했듯이, 록펠러만의 이윤추구 방법은 철도회사와의 리베이트 계약이다. 작가인 엘라 G. 윌슨Ella G. Wilson은 그랜드 푸트Grand Foot사를 운영하던 그녀의 아버지가 록펠러의 협박에 굴복하지 않자, 탄탄하던 회사는 얼마 지나지 않아 파산했고, 그의 아버지는 자살을 택했다고 증언했다. 심지어 그의 아버지는 록펠러와 같은 침례교인으로 친분이 있었다. "아버지는 당신의 사업에 밀어닥친 이 끔찍한 재난으로 거의 제 정신이 아니었어요. 이후 아버지는 두 번 다시 교회에 발을 들여놓지 않으셨어요."[16]라고 증언했다.

아이다 타벨은 그녀의 스탠다드석유사 이야기에서 다음과 같이 표현했다.

"록펠러의 야심찬 삶은 빨리 흘러가고, 여전히 젊었으며, 돈의 힘을 잘 알았다....그는 그의 욕구를 충족시킬 수 있었다. 그는 그의 정제유를 세계 곳곳에 보낼 수 있었다. 그의 욕심을 막을 만한 것이 없었고, 그의 희망과 야망을 꺾을 것이 없었다."17

<2-3> our plan

1872년 말 스탠더드석유사는 클리블랜드 정유생산의 80%를 차지하면서 명실 공히 미국 최대의 정유업체로 부상했다. 한 걸음 더 나아가 록펠러는 1872년 8월 '미국정유협회'National Refiners' Association를 결성했다. 그리고 자신이 회장직을 맡아 정유업체의 이익을 대변했다. 이 카르텔은 주요 정유 지대의 대표자들과 원유 생산 지역의 대표자들을 포함하였다. 이 대표자들은 원유 구입과 정유된 석유나 등유 판매에 대하여 쿼터를 배분하였다. 록펠러는 이 같은 카르텔을 혼란된 경제 질서를 바로 세우기 위한 것이라고 합리화했다.18 그러나 실제는 무자비한 합병과 독점을 향한 길이었다.

록펠러는 클리블랜드 지역에 있는 정유회사들을 하나의 기업으로 합병하여 수직적 통합을 하고 난 뒤, 수평적 통합트러스트을 시도하였다. 이렇게 클리블랜드에서 학살이 끝나자 스탠더드석유사는 주변 지역을 장악해 들어가기 시작했다. 그들은 뉴욕에서 15개, 필라델피아에서 12개

피츠버그에서 22개, '석유지대'에서 27개 정유사를 흡수했다. 록펠러는 정유사와 파이프라인 회사들을 계열사로 거느리고 전국적인 규모의 공장을 건설했으나, 경영방식과 관련해 새로운 문제에 직면하게 되었다. 19세기 미국은 해당 주에 살고 있는 사람만 그 주에서 회사를 소유할 수 있었는데 록펠러는 불법적인 방법으로 다른 주에 있는 업체를 인수한 후 회사 주식을 그 주에 거주하는 스탠더드석유사 간부에게 넘기는 방식으로 인수된 회사가 겉으로는 독립된 기업으로 운영되는 것처럼 보이게 했다.

스탠더드석유사의 규모가 록펠러와 동료들이 모든 업무를 처리하기 힘들게 되자 회사의 전반적인 운영체제를 감독하기 위해 부문별 위원회를 설립하고 뉴욕 사무실에서 위원회 회의를 열었다. 업무실적을 평가할 자료가 필요했기 때문에 뉴욕에 있는 이사회는 각 부문의 관리자들로 하여금 분기별로 보고서를 작성하고 이사회에 제출하게 하였다. 록펠러는 이 때문에 가족들과 함께 뉴욕으로 이사했다.

스탠더드석유사의 막강한 권력은 많은 경쟁자와 정치가, 그리고 사법당국의 달갑지 않은 주목을 받았다. 1879년 뉴욕 주의회 의원이 스탠더드석유사와 철도사의 관계를 공개적으로 조사했지만 록펠러는 주의회 의원들에게 그간의 관행대로 뇌물을 주고 있었기 때문에 이를 심각하게 여기지 않고 오히려 자신의 영향력을 더 확대해 나갔다. 점차 산업기계와 연소 엔진의 사용으로 석유화학 제품들의 사용량이 증가하면서 다양한 제품의 국제 수요가 폭등해 스탠더드석유사는 해외로까지 판매망을 넓혀나갔다.

록펠러는 1882년 1월 2일 스탠더드석유사가 지배하고 있는 수 십 개 회사들의 주식을 거래함으로써 새로운 트러스트 기업Trust Agreement을 조직했다. 록펠러가 이 회사 지분의 28%를 차지하는 대신 트러스트 소속 회사들의 운영은 록펠러 형제와 플래글러 등을 포함한 9명의 위탁경영인에게 맡겼다. 이 트러스트는 곧 미국 정유사업의 80%, 파이프라인 사업의 90%를 점했을 뿐 아니라, 트럭 운송과 석유관련 제품, 기름통 생산 등의 부문도 장악하게 되었다. 그러나 점차 더해가는 정치적 압력과 한 회사가 다른 회사의 주식 소유를 허용하던 뉴저지 주의 주식회사법이 개정되어1889년 다른 방식이 필요하였다.[19]

이제 록펠러는 보다 새로운 경영방식을 도입해야 했다. 그는 '지주회사Holding Company'라는 독특한 재벌 시스템을 고안하여 미국 내 모든 자회사를 통제하였다. 그의 지주회사는 뉴저지 스탠더드석유사로서 미국 전역에 퍼져 있던 스탠더드석유사 그룹 41개사를 지배했다.[20] 1911년에 미국의 반트러스트법반독점법 위반으로 인해 뉴저지스탠더드오일엑슨, 캘리포니아스탠더드오일셰브런, 뉴욕스탠더드오일모빌 등 34개의 독립회사로 해체되었다. 이후에도 록펠러의 재산은 계속 늘어 본인도 정확하게 얼마인지 모를 정도가 되었다. 추산컨대, 1937년을 기준으로 대체로 3,360만 달러 정도로 보인다.[21]

록펠러가의 대 노동자관 |

콜로라도연료철강회사CF & I에 대한 록펠러 가의 관심은 세기말부터 시작되었다. 록펠러 2세가 뉴욕 브로드웨이 26번가에서 힘든 경영자 수업에 전념하고 있을 때, 악명 높은 제이 굴드Jay Gould의 아들인 조지 제이 굴드George Jay Gould[22]가 골치 아픈 회사를 팔려고 꾀를 써서 CF & I의 주식을 록펠러에게 팔았다. 록펠러의 막대한 자금력은 당시 메사비 광산을 J .P. 모건Morgan의 U.S. 철강에 매각한 직후라서 더욱 풍부해져 있었다.[23] 1903년에 록펠러의 소유가 된 이 회사는 그가 소유하고 있던 200여 개의 회사 중 하나에 불과하여 도통 관심을 기울이지 않자, 경영진은 CF & I가 흑자를 내려면 경영 방침을 바꿔야한다는 점을 록펠러에게 주지시켰다. 자금을 더 투자하여 CF & I의 보통주와 우선주를 합쳐 40%를 보유하고 채권의 43%까지 보유한 그는 회사의 실질적인 사주가 되었다.

<2-4> C F & I. 광부들(어린이 광부 포함)

록펠러가 인수하고 난후 사장으로 발령난 제시 웰본Jesse Welborn은 경영 정상화와 수익 극대화를 위해 광부들에게 노조가입 불허와 임금 삭감, 그리고 도급제로의 임금 지불채탄량만큼 지불 방식, 채탄작업 시 필요한 다른 여러 업무혹사: Dead Work에는 임금 지불하지 않는 것[24] 등을 도입했다. 이에 이미 오랜 시간 다른 기업주에게 시달리던 광부들은 불만이 팽배하였다. 일부는 노조에 가입하고 일부는 가입하지 않아 광부들끼리의 갈등도 심각했다. 록펠러의 노동자에 대한 생각은 전근대적이었다.

수 십 년 동안 사업을 한 록펠러는 자본의 특권과 그에 반대하는 노동자들에 대한 생각이 확고했다. 근면한 자본가들과 게으른 노동자들은 신분이 다르고, 함께 할 필요가 없다고 생각했다. 록펠러는 특히 노조에 대해서 강경한 입장이었다. 록펠러는 연대는 알 수 없지만 러셀 콘웰Russell Conwell의 '다이아몬드 지층Diamond Ore' 강연을 많이 들었다. 기업가의 옹호자이자 '부자론'의 대변자인 그는 강연을 19세기 후반에 5

천 번 이상 했고, 청중이 수 백만 명에 달하였다. 그의 메시지는 열심히 노력하기만 하면 누구나 부자가 될 수 있다는 것이다.

"여러분들은 부자가 되어야 하며 부자가 되는 것은 여러분의 의무라고 저는 주장합니다.···부자가 된 사람들은 이 사회에서 여러분이 볼 수 있는 가장 정직한 사람일 것입니다. 여기서 분명히 말한다면 미국 부자 100 중 98명은 정직합니다. 그것이 바로 그들이 부자가 된 이유입니다. 즉 그들이 돈을 모을 수 있었던 이유인 것입니다. 또한 그것이 그들이 그렇게 많은 기업을 운영하고 함께 일할 많은 사람들을 찾는 이유인 것입니다.···저는 가난한 사람들들 동정하지 않습니다. 신이 그의 죄에 대해 벌을 내란 사람을 동정하는 것은, 잘못 된 것입니다. 미국에서는 자신의 결함이 없이 가난해진 사람은 없습니다."[25]

콘웰은 템플대학교Temple University의 창립자가 되었다. 'Temple사원'은 바로 '기업가의 사원'이었다. 록펠러는 이 대학에 엄청난 지원금을 찬조하였다. 이 강연을 들은 록펠러는 가난한 사람 즉 노동자는 결함이 많고 신이 버린 자들이라고 생각했던 것이다. 독실한 침례교도였던 그는 신이 버린 자들을 인간인 자신이 도울 필요가 없다고 생각했다. 부자는 정직하고 성실하기 때문에 존중받아 하지만 노동자들은 "정직하지 않기 때문에 신이 그들의 죄에 대해 벌을 내린 사람들"을 동정할 필요가 없다는 생각을 했다. 실제 그의 생각은 실천에 옮겨졌다.

1903년 뉴저지 주 스탠더드석유사 대표인 록펠러는 뉴저지의 베이온 정유소에서 노조를 인정해 줄 것을 요구한 노동자들의 파업을 잔인하게 진압하였다. 1903년 파업에 대해 록펠러는 "조짐이 보이면 먼저 쳐라Whenever it show it's head, hit it"고 일갈했다.[26]

록펠러의 노동자에 대한 생각은 당시의 기업가들과 부자들과 거의 같았다. 앤드류 카네기Andrew Carnegie, 헨리 포드Henry Ford의 생각이나 태도가 록펠러의 그것과 같았던 것이다. 록펠러는 정규교육이 고등학교 졸업이지만, 마크 트웨인mark Twain이나 허버트 스펜서Herbert Spencer의 책을 읽고 사회적 진화론을 신봉했다. 사회생활에서 적자생존을 신봉한 그는 빈부격차는 당연하며 사회가 발전하면 당연히 이루어지는 현상이라 생각하였다. 빈부격차의 심화는 사회진화 과정의 결과이며, 기업 활동을 규제하는 것은 종의 자연적 진화를 막는 것과 같다고 주장하였다. 이런 생각을 가진 그는 빈부격차는 당연하며 대기업이 적을 기업을 합병하는 것도 당연하다고 보았다.

존 D. 록펠러 2세가 CF & I를 다루는 과정과 생각은 그의 아버지를 그대로 닮았다. 아버지가 여전히 건재하고 영향력을 행사하고 있기 때문에 아버지 록펠러의 생각이 그의 생각과 같아야만 했다. 아버지보다 냉정하지도 능력도 없었지만, 그 피를 이어받았다. 그는 CF & I 경영진에게 회사를 어떻게 하든지 흑자로 돌려 세우라고 몰아세웠다. 그는 회사의 성장도 지지부진하고 적자가 나는 데에 불만이었다. 록펠러 부자는 이 회사에 장기 투자할 마음도 없었고, 적당한 가격이 나면 모르간J. P. Morgan의 U.S. Steel[27]에 매각할 계획이었다.

1903년 10월 러들로 근방의 트리니다드Trinidad에서 파업이 일어나자, 록펠러 2세는 CF & I 사장에게 노조 문제에 대해 호전적인 말을 적은 편지를 보냈다. "우리는 한 치의 양보도 하지 않고 이 싸움을 지원하며 사태를 끝까지 지켜볼 준비가 되어 있습니다. 노동조합을 인정하거나 나아가 그들이 요구하는 협의회를 열어준다면 우리 쪽에서 약한 모습을 보이는 꼴이 될 것입니다."[28] 록펠러의 지배아래에 놓인 CF & I에서 경영진 누구라도 노동조합의 합법성을 용인하는 것은 이단행위였다. 사장 제시 웰본은 노조 조직책들을 쫓아내 버리기 위해 테러에 의존했고, 스파이와 용병을 회사사택 근처에 배치하였으며 노조에 동조하는 노동자들을 해고했다.

자선사업이 록펠러의 이쪽 생각이었다면, 저쪽 생각은 노동조합에

대한 무자비한 탄압이었다. 록펠러는 노동조합을 탄압하는 이유를,

"처음에는 모든 것이 근사합니다. 그들은 조직에 훌륭한 이름을 짓고, 일연의 올바른 원칙을 선포하지요. 그러나 머잖아 그들이 조직을 이룬 진짜 목적이 서서히 드러납니다. 바로 임금은 가능한 한 많이 받고, 일은 가능한 한 적게 하는 것이지요."이라고 하였다. 그는 노동자들은 죄다 돈이 생기는 대로 흥청망청 써버리는 방탕아들이라고 여겼다. "그들은 영화를 보러가거나 위스키, 담배 따위를 사는 데 돈을 쓰지요."[29]

그는 고용을 노동자에 대한 시혜라고 생각했으며, 노동조합에 대해 경영자들이 강력한 수단을 쓰는 일은 정당하다고 믿었다. 일전에 헨리 프릭Henry Frick이 카네기 홈스테드의 철강노동자 파업에 맞서 실탄 사격을 하라고 지시했다는 이야기를 들은 록펠러 1세는 곧 바로 프릭에게 전문을 띄워 그의 조치를 지지하기도 했다. 프릭은 경영권 방어의 상징적 인물로 떠올랐는데, 홈스테드에서의 조치뿐 아니라, 훗날 학살된 노동자들을 위한 분노에 사로잡힌 사람에게 그의 회사에서 습격당한 일로 더욱 그렇게 되었다. 사무실에서 총을 한 발 맞고 여러 번 칼에 찔렸지만, 프릭은 상대방과 끝까지 맞서 싸웠으며 피 묻은 붕대투성이가 되어서도 그날 일과를 마치고 퇴근하겠다고 고집을 피웠다. 그가 기자에게 던진 말은 당시 경영자들에게 귀감이 되었다. "난 죽지 않아요. 하지만 내가 죽든 말든, 카네기 사는 같은 길을 걸어갈 것이고, 승리할 거요."[30] 똑 같은 말이 록펠러의 2대 사장 존 바우어스John Bowers에게 적용된다.

1910년에 이 회사는 나중에 진보적 신문들이 '산업계의 절대주의'라고 부른 업체의 전형이었다. 광부들은 형편없이 낮은 임금—일당 1달러 68센트—을 받았는데, 그나마 비상식적인 가격을 받는 회사 소유의 상점에 서만 쓸 수 있는 교환권의 형태로 지급되었다. 광부들은 보통 회사가 구해 준, 역시나 터무니없는 집세를 받는 방 두 개짜리의 조그만 사택오두막에서 지냈으며, 일방적인 통고가 오면 사흘 안에 집을 비워줘

야 했다. 그들이 다니는 교회 목사도 회사가 고용한 사람이었고, 그들의 자녀가 다니는 학교도 회사가 운영하고 있었다. 회사의 도서실에서는 경영진이 보기에 불온한 서적이 들어오지 않도록 철저히 검열을 실시했다. 회사는 용병, 감시원, 프락치 등을 고용하여 노동조합이라는 돌림병이 퍼지지 않게 방역하느라고 매년 2만 달러에 달하는 돈을 쓰고 있었다.

CF & I 는 콜로라도 주에서 가장 큰 광산 업체였으며, 다른 업체들을 대변하면서 콜로라도 지역 정치에 상당한 힘을 발휘하고 있었다. 나중에 2대 사장인 바워즈가 부임하러 덴버에 도착했을 때 보니 회사가 모든 고용인들을 등록하고 그들에게 투표권을 부여해 놓았는데, 그 중 70%는 사실 미국 시민권조차 없는 이민자들이었고, "심지어 노새조차도… 다행히도 이름을 갖고 있는 경우에는, 어김없이 선거권자로 등록되어 있었다."고 너스레를 떨었다. 이 정도의 정치적 영향력을 지닌 탓에 CF & I의 경영자들은 당시의 기준으로도 최저 수준의 광산 안전 조치조차 해놓지 않고도 무사할 수 있었다. 그 결과, 사고로 죽거나 다치는 노동자들이 속출했다.[31] 광부들은 하소연할 곳이 없었다. 카운티 법원은 CF & I의 지사나 마찬가지였고, 지방 보안관은 CF & I로부터 광산 감독과 같은 대우를 받고 있었다.

전국광산노동자조합UMWA은 이곳 조합원들의 불만과 분노에 노동운동의 초점을 맞추었다. 한편 바워즈는 CF & I가 종업원들로부터의 압력을 느끼기 시작하자 노동조합 지도부를 비난했다. 그는 그들을 "악명 높은 선동가들, 사회주의자들, 무정부주의지들"이라고 불렀다. 도전이 거세어지자, 그는 싸움의 선봉에 서기로 했고 노동조합을 향해 화살을 날렸다.

"이들은 일부 사이비 대학교수들과 황색신문들의 사이비 기자들의 힘을 빌고, 많은 감상주의적 종교인들의 지지를 얻어,… 위대한 산업 역군인 기업인들을 공격하고 있다.… 뭔가 특단의 조치를 취하지 않을 수 없는 시점이다."

뉴욕 브로드웨이 26번가에 앉아 있던 록펠러도 이에 동의했다. 그는 노사 갈등을 선과 악의 종말론적 대결인양 묘사했다.

"CF &I 의 직원들은 지금의 이 나라와 혼돈과 무질서의 나라, 즉 사유재산에 대한 몰수와 징발이 무턱대고 이루어지는 그런 나라와의 경계선에서 싸우고 있다. 그리고 그 싸움은 이 나라를 사랑하는 사람이라면 누구나 지지해야 마땅한 싸움이다."

1913년 가을 바워즈가 록펠러 2세에게 보고했다.

"우리는 광부들에게 이렇게 말해 주었습니다. '우리가 지킬 수 있는 탄광은 지키고 그럴 수 없는 것은 폐쇄할 겁니다.' 저는 이 회사의 모든 직원들과 함께 '우리의 뼈가 록키산맥의 눈처럼 하얗게 바랠 때까지' 이 선언을 사수할 것임을 말씀드립니다."

록펠러 2세는 3주 후에 그의 입장을 지지한다는 답장을 써 보냈다.

"우리는 여러분의 행동이 옳으며 공정하다고 믿습니다. 광부 조합에 대한 여러분의 입장은 회사의 이익에 부합합니다. 결과가 어떻게 되던, 우리는 여러분과 함께 할 것입니다." 나흘 뒤에 그는 또 이렇게 덧붙였다. "지금은 연료업계의 시련기라고 생각합니다. 여러분의 행동은 여기서 크게 주목받고 있습니다. 여러분의 강력하고 당당한 태도는 결국 여론의 지지를 얻을 것입니다."

콜로라도 광산에서 광부들이 여러 명의 사상자가 나자 1914년 2월 초에 연방의회에서 노사관계위원회가 개회했고 록펠러 2세가 증언대에 선 때는 3월로, 러들로 학살이 일어나기 한 달 전이었다. 마틴 포스터Martin Foster 소위원회 위원장은 비영리사업과 영리사업 모두에 관여하고 있던 록펠러 2세의 입장을 대뜸 지적했다.

"증인은 사회사업과 복지사업에 관여하고 있으며, 최근에는 백인노예무역 실태를 파헤친 대배심원 배심원장을 맡은 것으로 알고 있습니다. 그러면, 콜로라도에서 벌어지고 있는 유혈 사태에 대해 좀 관심을 가져야 하지 않을까요? 그곳에 있는 중인 회사 소속의 노동자 수 천 명의 복지에는 관심이 없는 겁니까?"

"저는 저희 종업원들과 제가 대표하는 투자자들에게 최선이라고 생각하는 일을 해왔습니다." 록펠러 2세는 회피하는 식으로 답변했다. "저희는 구할 수 있는 최고의 인물을 기용했고, 그들의 판단에 의지하고 있습니다." 하지만 위원장은 계속해서 그를 몰아세웠다.

"하지만 사람들이 죽어가고 있습니다. 아이들에게까지 총질을 한단 말입니다. 이런 상황은 중인이 다른 이사들과 논의하여 어떻게든 끝내야 할 상황이 아닙니까?"

록펠러 2세는 그의 아버지의 '규칙Rule'을 언급했다. 그것은 "콜로라도에서의 문제는 그 지역의 문제에 국한되지 않는 전국적인 문제라는 것, 즉 노동자들에게 작업 환경의 선택권을 부여할 것인가의 문제"라는 주장을 펼쳤다.

"회사의 지분을 가진 사람들로서, 이 나라의 노동자들에 대한 저희의 관심은 너무도 크고도 깊습니다. 저희는 이들 노동자들이 작업장에서 뛰쳐나와 그들에게 합당하지도 않고 저희가 감당할 수도 없는 조건을 강요하는 것을 보느니, 차라리 저희 투자액을 한 푼도 남김없이 포기하고 말겠습니다."

위원장은 반박했다. "중인은 사람들이 죽어가는 사태를 방관하기보다, 그곳에 직접 가서 사태를 무마하기 위해 뭔가를 할 생각은 없습니까?"

"이 파업 사태를 무마하는 방법은 하나뿐입니다. 광산촌을 통째로 노동조합에게 바치는 것이죠. 하지만 저희는 노동력에 대해 큰 관심을 쏟고 있으며, 그러기 위해서는 결코 광산촌에서 파업이 일어나지 않아야 합니다. 그러므로 저희는 언제나 경영진과 함께 할 것입니다."

"증인의 재산을 모두 날리고, 노동자가 전부 죽더라도 그런 입장을 고집 할 겁니까?"

"그게 저희 원칙입니다."32

이것이 록펠러 2세의 대답이다. 아버지 록펠러의 재산이 당시 3,000억 달러라고 추정되는데 이것을 포기하고라도 노동자를 위하지는 않겠다는 생각이다. CF & I 사장인 바워스의 편지가 "우리의 뼈가 록키 산맥의 눈처럼 하얗게 바랠 때까지 회사를 지킬 것"이고, "재산을 모두 날리고 노동자가 전부 죽더라도 파업이 일어나지 않아야 합니다."라고 대답한 록펠러의 태도를 주의 깊게 볼 필요가 있다.

<2-5> 록펠러 2세

다음 해1915년 1월에 열린 연방의회 노사원원회에서 프랭크 월시Frank Walsh 위원장은 비슷한 질문을 하였다. "록펠러씨는 기업의 대주주가 그 기업의 노동환경에 대해 아무런 책임도 없다고 생각하십니까?" "당연히 그렇습니다." 월시는 계속 질문을 했다. "록펠러씨는 CF & I에서 작년 한 해만 해도 25명이 작업 중 사망했는데 산재 판정이 한 번도 나지 않았다는 것을 알고 계십니까?" "전혀 몰랐습니다." 산재에 대해 아무런 책임이 없다는 것이 록펠러 2세의 생각이었다. 이 말은 러들로 학살 사건이 난후의 9개월 후의 이야기인데 생각에 있어 아무런 변화가 없

었다는 것을 의미한다.

계속해서 인용하면, 월시위원장이 다음과 같이 묻는다.

"증인이 증인 부친록펠러 1세의 '특별한 만족'을 언급하기 전,[33] 다음과 같은 일도 있었죠. 증인 회사의 관리직들과 파업 광부 대표들이 만나서 타협에 이르게 하려는 노력이 있었어요. 그래서 콜로라도 주 의사당에 자리가 만들어졌죠. 하지만 결국 증인의 회사 사람들은 회의장 문을 열고 들어서기를, 그 얇은 판자를 넘어 그들에게 다가서기를 거부했어요.....제가 묻고 싶은 것은, 증인 부친이 쓴 편지에는 '모든 수단을 동원해서 주지사를 굴복시키고, 채찍질을 해서 당신네들 편에 서게 해야 한다'는 내용이 있었지요? 맞지요?"

록펠러 2세의 대답은 "기억이 나지 않습니다."이다.[34]

<2-6> 연방의회 노사위원회

이 위원회는 또 다른 보고서를 남겼는데, 당시 노사관계위원회 위원인 해리스 웨인스톡Harris Weinstock과 CF & I 의 임원 존 오스굿John Osgood과의 대화를 적고 있다.

웨인스톡: 노동자가 생명을 잃게 되면 그 부양가족은 어떤 방식으

로든 보상을 받게 됩니까?

오스굿: 반드시 그렇지 않습니다. 어떤 경우에는 보상을 받고 어떤 경우에는 보상을 받지 못합니다. 대부분 보상을 못 받는다고 보아야 할 것입니다.

웨인스톡: 만약 평생 불구가 된다면 어떤 보상이 있습니까?

오스굿: 없습니다. 아무 보상도....

웨인스톡: 그러면 모든 부담을 노동자가 직접 짊어져야 하는 군요,

오스굿: 그렇죠.

웨인스톡: 기업은 아무 책임도 없습니까?

오스굿: 예 그렇습니다.[35]

이런 기업가와 임원들의 생각은 당시 일반적이었다.

1913년 9월 23일 CF & I 전체 노동자들의 70%에 달하는 9,000여 명의 광부들과 그 가족들이 사택에서 쫓겨났다. 그들은 노조에서 보내준 텐트들을 그 지역의 작고 거의 이름 없는 마을들 어귀에 쳤고, 그 중 하나가 바로 러들로라는 이름의 마을이었다. 이제 러들로에서 광부들과 경영진은 서로 마주보고 달리는 기차가 되었다.

콜로라도주 러들로 광산 학살사건 I

먼저 1910년대 콜로라도 주의 광산에 대해서 이야기 해보자. 여러 해 동안 콜로라도 광산은 노동자들의 무덤이었다. 1910년의 초반에 콜로라도의 석탄 채광 산업은 15,864명을 고용하여 주에서 고용 인구의 10%를 차지했다.[36] 당시 콜로라도의 석탄 산업은 소수의 운영자에 의

해 지배되었는데, 가장 큰 석탄 채광업이자 전국에서 가장 큰 광산 기업 중 하나가 바로 CF & I 였다.

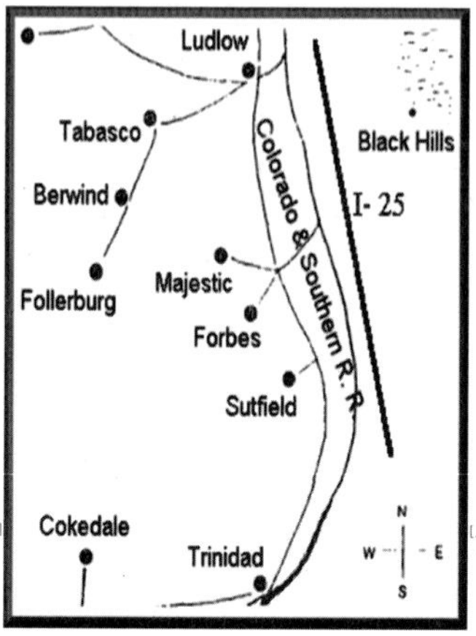

<2-7> 콜로라도주 러들로

CF & I 는 7,050명의 광부를 고용하고 71,837 에이커 290.71km의 탄전을 관리했다. CF & I는 1903년 존 D. 록펠러가 구매하였으며, 9년 후 회사에 대한 지배권을 그의 아들 존록펠러 2세에게 넘겨주었다. 광산업은 위험하고 힘든 작업이었다. 그것은 폭발, 질식 및 광산 벽 붕괴로 인해 끊임없는 광부들은 위험에 처했다. 1912년 콜로라도 광산에서의 사망률은 광원 1,000 명당 7.055 명이었으며 전국적으로는 3.15명이었다.[37]

1914년 광산 및 채광에 관한 미국 하원위원회는 "콜로라도는 합리적인 광산 관련법이 있고 광산의 안전에 관해서 광부들을 보호해야한다. 사망자 수는 다른 어떤 곳보다 크며 탄광 관리와 관련하여 의심의 여지가 많다."라고 밝혔다. 광부는 일반적으로 생산 된 석탄의 톤수에 따라 임금이 지급되는 반면, 막장의 지지대를 올리는 것과 같은 소위 '사후 작업혹사: dead work'은 종종 무보수였다. 한 역사가에 따르면, 톤수 시스템은 "회사 입장에서는 생산량을 신경 쓰지 않아도 광부들이 일을 열심히 하기 때문에 과도한 노동으로 많은 사람의 목숨을 앗아갔다.[38] 1884년과 1912년 사이, 콜로라도 주에서만 1,708 명의 광부들이 죽었다. 1913년에만, 콜로라도 광산 내부에서 104명이 죽었고 바깥에서는 108명이 사망했다."[39]

광부들은 불만을 드러낼 수 있는 기회가 거의 없었다. 많은 광부들은 회사 사택오두막에 거주했 든 편의 시설이 광산 운영자의 소유였으며 오직 회사 충성도와 노동성 생산을 올리기 위해 설계되었다. 역사가 필립 S. 포너Philip S. Foner는 회사 사택을 '봉건적 농노 거주지'로 묘사했으며, 회사는 영주와 대리인의 역할을 수행했다. 법은 멀고 주먹은 가까웠다. 통행금지 명령이 예사로 부과되었다. 회사 경호원-소총이나 기관총을 든-이들이 낯선 사람을 출입시키지 않으며 광부가 떠나지 못하게 하였다. 회사에 반기를 드는 광부노조원 불평분자들은 자신과 가족이 집에서 언제든지 쉽게 퇴거당할 수 있었다.[40]

위험하고 불공평하다고 여겨지는 노동 조건에 좌절한 광부들은 점차 노동조합을 결성하였다. 1900년부터 UMWA는 남부 콜로라도를 포함한 서부 주에서 석탄 광부들을 조직하기 시작했다. UMWA는 보수적이고 멀리 떨어져 관심이 없는 록펠러 및 다른 투자자들에 의한 회사의 가혹한 관리를 전국적 단위 전술로 바꾸어 CF & I에 집중하기로 결정했다. 전국에서 근무환경이 가장 가혹하다고 판단한 UMWA가 이곳에 역량을 집중하기로 한 것이다. 파업을 깨거나 예방하기 위해 광산 회사들은 주로 멕시코와 남부 및 동부 유럽에서 노동자들을 고용했다. CF & I의 경영진은 광산에서 다른 국적의 이민자를 섞어서 말이 통하지 않게 해서 노조 조직을 저해했다.

UMWA는 1913년에 CF & I 노조를 대신해 다음과 같은 7가지 요구 사항을 회사에 제출했다. 그것은 다음과 같다.

1. 조합을 대화상대로 인정할 것. 2. 1톤에 2,000 파운드로 계산하여 임금으로 지불할 것이전에는 1톤당 2,200파운드로 계산[41] 3. 1일 8시간 노동시간을 지킬 것. 4. '혹사dead work'에 해당하는 광산 내 철로 부설, 막장받침목 대기, 석탄 불순물 걸러내기에도 임금을 지불할 것. 5. 채굴량측정인Weight Checkmen을 광부중에 선출할 것회사에서 무게 속이는 것을 막도록 6. 필요한 점포이용을 아무데서나 할 수 있게 하고, 사택boardinghouse, 의원과 의사를 개인이 자유롭게 선택할 것. 7. 콜로라도광산법을 엄격하게 적용해줄 것광산 안전 규칙, 현금대신 어음Scrip 발행하는 관행 금지과 회사 경비원 고용을 중지할 것 등이었다.

전국광산노동자조합은 조합원들의 불만과 분노에 중점을 맞추었다. 한편 CF & I의 경영진은 전국 광산노동자조합과의 전쟁에서 첨병이 될 용병들볼드윈-펠츠 탐정사무소의 탐정들을 고용하였다. 뜨내기들과 서부 개척시대의 잔류자들총잡이들로 구성된 볼드윈-펠츠의 용병들은 핀커튼이 시부로 파견했던 구사대들보다도 더한 증오의 대상이었다. 그들은 신형 윈체스터 장총으로 무장하고, 지방 보안관보 직위를 받고는 경비원들처럼 탄광을 헤집고 다니기 시작했다. 그들이 나타남으로써 전국광산노동자조합은 바야흐로 힘으로 맞서야 할 때가 왔음을 알았다. 노조 집행부는 콜로라도의 도시 잡화점에서 구할 수 있는 총과 탄약은 모두 사들였다.

1913년 9월 23일 아침, 9,000명의 광부들이 사택에서 쫓겨나고 양측의 갈등이 시작되었다. 파업촌을 구축할 때 노조는 파업파괴자들의 교통을 차단하기 위해 석탄 광산으로 가는 입구 협곡 입구 근처에서 전략적으로 유리한 곳에 텐트촌 위치를 선택했다. 파업 광부들은 비 파업 광부들을 '딱지'라고 부르면서 비난했고, 이들 간의 갈등도 심각하였다.

<2-8> '죽음특급' 장갑차

심각한 충돌은 1913년 10월 17일에 일어났다. 볼드윈—펠트사의 용병들이 광부들이 '죽음특급Death Special' 이라 부르던 장갑차에 올라타고 포브스 인근의 텐트촌으로 밀어닥쳐서, 두 정의 기관총을 난사하여 텐트촌을 쑥밭으로 만들고는 야음을 틈타 사라져 버렸던 것이다.

광부들은 전력을 다해 보복했다. 광부들은 사설탐정 혹은 백골단, 회사 경비원들과 맞서 싸우려고 했으나, 해고의 두려움에 처음에는 미온적이었다. 한편 콜로라도 주 주지사 엘리아스 에이먼스Ellias Ammons와 회사의 유착도 또한 파업의 주요 원인중의 하나이다. 10월31일 뒤 주지사는 주 방위군Colorado National Guard을 소집하여 이 지역의 질서를 회복하도록 명령했다. 한동안 주 방위군들은 노동쟁의가 있는 지역에 회사 측의 대체인력인 비조합원 노동자가 출입해서는 안된다는 콜로라도 주법을 지키려고 했다. 하지만 매서운 겨울이 가까이 온 시점에, 콜로라도 주 정부는 기업인들의 힘을 빌지 않고는 주 방위군의 급료를 지불할 수 없음을 깨달았다. 주 방위군은 노골적으로 회사 편을 들었다. 그들은 피츠버그나 톨레도 같이 먼 지역에서까지 철도로 동원해 온 구사대들을 호위하여 탄광으로 안내하곤 했다. 그리고 1914년 2월에 콜로라도 주의 방위군 예산이 바닥났고, 에이먼스 주지사는 전략적 거점을 지키는 약간 명을 제외한 모든 주 방위군을 철수시키고 용병들을 투입시켰다.

볼드윈 펠트 탐정회사는 이전에 다른 곳에서도 무지막지한 공격으로 명성을 얻었다. 용병들은 야간에 텐트촌에 서치 라이트를 비추었고 무작위로 천막에 총알을 발사해 가끔 사람들을 죽이고 불구가 되게 했다. 그들은 기관총으로 장착 된 '죽음 특급' 차량을 사용했다. 장갑차는 대형 여행용 세단 섀시를 개조한 것으로 콜로라도 주 푸에블로에 있는 CF & I 공장에 만들었다. 텐트촌에 대한 저격수의 공격이 빈번해지면서 광부들은 텐트 아래에 움막을 파고 피난처를 만들었다. 1914년 3월 10일 포브스Forbes 근처의 철도 트랙에서 한 광부의 시신이 발견되었다.

역사학자 앤서니 디스테파니스Anthony DeStefanis에 따르면, 그때까지 광산 사측에서 비 노동조합원들을 데려와서 파업을 깨뜨리려고 노력했다고 주장한다. 주지사와 회사는 질서가 붕괴 될 것을 두려워 콜로라도 남부에 있는 볼드윈 - 펠트가 고용한 CF & I 광산 캠프 경비원과 용병으로 구성된 'Troop A'라는 새로운 단체를 결성했다.[42]

4월 초에 점차 충돌의 기미가 보였다. 우선 당시 파업 가담자들이 보기에 불안감을 느낀 것은 정규 주 방위군이 철수하고 광산 경비원과 용병들이 늘어나는 것이었다. 광부들은 회사의 경비원들이 늘고 파업파괴자들이 러들로에 집결하는 것을 파업촌을 없애려고 하는 것으로 보았다. 또한 회사 직원들과 주방위군 백골단이 파업촌 근처에 주둔하고 있었다. 이들 경비원들의 수도 문제지만 이들은 수많은 파업을 겪어 '파업파괴자Strike Breakers'로서의 경험이 많았던 것이다.[43]

이제 재앙이 닥아 오고 있었다. 회사 경비원들과 민병대 혹은 백골단원이 노조원들과의 충돌이 불가피하다고 보고 전투준비를 하고 있었다. 양측-광부들과 회사 측 사람들-은 지난 7개월의 살인과 보복의 경험상 곧 대규모 충돌이 일어날 것을 예상하고 있었다. 4월 중순에 이미 여러 명의 사상자가 발생하였기 때문이다. 사실 '러들로 학살' 사건이 일어난 4월 20일에 일어난 양 측의 충돌 혹은 학살은 명백하게 밝혀진 역사적 사실이 별로 없다. 그러나 대략 살펴보면 다음과 같다.

1914년 4월 20일부활절 다음날 아침, 파업촌에서 3명의 회사 경비원이 캠프에 출두하여 한 여성이 파업촌으로 억지로 끌려왔다고 주장하는 남편의 석방을 명령했다.[44] 당시 존 로손John Lawson[45] 이 부재중이어서 경비원은 파업 캠프 리더인 루이 티카스Louis Tikas[46] 에게 파업촌에서 0.8km 떨어진 러들로 기차역에서 지역 민병대 지휘관패트릭 햄록: Patrick Hamrock 소령을 만날 것을 촉구했다. 기차역에서 남편의 석방을 요구하는 부인과 딸을 만난 티카스는 그녀에게 그녀의 남편은 어제 '거주지colony'를 떠났다고 말해주었다.

<2-9> 아녀자로 구성된 텐트

이 모임이 진행되는 동안, 칼 린더펠트Karl Linderfelt 중위의 A 중대 민병들이 파업촌 근처 산등성이water tank hill에 기관총을 설치하고 또 다른 B 중대 민병들은 러들로에서 남쪽으로 약 1.5 마일 떨어진 C & S 콜로라도 남부철도 노선을 따라 진격했다.[47] 이 때 쯤 파업촌에서 무장한 광부들도, 민병들의 움직임에 대응하기 시작했다. 멀리 떨어져 이 광경을 보던 민병대 부하가 햄록 소령에게 "소령님, 저런! 광부들이 무장한 것을 보세요."라고 보고했다. 햄록과 티카스가 광부들이 무장한 채로 집결하는 것을 보고, 티카스는 햄록에게 "광부들을 통제하겠다."고 하고는 파업촌으로 돌아갔다. 양측은 폭풍전야처럼 조용히 관망하고 있었다.

이 즈음 로렌스D.H. Lawrence중위가 지휘한 B 중대 민병대가 파업촌을 굽어볼 수 있는 고지를 점령했다. 산에서 부는 차가운 바람이 텐트 꼭대기의 파이프로부터는 스토브의 연기가 나선형으로 올라가고 있었다. 파업 노동자들은 그들을 내려다보고 있는 사람들을 불안하게 쳐다보고 있었다. 햄록은 로렌스에게 누구도 움직이지 말라고 명령을 내렸다. 이때 누가 터뜨렸는지 알 수 없는 세 발의 폭발음이 들렸고, 폭발음을 들은 민병 중에 누군가가 사격을 개시하였다. 해가 뜨기가 무섭게, 누가 쏜 것인지 알 수 없는 총성이 텐트촌에 울렸던 것이다. 신경이 잔뜩 날카로워져 있던 민병대는 자동 기관총을 붙잡고 정신없이 쏘아댔다.[48]

<2-10> 민병대

누가 총을 발사했는지는 확인되지 않았지만, 양측이 이미 무장을 하고 전투태세를 갖춘 상태에서 사실 그것은 그리 중요한 문제가 아니었다. 증인들에 따르면, 시작은 혼란과 불신과 공포에서 시작되었다고 한다. 러들로 역무원의 증언은, 민병대 측에서 한 두 발의 폭발음이 들리자 바로 또 한 발의 총성이 연이어 들렸다고 한다. 이것은 폭발과 총성의 불협화음이었을 가능성이 높다. 추측컨대, 신경이 날카로운 양측에서 폭발음다이나마이트 폭발을 사격개시 신호로 착각하였는데, 이것은 민

병의 고의적인 폭발일 수도 있고, 광부들의 오해일 수도 있다. 몇 분내, 언덕 위와 평지 그리고 철로 변에서 교차사격이 개시되었다. 납탄이 벽을 관통하고, 파업촌의 텐트 천을 뚫고, 살육이 시작되었던 것이다.

몇 시간의 전투가 흐르자 상호 전투원의 증강이 이어졌다. 전투는 하루 종일 격렬하게 전개되었다. 오후에 제복을 입지 않은 광산 보안관들이 투입되었고, 이제 판세는 결정났다. 파업촌 양쪽으로 기관총 두정이 교차사격을 하였고, 거의 150명 이상의 민병들이 파업촌으로 진격하였다.

당시의 기록은 대부분 민병이나 경비원들의 증언만이 남아 있어서 러들로 광부들의 동선과 대응 상태를 거의 알 수 없다.

저녁 무렵 한 화물 열차가 경비원의 기관총 앞 궤도에서 멈추어 광부와 그 가족의 많은 사람들이 'Black Hills'라고 불리는 동쪽 언덕으로 탈출할 수 있었다. 증원된 경비원, 민병, 보안관 등 온갖 종류의 회사 파업파괴자들로 인해 전투는 거의 끝나고 있었다. 오후 5시가 되자, 햄록 소령의 민병은 Water Tank hill과 기차역을 확보하였다. 오후 7시까지 대부분의 광부들은 도망갔고, 남은 이들은 비무장 파업자와 움막밑에 숨었던 무고한 아녀자들이었다. 거주지가 화염에 불탔고 민병대가 그곳으로 내려와 약탈과 살육을 하기 시작했다. 무고한 어린이의 죽음도 있었다.

총격이 줄어들자, 윌리엄 스나이더William Snyder의 아들인 프랭크가 바깥에 동정을 살피러 나왔다가 피격되었다. 아버지가 아들을 부여안고 의자에 앉혀 살펴본즉 두개골이 부서져 있었다.[49] 총알은 상대를 알아보지 못하고 어린이가 피격된 경우가 많았다.

한편 파업 지도자인 루이 티카스는 하루 종일 캠프에 남아 지휘를 했고 화재가 시작되었을 때 여전히 거기에 있었다. 티카스와 다른 2명의 남자는 민병대에 의해 체포되었다. 티카스와 햄록 소령의 지휘관 중 한 명인 린더펠트가 다시 만났다. 2명의 민병대가 티카스를 붙잡고 있는 동안, 그는 티카스의 머리 위로 총을 쏘았다. 다른 두 명의 포획된 광부들은 나중에 사살되었다.[50] 시체는 C & S 철도 철로변을 따라 3일 동안 방치되었고 지나가는 열차 안에서 많은 이들이 시신을 보았다. 민병대 장교들은 노조원들의 시체가 매장을 위해 이동되는 것을 허용하지 않았기 때문이다.

전투가 벌어지자 거주지에 있던 파업가족들은 텐트 밑 지하움막에 피신하였다. 밑에 있는 사망자 명단에 보이는 Frank, Lucy, Joe의 어머니 메리 페트러시Mary Petrucci는 그녀의 세 아이를 데리고 움막의 판자마루 밑에 파놓은 구덩이에 숨었다. 이 텐트 뒤에는 평상시에 육아실로 쓰이던 큰 움막텐트 번호 58번이라 불림이 있었다. 모두 4명의 성인 여성과 11명의 아이들이 이곳에 지하 8피트 되는 움막에 숨어 있었다. 얼마 안 있어 텐트 상부에 불꽃이 일었고, 연기가 움막 밑으로 기어들어 갔다. 당시 민병들은 움막에 파업자들이 총기를 숨겨 놓았다고 생각하고 텐트에 불을 지폈을 것으로 짐작된다. 이 연기를 피해 어른 두 명은 탈출하고, 나머지 아녀자들은 사망했다. 그 이름은 다음과 같다.

> Fedelina Costa(27세)와 딸들 Ontario, Lucy(나이 모름)
>
> Rodegerio Pedregeone(9살) Clovia (4살),
>
> Frank Petrucci(6개월), Lucy(3살), Joe(4살),
>
> Patria Valdez(37세), 아들 Rudolph(9살), Eulala(8살), Mary(7살), Elvira(3개월)[51]

이 죽음은 '러들로 학살 Ludlow Massacre'이라고 불렀다.[52] 남자끼리 전투가 아닌 아이와 여성들이 죽은 것과 민병들의 학살이 엄청난 문제를 일으켰다.

<2-11> 13명이 죽은 현장

러들로 학살에 대한 반응으로 전국 광산노조UMWA는 "방어를 위해 합법적으로 사용 가능한 모든 무기와 탄약을 모으라"고 노조원들에게 촉구하면서 300여명의 무장 파업자들이 다른 거주지에서 러들로로 진격하여 전투준비를 하였다. 철도 노동자들은 러들로까지의 군대 수송을 거부했다. 10일 동안 600명의 광부들이 회사 사무실과 광산을 공격하였다.[53]

그러나 UMWA는 1914년 12월 10일에 파업을 공식적으로 철회했다. 결국 파업 참가자들은 그들의 요구를 관철시키지도 못하고 노조는 인정을 받지 못하고 많은 파업 노동자들이 새로운 노동자들로 대체되었다. 400명이 넘는 파업참가자들이 체포되었고, 332명은 살인 혐의로 기소됐다. 파업의 지도자인 존 R. 로손 만이 살인 혐의로 유죄 판결을 받았고 그 판결은 결국 콜로라도 대법원에 의해 뒤집혔다. 10명의 장교를 포함하여 22명의 주 방위군과 민병들이 법정에 갇혔다. 루이 티카스에 대한 공격으로 유죄 판결을 받은 린더펠트 중위를 제외한 모든 사람들은 무죄 판결을 받았다. 그러나 그도 가벼운 견책을 받았을 뿐이다. 광부들과 무고한 어린아이들 부녀자들의 죽음에 아무런 책임, 보상과 위로가 없었다. 죽은 자들만이 억울하고, 그 영혼이 폐허가 된 러들로에 떠돌고 있다.

러들로 학살이 있던 날, 록펠러 가문은 평안한 상태였다. 냉정하게 보자면, 록펠러와 그 아들이 학살을 지시한 적은 없다. 5천 킬로미터 떨어진 곳의 200여 개의 회사 중의 하나였으며, 오랜 시간 노사갈등을 겪는 곳이어서 큰 관심이 없었다. 그것보다 당시 미국 정계에서 행해지던 혁신주의 영향셔먼독점반대법으로 스탠더드석유사가 해체된 후라서 그것에 더 큰 관심을 쏟았던 것이다. 그러나 어떠한 책임회피도 이 경우에는 해당되지 않는다. 특별한 지시가 없어도 회사 경영자들이 대주주의 뜻을 간파하고 진압과 학살을 벌인데 대해 책임을 면할 수 없는 것이다.

더욱이 당시 멀리 떨어진 곳의, 록펠러 2세는 뉴욕 주에 있는 그의 대저택에서 조경을 돌보며 휴식을 취하고 있었다. 당시 그가 남긴 일기 형식의 기록에는 이렇게 적혀 있다.

러들로에서 학살은 없었다. 교전은 30여 명으로 이루어진 민병 소부대와 전체 천막촌의 300명이 넘는 무장 폭도들 간에 벌어진 사투였다. 러들로 교전과 관련해서 주 당국이나 경영자 측에 의해 총을 맞은 여자나 어린이는 단 한 사람도 없다. 여자 2명과 아이 11명이 막사 구덩이에서 죽은 것은 천막촌 남자들이 그들을 그곳에 숨겨두었기 때문이다. 통풍도 전혀 되지 않는 가로 2.4미터, 세로 1.8미터, 너비 1.3미터의 구덩이에 그들을 몰아넣은 결과, 참사는 어쩔 수 없었다. 그들의 죽음은 유감스럽지만, 아무 책임이 없는, 법과 재산권을 수호하려는 사람들에게 그 책임을 묻는 것은 부당하다.[54]

하지만 록펠러를 향한 대중의 분노는 엄청났다. 업튼 싱클레어Upton Sinclair의 피켓이 어디든 그를 따라다녔고, 성토집회에 참석한 군중은 록펠러 2세와 불타버린 러들로의 텐트에서 끌어낸 시체들이 한데

엉켜 있는 그림을 그려 넣은 완장을 차고 있었다. 콜로라도에서 열린 UMWA의 추도 집회에서 메리 존스Mary H. Jones는 "우리에게 양심이 남아있다면, 존 록펠러는 내일까지 살아 있지 못할 것이다!"[55] 그 직후에 록펠러 부자에 대한 테러가 시도되었다.

록펠러 2세는 빗발치는 비난에 무언인가 조치를 취해야했다.

그 조치는 돈으로 해결할 문제였다. 돈이면 다 된다는 생각에 록펠러는 '콜로라도 산업 계획Colorado Industrial Plan'이라는 이름으로 러들로의 광부들에게 복지, 임금인상 그리고 위로금을 지불하고 이 사건을 진정시키려고 했다. 그리하여 록펠러 2세는 포장 도로 및 휴양 시설을 비롯한 광산 및 마을 개혁과 노동 조건을 다루는 위원회의 노동자 대표를 돕기 위해 노력했다. 학살현장은 방치되었으나 회사 광부들에게 안전, 건강 및 오락 시설을 만들어 주었다. 노조원 광부들과 비노조원 광부들 간에 차별을 두지 않는다는 약속을 하였다. 그러나 회사 노조 설립에 대해서는 절대 안된다고 못을 박았다. 록펠러의 200개가 넘는 회사에 선례를 만들 수는 없었기 때문이다. 록펠러의 선심성 계획은 광부들 대부분 혹은 감옥에 투옥된 자들과 두려움을 느끼던 노조원들을 제외한 노조에 가입하지 않는 광부들에 의해 투표가 행해졌고, 계획은 받아 들여졌다.

록펠러는 콜로라도에 직접 와서 광부와 그 가족을 만나고 집과 광산의 상태를 점검하고 사교 행사에 참석하고 고충을 자세히 들었다. 미국민들의 분노와 아이다 타벨과 업튼 싱클레어 같은 당대의 작가들의 비난에 자기들의 자선이 물거품이 된 것을 알고 록펠러 2세는 현장에 직접 가서 먹고 자며, 이야기를 나누고 춤을 추며 광부들에게 학살자의 면모를 바꾸려고 했다. 록펠러 2세는 악어의 눈물을 흘렸던 것이다.

록펠러는 야누스의 두 얼굴을 가진 사람이었다. 이쪽 얼굴은 기업합병과 노동자를 탄압한 냉혹한 기업가이고, 저쪽 얼굴은 자선을 베푼 사람이었다. 그가 자선을 베푼 것은 필자가 다음에 해야 할 일이고, 여기서는 디스토피아dystopia의 얼굴-잔인한 기업가, 노동자의 적-을 살펴보았다. 19세기 말과 20세기 초 혁신주의가 나타나기 전의 미국 기업가들은 장애물이 없었다. 심지어 정부 관리도 막지 못했다. 미국사에서 처음으로 기업가들이 세상을 지배하고 있었다. 기업가들조차도 처음 겪는 일이었고, 그들 자신도 어떻게 해야 할지 몰랐고, 정부도 무슨 조치를 취해야 할지 몰랐다. 혹은 몰랐거나 알아도 모르는 척 했을 것이다.

당시에는 기업가들이 고수익을 올리고, 이윤 극대화를 위해 원가 절감과 임금 인하로 인한 노동자들의 근무 환경이 열악했다. 야심과 욕심이 혼합된 기업가들은 독점을 통해 디스토피아를 만들었다. 빈부격차는 아마도 미국사에서 가장 심했었고 앞으로도 그럴 일이 없을 것이다. 이런 상황에서는 노동자들의 분노가 쌓일 수밖에 없다.

록펠러가 부자가 된 것은 본인의 노력도 있었지만, 사회분위기도 일조를 했다. "부자 되세요"라는 복음이 미국을 지배하고, 부자가 되지 못하는 것은 개인의 문제였다. 개인이 가난한 것을 정부가 도와줄 수도 없었고, 도와줄 마음도 없었다. 기업들은 사회적 진화론을 이념으로 부자 되는 것을 복음으로 받아들였다. 부자의 돈을 가난한 이를 위해서 쓰는 것은 사회통념이 인정하지 않았던 것이다.

이 시절 록펠러는 스탠다드석유회사를 키우기 위해 많은 다른 정유사들을 수단방법을 무릅쓰고 합병했고, 카르텔과 트러스트를 만들고 지주회사를 만들었다. 그러기 위해서는 대다수 기업가들의 적이 되어야 했고, 노동자들의 적이 되어야 했다.

록펠러와 그의 아들은 노동자들에게 특히나 적대적이었다. 적대적이란 용어가 너무 심하다면 '더러워했다'고 할 수 있다. 더러운 인간들과 가장 고귀한 부자들이 서로 섞이는 것도 싫어했으며, 몸과 마음이 더러운 노동자들의 말을 들어줄 리가 없었다. 노동자들은 저임금과 죽음을 안고 살았다. 특히 콜로라도 주의 광산 그중에서도 록펠러 소유의 광산이 더욱 그러하였다.

록펠러 부자의 생각은 단순했다. 일할 사람은 많으니 일하고 싶으면 하고 일한만큼 죽지 않을 정도로 임금을 책정하겠다는 생각이었다. 마음에 들지 않으면, 떠나라는 것이 이들의 생각이었다. 19세기 말의 헤이마켓과 홈스테드 사건, 그리고 수많은 파업과 학살들-이 시대는 기업가의 시대였지, 노동자 혹은 노동조합의 시대영원히 불가능한 이야기지만는 아니었다. 혁신주의 시대의 대통령인 우드로 윌슨woodrow Wilson 조차 러들로 학살 이후 광부들을 진압하려고 정규군을 보냈다.

록펠러의 적대적인 노조관은 광산의 소유주가 아닌 경영주의 생각에도 그대로 투영되었다. 그것이 바로 '러들로 학살 사건'이다. 러들로의 광부들이 파업을 일으킨 것은 1913년의 일이었다. 일 년이라는 시간이 흘러서 신문에도 여러 번 게재되었고, 하원위원회에서 여러 번 청문회가 열리고 있었고, 전국광산노조UMWA나 AFL전국노동연합에서도 관심을 기울이고 있던 사건이었다. 그 동안 시간을 끌면서 파업해결에 미온적이던 록펠러와 대리 경영자들은 결국 자신도 모르는 사이에 도살자가 되었던 것이다.

1914년 4월 20일 당일 죽은 이는 대부분 아녀자들이었다. 이들 무고한 아녀자들을 죽인 것은 명백한 '학살'이다. 그러나 학살의 책임자는 아무도 없었다. 록펠러 부자는 그 책임을 회피하려고 러들로에 여러 가지 온정적인 시책으로 불만을 잠재우려 했다. 그들의 생각은 거기까지였다. 그들이 돌아가자, 이 회사는 매각되었고, 이제는 더 이상 관계가 없는 회사가 되었다. 죽은 이들만이 슬프다. 개인과 집단에 의해 죽은 '세월호'의 아이들이 생각난다.

제3장 영국

뉴턴Sir Isaac Newton의 악몽: 남해회사the South Sea Company의 주가 급등과 거품 붕괴bubble burst

김성룡(영남신학대학교 교양과정 교수)

남해 거품 사건: 거품 붕괴의 대표적 사례

세계 경제의 호황과 불황의 변동 과정에 '거품 붕괴'라는 용어가 자주 등장한다. 경제학적인 의미에서 거품은 '깨지기 쉬운 것', '실체가 없는 것', '공허하고 가치 없는 것' 그리고 '사기적인 쇼' 등을 의미하는 용어이다.[1] 1990년대 초의 일본, 1995-2000년의 닷컴 거품dot-com bubble 그리고 2007년의 서브프라임 모기지 사태subprime mortgage crisis에 비롯된 미국의 부동산 거품 등을 그 예로 들 수 있다.

거품과 경제 호황은 그것의 진행 과정에는 구분하기 어려운 측면이 있다. 그렇기 때문에 문제가 야기될 수 있다. 국제 경제가 각 나라의 상황과 서로 긴밀하게 연결되어 있는 상황에서 거품을 미연에 방지하지 못해 사회 구성원들이 직접적인 피해를 입을 수 있기 때문이다. 이른바 역사적으로 많은 주목을 받고 있는 3대 거품, 즉 네덜란드의 튤립매니아Tulipmania, 1634-37, 프랑스의 미시시피 개발 계획Mississippi scheme, 1719-20 그리고 영국의 남해 거품1719-20 등이 자주 언급되는 것도 바로 그와 같은 이유에서 비롯되었다.[2]

물론, 이들 3대 거품은 시기나 지역적으로 그 양상에 차이가 있다. 그러나 남해 거품 사건은 튤립매니아와 미시시피 개발 계획과는 특별히 구별된다. 무엇보다 그것이 주식 거래를 통해 이루어졌기 때문이다. 시장에서 그것의 가격이 공개되고 거래되었기 때문에 피해가 커질 수밖에 없었다.

남해 거품 사건이 과장되었다는 평가도 있다.[3] 그러나 당대는 물론 그 이후에도 그것이 탐욕의 상징으로 여겨지는 등의 부정적 이미지도 여전하다. 흔히 거품이라는 용어가 공식적으로 사용된 첫 번째 사례를 바로 1711년에 설립된 남해회사에서 찾고 있다. 비록 2000년 한 해의 집계이지만 영국의 주요 일간지, 즉 *The Times, Guardian* 그리고

*Independent*에 남해회사의 거품에 관한 내용이 각각 12번, 17번 그리고 13번 언급된 사실 등도 그와 관련된 부정적 이미지를 잘 나타낸다.

군사 혁명, 금융 혁명 그리고 국가의 재정 위기 |

그렇다면 1711년에 남해해사가 설립되고 그것을 통해 주식이 교환된 이유는 무엇일까? 그것의 이해는 무엇보다 당시 영국의 국가적 현안인 재정 위기의 배경이라 할 수 있는 군사 혁명the Military revolution과 금융 혁명the Financial revolution 등에 관한 설명을 필요로 한다. 무엇보다 남해회사가 급증하는 전쟁 비용의 조달 때문에 발생한 국가 채권의 문제를 해결하기 위한 방안의 하나로 설립되었기 때문이다.

당시 영국의 국가 채무 증가는 1625년 이후 두 차례에 걸친 내전과 그에 따른 정국 혼란의 영향이 컸다. 그러한 상황은 1688년 '명예 혁명'the Glorious revolution 이후 윌리엄 3세William Ⅲ·메리 2세Mary Ⅱ의 즉위 이후 더욱 심각해졌다. 흉작과 소빙기와 같은 기후 변화도 배경으로 작용했지만, 거기에는 무엇보다 이른바 군사 혁명이 주요 원인으로 자리 잡고 있었기 때문이다.

그렇다면 군사 혁명은 무엇일까? 그것은 1955년 1월 로버츠Michael Roberts가 북아일랜드에 있는 밸파스트 퀸스대학교Queen's University of Belfast의 사학과 교수로 부임하면서 행한 자신의 강연에서 처음으로 제기되었다.[4] 한마디로 군사 혁명은 종래의 평가와 달리 16-17세기 유럽에서 그 이전과 구별되는 군사적 측면에서의 거대한 변화가 일어났다는 것을 의미하는 용어이다.

대규모 보병이 군대의 핵심 편제로 자리 잡음에 따라 촉발된 군사 혁명은 대체로 다음과 같은 특징을 지니고 있다. 먼저, 종래의 소규모 봉건 기사군이 쇠퇴한다. 그 다음, 모병에서 무장에 이르는 대규모 병력의 효율적 운용, 한 차원 높은 전술 및 전략 개발 등의 후속 과정이 속속 이어짐에 따라 군사 부분이 그 이전과 뚜렷한 차이를 보이기 시작했다는 것이다.

<3-1> 자블라트 전투 모습(the battle of Sablat, 1619년 6월 10일)

출처: https://en.wikipedia.org/wiki/Battle_of_Sablat

군사 혁명은 군대뿐만 아니라 당시 사회의 여타 분야에까지 심대한 영향을 미쳤다. 대규모 보병 중심의 군대 편성으로 국가의 재정 확보 및 관리 능력이 무엇보다 중요한 현안으로 부각됨에 따라 국가 체제의 변혁이 모색되었기 때문이다. 한마디로 대규모 병력의 동원을 위한 자금을 모을 수 있는 제도적 장치가 필요할 수밖에 없는 상황이 조성되었던 것이다.

군사 혁명의 영향은 영국도 결코 예외는 아니었다. 17세기 말 이래 영국은 유럽의 여러 전쟁에 가담했다.[5] 무엇보다 명예 혁명 이후 윌리엄 3세·메리 2세가 즉위하면서 잉글랜드는 가톨릭에 대항하는 프로테스탄트 진영의 중심에 위치하게 되었다. 프랑스의 루이 14세Louis XIV를 대상으로 잉글랜드와 신성로마제국 등이 대동맹Grand alliance을 결성하여

9년 전쟁War of the grand alliance or war of the league of Augsburg, 1688-97에 돌입한 것 등을 그 예로 들 수 있다.

9년 전쟁은 군사 혁명과 연계되어 잉글랜드의 국가 행정 조직을 보다 구체적으로 수립할 수 있는 계기가 될 수 있었다. 무엇보다 전쟁의 비용이 급증했기 때문이다. 9년 전쟁의 경우 잉글랜드는 자국민 약 48,000명에 독일 용병 약 21,000명을 더해 군대를 조직했다. 61척의 전함 또한 구축했다. 전쟁 기간 동안 잉글랜드 정부의 전체 지출 가운데 약 74%가 군사적 목적에서 비롯되었다. 또한 그것은 일시적인 현상이 아니었다. 이후 벌어진 스페인 왕위 계승 전쟁War of the Spanish Succession, 1702-13의 경우에도 정부의 전체 지출 가운데 약 66%가 전쟁 비용에 해당했기 때문이다.[6]

로마의 철학자 시세로Marcus Tullius Cicero는 다음과 같은 언급을 남겼다. '돈은 전쟁의 힘줄이다'Bellorum nervi sunt pecuniae는 것이 바로 그것이다.[7] 그의 말은 18세기 초 영국의 상황을 잘 나타낸다. 실제로 1688년 이전의 경우 잉글랜드의 전비는 연간 £2,000,000를 넘지 않았다. 그러나 스페인 왕위 계승 전쟁은 달랐다. 연간 £7,000,000를 필요로 했기 때문이다.[8]

전쟁 비용의 상승은 자연, 국가 기구나 그것의 운용 등에 많은 영향을 미쳤다. 거기에 명예 혁명 이전에 국왕을 견제했던 의회도 전쟁과 관련된 화급한 국왕의 정책에는 협조할 수밖에 없었다. 그 결과 잉글랜드는 프랑스와 네덜란드처럼 조세 부담이 증가하는 국가로 변모하게 되었다.

그와 관련하여 18세기 영국은 '재정과 군사력이 완비된 국가'fiscal-military state였다는 평가에[9] 각별한 시선이 모아진다. 거기에는 17세기 후반 이후 영국이 수행한 전쟁의 영향이 중요했다. '국가가 전쟁을 만들었고, 전쟁이 국가를 만들었다'는 틸리Charles Tilly의 언급은[10] 상당한 타당성을 지니고 있다. 한마디로 17세기 말 이래 영국이 추구한 국가 체제의 정비에 군사 혁명이 주요 배경으로 자리했던 것이다.

무엇보다 전비 조달을 위해 늘어난 세금의 징수는 곧 조세의 수취를 위한 인력의 확충을 가져왔다. 실제로, 1688년에 약 2,500명이었던 관리가 1783년에는 약 8,300명으로 증가했다.[11] 거기에 보다 정확한 정보 확보를 위한 노력도 함께 이루어졌다. 17세기 말의 킹Gregory King을 필두로 비중 있는 '정치 산술가들'political arithmetics이[12] 18세기에 속속 등장한 것을 염두에 둘 필요가 있다.[13]

실제로 당시 잉글랜드 정부는 전쟁에 필요한 전비를 조달하기 위해 세금 인상을 추진했다. 9년 전쟁의 전비 조달을 위해 인상된 토지세가 바로 그것이다.[14] 1658-65년에 4-5%였던 토지세가 1689-99년에는 16-27%로 증가한 켄트Kent의 사례가 그것을 잘 나타낸다.[15]

당시 잉글랜드 정부는 토지세 인상 이외에 다른 조치도 모색했다. 기금 모금이 바로 그것이다. 그 결과 다수의 모금자를 대상으로 하는 연금, 복권, 톤틴tontine 등이 고안되었다. 그러나 1692년부터 시작한 그것의 모금은 참여자나 운영 방식 등이 대체로 일회적이기 때문에 정부가 필요로 하는 자금을 조달하는 데는 한계가 있었다.[16] 그렇다면 경제 성장과 더불어 세수가 증가했음에도 불구하고 늘어난 재정 수요를 감당하기 위해서 영국 정부는 과연 어떠한 방법을 모색했을까?

무엇보다 당시 영국 정부는 금융 구조를 획기적으로 바꾸는 특단의 조치, 즉 금융 혁명을 필요로 했다. 그 결과 개인 투자자들에게 자금을 차입하고 이자를 지급하는 국가 부채에 의존하는 양상이 나타났다. 민간의 현금을 정부에 공급할 안정적인 기구와 방법을 의회가 계속 찾을 수밖에 없었기 때문이다. 1694년 잉글랜드은행Bank of England의 설립[17]이나 장기 공채의 도입[18]과 같은 일련의 개혁들을 그 예로 들 수 있다.[19]

16-17세기 잉글랜드의 은행 업무는 금세공업자 은행가the Goldsmith Banker들이 담당했다. 비록 초기 형태의 업무이지만 그것의 계기는 의회와 계속 갈등을 보였던 1638년에 국왕 찰스 1세Charles I가 행한 조치였

다. 당시 런던 타워London Tower에 있는 조폐소에 예치되었던 상인들의 금화 약 £200,000를 압류했던 것이 바로 그것이다. 물론, 사태는 해결되었다.[20] 그러나 불안감을 느낀 상인들은 더 이상 그들의 금화를 조폐소에 예치하지 않았다. 그 결과 상인들은 금세공업자에게 그들의 금화를 맡기기 시작했다.

<3-2> 17세기 금세공업자의 작업장 모습

출처: (http://www.lagunabeachbikini.com/wordpress/wp-content/images/2010/editorial/goldsmith-woodcut-01.jpg)

그러나 당시 금화는 휴대하기가 매우 불편했다. 그 결과 금화로 바꾸는 대신 금화의 보관증이 화폐로 사용되기 시작했다. 점차 그것의 유통범위는 확대되었다. 금세공업자들은 그 과정에 사람들이 거래의 편의를 위해 금화 대신 예치 증서를 더 많이 활용하고 금은 찾아가지 않는다는 사실을 알게 되었다.[21]

바로 그러한 과정이 금세공업자 은행이 만들어진 계기가 되었다. 그들이 금화 예치 증서의 추가 발행을 통해 대출을 할 수 있었기 때문이다. 당시 금세공업자 은행가들은 통상 5-6%의 이자를 받을 수 있었다. 거기에 왕실과의 거래에서 예외적인 이자도 가능했다.

그러나 왕위의 빈번한 교체와 국왕 찰스 2세Charles II의 네덜란드 전쟁 등으로 인한 왕실의 재정 위기로 인해 국왕과 거래하던 많은 금세공업자 은행가들이 파산했고 왕실의 신용은 땅에 떨어졌다.[22] 바로 그러한 상황에서 명예 혁명이 일어났고 거기에 프랑스를 주적으로 하는 대외 전쟁이 발생했다. 그 결과 군사 혁명으로 인한 전비의 급증으로 인해 경제 성장으로 인한 세수의 증가에도 불구하고 재정 수요를 감당하지 못하는 상황이 초래되었다. 재정 구조를 획기적으로 바꾸는 혁명적 조치가 당연히 모색되었다. 개인 투자자들로부터 자금을 차입하고 그 금액, 즉 국가 부채에 대한 이자의 지급과 같은 방식 등이 바로 그것이다.

이처럼 윌리엄 3세·메리 2세의 즉위 후 잉글랜드는 공적 신용public credit 에 대한 필요성이 고조되고 있었다. 여러 가지 방안이 당연히 모색되다. 그 결과 스코틀랜드 기업가인 패터슨William Paterson의 제안을 받아들여 당시 네덜란드에서 운용되는 것과 유사한 잉글랜드은행이 설립되었다.[23] 민영의 중앙 은행을 설립해 국왕이 필요로 하는 자금을 융자를 시행하자는 취지로 만들어진 그것은 잉글랜드 최초의 조인트스탁회사joint-stock company였다.

잉글랜드은행은 1694년 7월 27일 국왕 윌리엄 3세·메리 2세로부터 특허장을 받았다.[24] 당시 잉글랜드은행이 수주만에 조달한 £1,200,000의 자금은 곧 정부의 '영구적 채무'perpetual loan가 되었다. 연 8%의 금리에 £4,000의 관리비도 함께 책정했다. 그 결과 정부는 매년 £100,000만 내고 그 자리에서 £1,200,000의 현금을 쓸 수 있었으며, 원금은 영원히 갚지 않아도 되었다.

1694년 이래 잉글랜드은행이 발행한 은행권의 유통 범위는 다른 은행과 달랐다. 그것의 설립에 참여한 사람들은 명예 혁명을 주도한 휘그 the Whig였다. 그렇기 때문에 자금을 빌려주는 측이나 빌린 측 모두 신뢰 관계를 유지할 수 있었다. 거기에 국민의 세금을 담보로 하여 국가의 화폐를 잉글랜드은행이 발행했기 때문이 더욱 공신력을 지닐 수 있었다.

잉글랜드은행의 설립은 국왕의 정책 수행을 비교적 원활하게 할 수 있게 했다. 무엇보다 전쟁에 필요한 돈을 확보할 수 있었기 때문이다. 그러나 국민의 세금을 담보로 한 화폐의 발행은 정부의 재정 적자가 수직으로 상승하는 결과를 초래했다.

1670-85년 잉글랜드 정부의 재정 수입은 약 £24,800,00였다. 또한 1685-1700년의 그것은 약 £55,700,000로 약 125% 증가했다 그러나 정부가 잉글랜드은행에서 대출한 금액은 재정 수입과 비교가 되지 않았다. 1670-85년에 약 £800,000였던 그것이 1685-1700년에 약 £13,800,000로 약 1,625%로 급증했기 때문이다.

결과적으로 세금을 담보로 은행으로부터 차용을 하는 방식은 국가 화폐의 발행과 국채를 항구적 묶어 놓는 양상을 초래했다. 한마디로 화폐의 신규 발행은 곧 국채의 증가를 의미했다. 그 결과 정부는 채무를 상환할 수 없게 되었다. 국채의 상환이 곧 화폐의 폐기를 의미하는 관계로 유동성에 문제가 생길 수 있기 때문이다. 실제로 1694년의 잉글랜드의 국채는 약 £1,200,000였지만 2005년 말의 경우 그것은 약 £5,25,900,000,000로 늘어나 GDP의 약 42.8%를 차지했다.[25]

남해회사의 설립 |

영국은 군사 혁명과 금융 혁명을 통해 공적 신용 체제를 갖추게 되었다. 무엇보다 1년 단위로 고율의 이자를 부담해야 하는 단기 채무를 장기 채무로 전환할 수 있게 됨에 따라 국가는 특정 금융가로부터 벗어날 수 있었다.[26] 그러나 그것으로 정부의 재정 문제를 해결할 수는 없었다. 그 결과 새로운 방안이 모색되었다. 그것이 바로 1711년에 설립된 남해회사이다.

그렇다면 당시 영국의 재정은 어떠한 문제가 있었을까? 물론, 정부는 국채의 발행을 통해 장기적인 자금을 확보하는 한편 세수도 증대시켜 재정을 확충해 나갈 수 있었다. 그러나 당시 처음으로 생긴 공적 신용 체제는 여전히 불안했다. 무엇보다 당시 영국의 경우 국가 부채의 정확한 규모조차 제대로 파악되지 않았다. 정부에 소속된 산하 각 부처에서 필요로 하는 자금을 중앙 은행의 지위를 보유한 잉글랜드은행을 통해 개별적으로 차입하여 자금을 조달했기 때문이다. 바로 그러한 상황에서 프랑스와 전쟁을 치르면서 국채는 크게 증가하게 되었다. 그 결과 정확한 부채의 규모를 파악하는 것은 물론 그것의 처리 방안이 모색되었다.[27]

당시 영국 정부의 중요 현안이었던 재정 문제의 해결은 할리Robert Harley가 주도했다. 토리당 출신인 그는 1710년에 재무장관Chancellor of Exchequer에 임명되었다. 당시 할리는 정부의 재정 상태에 대한 정보를 지속적으로 공표하면서 사안의 중요성을 강조했다. 그 결과 1711년 1월 하원에 조사 위원회가 설립되었다.

당시 조사 위원회는 정부가 상환할 능력이 없는 부채가 총 £9,000,000라는 사실을 발표했다. 재정 문제의 해결이 화급한 상황에서 할리는 할로우 소드 블레이드회사Hollow Sword Blade Company의 요직에 있는 블런트John Blunt와 해결 방안을 모색했다. 그것이 바로 남해회사이다.[28]

영국 정부와 남해회사는 대체로 다음과 같은 방식으로 당시 현안인 재정 문제를 해결하고자 했다. 먼저, 국채의 소유자들은 해당 금액에 상당하는 남해회사 주식을 받는 조건으로 채권을 포기한다. 둘째, 회사는 해당 금액만큼의 주식을 발행한다. 셋째, 정부는 스페인이 지배하는 중남미에 대한 독점적인 무역권을 남해회사에 보장하고 거기에 추가로 주주에게 배당할 £570,000의 금액과 연리 6%의 이자를 회사에 지급한다.[29]

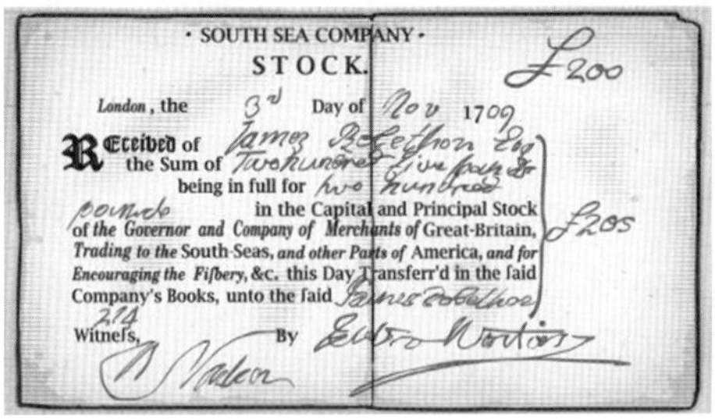

· SOUTH SEA COMPANY ·
STOCK.
£200
London, the 3d Day of Nov 1709
Received of James ... the Sum of Two hundred ... being in full for two hundred pounds in the Capital and Principal Stock of the Governor and Company of Merchants of Great-Britain, Trading to the South-Seas, and other Parts of America, and for Encouraging the Fishery, &c. this Day Transferr'd in the said Company's Books, unto the said ...
£205
Witness, By ...

<3-3> 남해회사의 주식 증서

출처: http://www.thebubblebubble.com/south-sea-bubble/

남해회사를 통한 국채와 채권의 교환은 잉글랜드은행과 동인도회사와의 거래에서 그 선례가 있었기 때문에 가능할 수 있었다. 그 결과 단기 국채의 약 97%가 남해회사의 주식으로 전환될 수 있었다. 또한 회사는 보유한 국채를 통해 정부로부터 이자를 받을 수 있었기 때문에 기업의 현금 유동성을 확보할 수 있었다.

무역 회사에서 금융 회사로 |

1711년 남해회사가 설립되었지만 남아메리카와의 교역은 여의치 않았다. 당시 영국이 여전히 대외 전쟁을 수행하고 있었기 때문이다. 남해회사의 본격적인 남아메리카 무역은 1713년 전쟁이 끝나면서 맺어진 위트레흐트 조약Treaty of Utrecht, 1713에 의해 새로운 전기를 맞았다. 그것을 통해 영국과 스페인 정부가 대체로 다음과 같은 계약, 즉 아시엔토Asiento를 체결했기 때문이다.[30]

1. 카르타헤나와 베라 크루즈로 연간 500톤급의 인가된 선박을 보내 교역 할 수 있으며 그 대신 스페인의 국왕은 그 수익의 28.75%를 받는다.
2. 계약자는 스페인령 아메리카에 매년 최소 신장 58인치 이상의 노예 4,800명을 30년간 수송해야 한다.
3. 계약자는 4,000명의 노예에 대해 각 33.3 에스쿠도당시 화폐를 받게 되며 나머지 800명은 면세로 들여오게 되며 스페인의 왕은 이익의 10%를 가진다.
4. 흑인에 대한 댓가는 현금, 금, 은과 혹은 카카오, 발삼, 사르사스파릴라, 각종 약물, 염색 재료, 설탕, 담배 등으로 지불한다.
5. 노예는 모든 스페인령 아메리카 항구로 운송할 수 있다.
6. 교역을 위한 공장을 설립할 수 있지만 무장은 할 수 없다.
7. 4-6명의 영국인이 각 공장에 중개인으로 머물 수 있다.
8. 마드리드에서의 조약에 반하지 않는 모든 기존 계약자의 특권은 영국인 계약자에게도 부여된다.

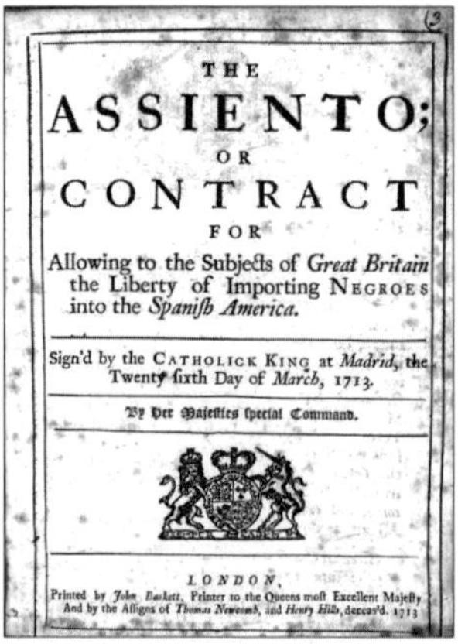

THE

ASSIENTO;

OR

CONTRACT

FOR

Allowing to the Subjects of *Great Britain* the Liberty of Importing NEGROES into the *Spanish America.*

Sign'd by the CATHOLICK KING at *Madrid*, the Twenty sixth Day of *March*, 1713.

By Her Majesties special Command.

LONDON,

Printed by *John Baskett*, Printer to the Queens most Excellent Majesty. And by the Assigns of *Thomas Newcomb*, and *Henry Hills*, deceas'd. 1713

<3-4> 영문판 아시엔토 표지(1713)

출처: Copy of 1713 book at the British Library

1713년 영국은 아시엔토의 권리를 남해회사로 넘겼다. 그 결과 남해회사는 무역과 보유한 국채의 이자 수입 등으로 비교적 순조로운 모습을 보였다. 그러나 1718년 스페인이 영국 선박의 입항을 금지시킴에 따라 남해회사는 위기를 맞게 되었다. 약 £2,000,000의 빚을 지게 되었기 때문이다. 그 결과 남해회사는 노예 무역 대신 금융 부분으로 사업의 방향을 모색했다.

1719년 남해회사는 국채와 주식의 전환을 통해 이익을 실현하고자 했다. 그것은 당시 영국 정부의 현안, 즉 부채 문제의 해결과 부합할 수 있었다. 1714년을 기준으로 영국 정부의 총 부채는 약 £48,000,000였다. 그렇기 때문에 부채에 대한 이자 부담은 재정을 압박하기에 충분했다. 1714-17년 국채에 대한 이자 지불은 전체 정부 수입의 50%를 넘는 수준이었기 때문이다.

1720년 3월 21일 의회는 민간에서 유통되고 있던 약 £31,000,000의 국채를 남해회사가 매수한다는 이른바 남해회사법the South Sea Bill을 통과시켰다. 그 결과 경매를 통해 매수권을 확보한 남해회사는 민간에서 유통되고 있던 약 £31,000,000의 국채를 회사의 주식으로 전환할 수 있게 되었다.[31] 거기에 남해회사는 국채를 매입할 수 있도록 주식의 추가 발행이 가능하게 되었다.

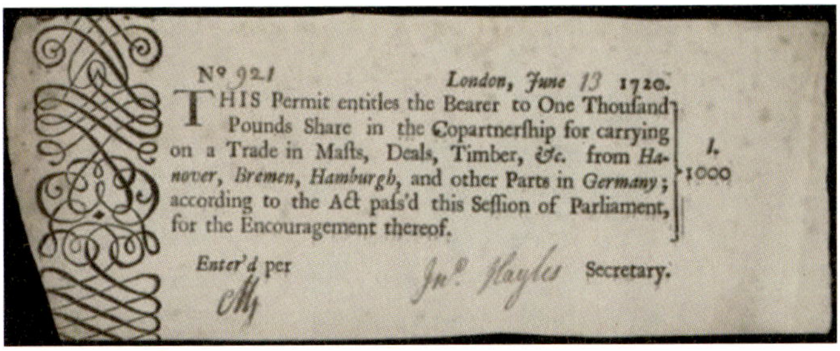
No 921 London, June 13 1720.

THIS Permit entitles the Bearer to One Thousand Pounds Share in the Copartnership for carrying on a Trade in Masts, Deals, Timber, &c. from Hanover, Bremen, Hamburgh, and other Parts in Germany; according to the Act pass'd this Session of Parliament, for the Encouragement thereof.

l. 1000

Enter'd per Secretary.

<3-5> 남해회사의 주식 증서(1720년 6월 13일 발행)

출처: http://brbl-dl.library.yale.edu/vufind/Record/3443895

재무 장관인 에이슬러비John Aislabie, 1670-1742와 협의를 통해 제안된 그것은 당시 영국 정부의 현안, 즉 부채 문제의 해결과 부합할 수 있었다. 1714년을 기준으로 영국 정부의 총부채는 약 £48,000,000였다. 부채에 대한 이자 부담은 당시 정부의 재정을 압박하기에 충분했다. 1714-17년 국채에 대한 이자 지불이 전체 정부 수입의 50%를 넘는 수준이었기 때문이다.[32]

그러나 남해회사의 경우 상황은 달랐다. 국채의 매입권을 £5,667,600에 응찰했던 잉글랜드은행과 달리 제시한 £7,567,000의 조달은 물론 단기간에 이익을 실현해야 했기 때문이다. 그 결과 남해회사는 영국 사회를 분노로 몰아간 거품 붕괴로의 과정으로 접어들게 되었다.[33]

거품 붕괴로 ㅣ

남해회사는 겉으로 보기에는 영국 정부는 물론 국가 경제에 유익한 것처럼 여겨질 수 있었다. 그것의 배경은 대체로 다음의 네 가지로 나누어 볼 수 있다. 첫째, 정부는 부채의 해소를 통해 일단 재정적 안정을 도모할 수 있었다. 무엇보다 국채의 주식 전환 사업은 경매를 통해 이루어졌다. 그것의 운영권은 잉글랜드은행과의 경합을 통해 보다 높은 가격을 제출한 남해회사로 돌아갔다. 그 결과 정부는 보다 유리한 여건에서 재정의 안정을 기할 수 있었다.

둘째, 채권자들은 자신의 자산을 보다 쉽게 매도할 수 있었다. 당시 영국의 경우 채권자들은 채권을 제3자에게 매도할 수 없었다. 그것이 금지되었기 때문이다. 그렇기 때문에 채권자는 단기 계약을 선호했다. 그 결과 정부의 이자 부담은 높아질 수밖에 없었다. 반면 연금 증서는 유통의 대상이 되었지만 할인율이 커서 판매자가 손해를 감수해야만 했다. 그러나 남해회사의 경우는 달랐다. 국채를 남해회사 주식으로 전환할 수 있는 권리를 부여받았기 때문이다. 즉 채권의 전환 여부가 선택이 되면서 채권자들은 자신의 자산을 보다 효율적으로 운용할 수 있게 된 셈이다.

셋째, 채권자들로 하여금 국채를 주식으로 전환하는 것이 자신에게 유리하다는 판단을 할 수 있는 분위기가 조성되고 있었다. 물론, 작은 규모의 국채 전환이 잉글랜드은행과 동인도회사를 통해 진행된 경험은 있었다. 일단 미시시피 계획의 성공적인 진행 또한 대다수의 채권자들은 주식으로의 전환을 환영할 수 있게 했다. 그뿐만 아니라 남해회사의 수익 전망이 불투명하다고 판단되면 주식 시장을 통해 곧바로 주식을 매각할 수도 있었다. 다시 말하면 남해회사의 주식 투자가 수익을 창출할 수 있다는 전망을 가질 수 있게 하여 보다 많은 투자가 가능해질 수 있는 상황이 조성되었다는 것이다.

끝으로, 기업의 입장에서도 각종 혜택을 기대할 수 있었다. 남해회사는 정부로부터 무역 독점권을 부여받았다. 그 결과 잘 알려지지 않았던 중남미로의 진출을 통해 남해회사가 거둘 수 있는 이윤 창출의 극대화에 대한 기대감이 고조될 수 있었다. 거기에 기업의 성패가 정부의 정책 성과와 직결되기 때문에 다양한 형태의 정부 지원을 기대할 수 있었다.

<3-6> 호가스(William Hogarth)의 "남해회사 계획" (The South Sea scheme, 1721)

출처: https://www.library.hbs.edu/hc/ssb/description.html

*** 인간의 탐욕과 그 결과에 대한 심판을 나타내고 있다.**

이처럼 남해회사의 설립은 정부와 채권자와 기업을 모두 만족시킬 수 있는 절묘한 해결책이라는 인식이 당시 널리 공유될 수 있었다. 그 결과 남해회사의 계획은 실행으로 이어졌다. 남해회사의 설립을 통한 재정 문제의 해결 방안은 행위 주체 모두에게 이익이 될 것으로 기대되었기 때문이다.[34] 그러나 실제는 그렇지 않았다. 오히려 거품 붕괴라는 상황에 직면했기 때문이다.

무엇보다 당시 남해회사에 적용된 남해의 개념은 다분히 모호했다. 원래 그것은 주로 남태평양을 지칭하는 용어였다. 그러나 실제는 그렇지 않았다. 당시 남해회사의 영업 활동은 지역적으로 남아메리카의 동쪽, 즉 대서양 연안까지도 포함되었다. 1713년에 제안된 7개의 공장 가운데 파나마Panama를 제외한 나머지 모두가 대서양에 위치했다.[35] 노예무역의 경우는 더욱 그러했다.

한마디로 남해회사의 경우 남해는 전통적인 의미와 다소 무관했다. 대서양회사 혹은 대서양·태평양회사가 보다 정확한 명칭일 수 있다. 그러나 거기에는 또 다른 의미가 있었다. 스페인의 식민지로부터 얻을 수 있는 금에 대한 관심, 즉 나아가 생각할 수 없는 다소 막연한 경제적 가치가 바로 그것이다. 1712년에 발행된 한 팜플릿에 나타난 다음과 같은 내용이 그것을 잘 나타낸다.

> 남해 무역에서 설탕, 담배, 인디고, 면, 카카오 등을 얻을 수 있을 것이며 나는 그 어떠한 사람도 남해 무역으로부터 얻어지는 이익 그 이상을 상상할 수 없을 거라고 생각합니다.' '이것은 천국이 감추고 있는 비밀 속에서 일어날 것입니다.'··· 아메리카의 남쪽 대륙에 새로운 것식민지를 세운다면 당신이 원하는 더 많은 것을 얻을 수 있을 것입니다.[36]

한마디로 당시 영국의 경우 남해 무역은 다분히 지리적인 측면만을 의미한 것은 결코 아니다. 다소 모호할 수 있는 스페인령 식민지에 대한 경제적 기대가 내포되어 있다. 이처럼 남해회사는 출발부터 구체적인 이익 창출을 예상할 수는 없었다. 거기에 전쟁과 스페인의 제재 등으로 남해 무역은 여의치 않았다. 바로 그러한 상황에서 금융 부분으로 방향을 전환한 남해회사는 수익 창출에 조급할 수밖에 없었다.

바로 그러한 상황은 남해회사로 하여금 보다 많은 자본금을 모으기 위해 국채 소유자의 주식 전환을 촉진할 수 있는 방안을 모색하게 했다. 회사는 거기에 추가로 계속 주식을 발행하여 자본금을 확충하고자 했다. 그 결과 보유한 주식의 가격 상승을 통한 이익 창출을 투자자가 경험할 수 있게 되어 영국을 투기의 광풍으로 몰아갔다.

1720년 1월 국채와 주식의 거래권을 확보한 남해회사의 주가는 £100에서 £200파운드로 상승했다. 같은 해 3월 남해회사는 주당 £300를 공모가로 하는 신주 모집을 통해 1차로 £2,000,000의 국채를 주식으로 전환할 수 있었다. 남해회사의 주가는 2차, 3차 추가 자금을 모집하는 과정에 계속해서 상승했다. 그 결과 1720년 6월 회사의 주가는 £1,000에 달하게 되었다.

이처럼 남해회사는 목표로 했던 국채 £31,000,000의 주식 전환은 비교적 순탄하게 이루어질 수 있었다. 초기의 투자자도 큰 수익을 얻을 수 있었다. 그와 같은 분위기는 영국의 다른 회사에도 영향을 미쳤다. 주가의 동반 상승이 바로 그것이다. 그 결과 남해회사는 로비를 통해 영국의 의회로 하여금 1720년 6월 이른바 '거품 방지법'the Bubble act을 제정하게 했다. 무분별한 주식 거래를 방지하기 위해 주식회사를 설립하려면 특허장을 받아야 한다는 것이 그것의 골자였다.[37]

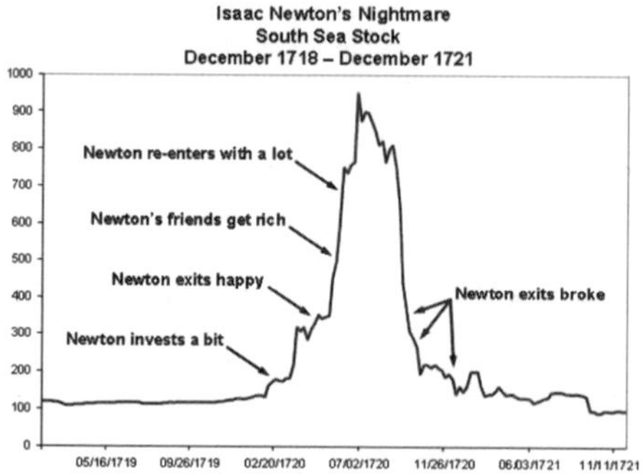

<3-7> 뉴턴의 남해회사 주식 투자와 주가 추이(파버(Marc Faber)의 차트)

출처: Rochard L. Peterson, *Trading on sentiment: the power of minds over markets* (Hoboken: John Wiley & Sons, 2016), p. 219.

그러나 이례적으로 상승한 남해회사의 주가는 사장에서 점차 외면받기 시작했다. 자연, 주가는 점차 하락하기 시작했다. 1720년 12월에 주가는 £150대로 하락하여 거의 연초 수준으로 돌아갔다. 그 결과 뒤늦게 주식을 구입했거나 신용, 즉 외상으로 투자한 경우 파산에 직면할 수밖에 없었다. 뉴턴이 그 단적인 예라 할 수 있다.

남해회사의 거품과 관련하여 거론되는 대표적 인물인 뉴턴은 1720년 2월 약간의 금액을 투자했다. 마침 회사의 주식이 약 두 배 상승하자 그는 주식을 매도했고 그 결과 약 £7,000의 거금을 벌었다. 그러나 뉴턴은 남해회사의 주가가 계속 상승하자 다시 거액을 투자했다. 그러나 1720년 7월 초 이후 매도 시점을 놓쳐 결국 손절매하게 되었다. 당시 뉴턴이 입은 손실은 약 £21,000로 알려지고 있다.[38]

악의적인 실행 그리고 재앙 |

남해회사의 주식 투자로 손해를 입은 뉴턴은 다음과 같은 말을 남겼다.

"천체의 움직임은 측정할 수 있지만 주식시장에서 인간들의 광기는 도저히 예상할 수 없다."[39]

<3-8> 뉴턴(Isaac Newton)

출처: http://sirisaacnewton.info/isaac-netwon-quotes/

남해회사의 주식 발행과 그것을 통한 막대한 차익 실현은 당시 잉글랜드 사회에 적지 않은 우려를 자아냈다. 대체로 농업 경영을 통해 생산 활동을 했던 종전의 모습과 달리 커피하우스coffee house에서 주식 거래를 준비하는 모습이나 주식 매매를 통한 이익을 실현한 후 흥청망청 돈을 쓰는 것 등은 당시 사회의 분노를 야기했다.[40] 그뿐만 아니라 노동을 하지 않고 금융 거래를 통해 이익을 추구함에 따라 도덕적으로 심각한 문제가 야기되기도 했다. '축복 받은 종이돈! 최후의 그리고 최선의 공급품! 그것은 타락에서 날 수 있도록 보다 가벼운 날개를 준다'는 포프Alexander Pope의 언급이 그것을 잘 나타낸다.[41]

그러나 투기의 광풍 이후, 즉 1720년 9월 1일부터 12월까지 3개월 동안 남해회사의 주식은 폭락하여 약 ₤132,000,000에 달하는 시가 총액이 사라졌다. 그것은 당시 영국 정부의 부채 총액인 약 ₤50,000,000의 2.5배를 상회하는 금액이었다. 그렇기 때문에 남해회사의 주가 붕괴는 심각한 후유증을 초래할 수 있었다. 거품이 붕괴되면서 나무에서 떨어져 바다로 빠지는 모습을 풍자한 카드가 그것을 잘 보여준다.

<3-9> 남해회사 거품 놀이 카드(1720)

출처: Reprint of 1841/1852 editions of *Extraordinary Popular Delusions and the Madness of Crowds* by Charles Mackay.

남해 회사의 거품 붕괴는 심각한 사회적 갈등을 야기했다. 이익을 챙기지 못하고 오히려 파산한 사람들의 경우 회사의 경영자와 정치인들에 대한 분노를 노골적으로 나타내기도 했다. 당시 회사 경영자의 재산을 압류한 것도 그와 같은 분위기를 잘 나타난다.

<3-10> 남해회사 거품 붕괴로 인한 파산자들이 회사 임원을 잡으려는 일러스터레이션(C. L. Doughty 작품)

출처: https://www.magnoliabox.com/search?q=financial+crisis&type=product

그러나 당시 영국 정부는 남해 거품 사건에 발 빠르게 대처했다. 회사로부터 받기로 했던 £7,100,000을 탕감했다. 거기에 남해회사가 보유했던 국채를 동인도회사와 잉글랜드은행이 매입하도록 했다. 그 결과 남해회사는 안정을 찾을 수 있었다.[42]

사실, 남해 거품 사건과 관련하여 그것의 처리 과정이 합리적으로 진행되었다는 평가가 최근 제기되기도 한다. 무엇보다 당시 영국의 여타 기업이나 유럽의 상황을 비교하여 볼 때 남해회사의 사정이 결코 특별하지 않았다는 것이다.[43] 또한 남해 거품 사건이 농업 중심의 경제 체제에서 상업 및 금융 자본주의로 변해가는 과정에 제대로 적응하지 못한 계층의 분노와 반발도 반영되었다는 평가도 있다.[44] 그와 관련하여 1727년 스위프트Jonathan Swift의 시에서 남긴 다음의 언급이 시사적이다.

> 도시의 어느 남해회사 주식 중개인이
> 나를 구입할 것인데, 유감만 더할 뿐이다.
> 내 모든 좋은 농장을 황폐케 하고,
> 그의 저속한 취향에 맞출 것이니[45]

바로 그러한 이해는 남해 거품에 대한 부정적인 평가보다 그것을 장기적인 관점에서 파악했을 때 긍정적일 수 있다. 영국의 자본주의 발전에 합리적인 기여를 찾을 수 있기 때문이다. 당시 영국 정부의 국채 문제를 해결하고 이후의 경제 발전을 기약할 수 있게 했다는 것이 바로 그것이다.

물론, 최근의 평가는 남해 회사에 대한 보다 정확한 이해를 가능하게 한다. 그러나 거기에는 역사적 사건이 시간이 지나면 나름 정리되는 과정으로 이어진다는 인식이 제대로 반영되어 있지 않다. 그렇기 때문에 시간이 흐르면서 문제가 해결된 것과 애초에 거기에 별다른 문제가 없었다는 것은 별개의 사안으로 이해할 필요가 있다.

그와 관련하여 월폴Horatio Walpole이 남해회사의 계획과 관련하여 남긴 다음의 언급이 시사적이다. '전망 단계에서는 취약했고 실행 단계에서는 악의적이었으며 종국에는 재앙을 낳았다는 것이 바로 그것이다.[46] 먼저, 남해회사는 남해라는 이름의 이해처럼 투자의 대상이나 이윤 창출이 모호했다. 합리적인 경제 활동 보다 일확천금을 기약하는 듯한 양상을 보이기도 했던 것이다.

그 다음, 남해회사가 금융 부분으로 주력 경영을 변경할 때 부패의 양상이 반영되었다. 정치인에게 뇌물을 주는 것이 바로 그것이다. 그와 관련하여 18세기 초 영국 사회의 부패 관행을 흔히 언급하기도 한다. 당시의 상황에서는 그것이 자연스러운 현상이기 때문에 남해회사의 독점권 확보에 대한 부정적인 평가를 희석하는 경우도 있다.

그러나 남해회사의 경우 주식의 공모 과정에 또 다른 문제가 게재되어 있었다. 국채의 주식 전환 과정에 기업 가치의 상승에 따른 주가의 상승은 당연하다. 그러나 공모 과정에 비정상적인 자금이 유입되고 그로 인한 과대 평가가 주가에 반영되어 매도 시기를 적절하게 택한 경우에는 많은 이익을 가져 올 수 있었다.

한마디로 남해회사의 주가 상승은 초기 유입된 자금이 투자자의 이익에 반영되는 폰지 사기ponzi scheme의 형태가 다분했다.[47] 정상적인 이윤 창출을 통한 기업의 가치 상승이 아니라는 것이다. 그렇기 때문에 정상적인 거래를 통해 이윤을 창출해야 하는 기업 경영의 기초적인 과정과는 상당한 거리가 있다.

물론, 남해회사의 사건을 계기로 버블 방지법이나 주식회사 관련법 등이 정비되어 영국 경제의 발전 과정에 유익한 양상이 나타나기도 했다. 그러나 그것의 진행은 장기 지속적인 특성을 지녔다. 국채의 주식 전환 과정에 남해회사가 야기한 문제가 해결되었다고 해서 당시 상황을 긍정적으로 평가한 것도 문제가 있을 수 있다. 그 과정에 18세기 초 영국 사회가 좌절과 분노를 경험했고 이후 남해회사와 관련된 풍자와 비판이 계속 되었던 것도 결코 도외시 되어서는 안 되기 때문이다.

요컨대, 남해회사의 거품 붕괴는 국채의 주식 전환을 통해 영국 정부의 재정 문제를 해결하는 데는 기여했지만 그 과정에 기업의 부도덕성으로 인한 사회적 갈등과 고통 또한 기억될 필요가 있다는 것을 결론으로 말할 수 있을 것 같다.

제4장 영국

유토피아의 꿈은 사라지고, 매연과 질병 가득한 세상 : 19세기 영국 맨체스터Manchester 산업도시

최현미(경북대학교 사학과 교수)

맨체스터로 들어가며 |

21세기 현재 행정 명칭으로서의 그레이터 맨체스터Greater Manchester-Metropolitan County[1]주는 맨체스터 시티city of Manchester를 포함하여 10개의 도시로 이루어져 있으며 런던으로부터 북서쪽으로 257km, 리버풀로부터 동북쪽 50km 떨어진 곳에 위치한다. 맨체스터 시는 런던 다음으로 주요한 영국 제 2의 산업도시이다.

19세기 맨체스터는 산업혁명의 번영과 풍요의 현장이었다는 명성과 더불어 '지옥 같은 세상'Hell upon Earth[2]이었다는 오명도 따라다녔다. 2차 세계 대전 이후 1970-80년대 영국의 자동차, 중공업, 화학, 제강 등 제조 산업 부분의 전반적인 쇠퇴와 더불어 맨체스터에서도 주요 산업이었던 섬유 산업이 글로벌 경쟁에서 뒤처지며 맨체스터 시는 경제 침체 및 쇠락의 길에 있었다.

그러나 현재 경제 및 산업경영 그리고 생태 경제학계의 연구에 따르면,[3] 1980년대 이후 맨체스터는 환경과 선진 과학 기술에 대한 대응 등의 끊임없는 노력으로 21세기 현재 트레포드 파크Trafford Park와 샐포드Salford 중심의 전기 공학, 석유 화학 그리고 맨체스터 동부의 기계 및 금속 공학 등으로 성공적으로 부활한 허브 산업지구로 부상하였다. 문화적으로는 세계적 명성의 프로 축구단 맨유Manchester United의 홈 경기장 올드 트래포드 Old Trafford Home Stadium가 관광명소로 관심을 모으고, 세계적 명성의 할레 Halle오케스트라와 BBC 필하모닉 본사가 위치하여 스포츠와 음악 문화의 도시라는 명성도 추가되었다.

역사학계에서 맨체스터에 대한 관심은 여전히 최초의 산업혁명 발상 도시이자 번영하던 면공업도시 그리고 자유무역의 요람에 대한 것이었다. 일정기간 맨체스터에서 생활을 했던 칼 마르크스Karl Marx,1818-1883와 엥겔스Friedrich Engels,1820-1895 그리고 그들을 따르는 Marxist들은 맨체스터를 그들 시대에 새롭게 선보인 자본주의 경제 체제에서 수탈당하고 착취당하던 노동자들의 삶의 현장으로 고발하는 연구에 집중하였다. 그러한 맥락에서 맨체스터는 인류의 경제 발전과 기술 혁신에 기여했던 산업혁명의 긍정적 결과와 영향을 잉태했던 곳이기도 했지만 기계화 공업구조 속에서 인간 노동이 소외되어 평가되고 또 부당하게 대우 받았던 노동자들의 고단한 삶과 사회 계급화가 그대로 드러났던 산업도시의 원형이었다.[4]

19세기 노동자들의 삶을 논의할 때 일반적으로 과도한 노동 시간, 낮은 임금, 고용주의 가혹한 처우 등을 기준으로 평가 해왔다. 그런데 그러한 조건들은 공장주와 개별기업가들의 경영방식에 따라 상대적이거나 가변적 사례로 나타날 수 있다. 그런데 선한 경영이나 온정주의적 경영 등 기업인 개인의 성품과 경영방식을 초월하여 산업 활동 자체가 사회적 문제를 잉태하고 거주민들의 삶을 위협하는 문제가 발생했다. 19세기에 산업혁명이 가속화되면서 공기와 물과 환경이 오염되었고 거주민들도 병들어갔던 것이다.

1850년대 맨체스터에는 108개의 면방적 및 방직 공장이 운영되었고, 수 천 여 개의 도매 창고들이 성업 중에 있었으며, 매주 화요일이면 수많은 국내외 상인들이 모여들어 북적이며 번화한 도시였다. 그러나 맨체스터의 하늘은 항상 공장 굴뚝에서 뿜어 나오는 매연으로 햇빛이 차단된 어두운 세상이었다. 굴뚝에서 뿜어내는 매연의 양이 많아질수록 공장주들의 주머니는 두둑해져 갔지만, 공장 주변지역 노동자들에게는 두통과 메스꺼움, 구토, 천식의 지병이 일상화되었다. 이런 관점에서 산업혁명과 관련된 상당연구들은 오랫동안 노동자들의 삶의 수준 즉 삶이 질적으로 향상 되었던가 혹은 저하 되었던가 의 영역에서 이루어져 왔다.[5] 국내에서 19세기 영국 산업 혁명기에 대한 총체적 연구 즉 공장시스템과 기술혁신, 공장법 개혁의 역사, 노동자들의 삶에 대한 대표적인 연구 성과로는 이영석 교수의 『공장의 역사』, 푸른 역사, 2012를 손꼽을 수 있다. 그런데 최근에는 산업혁명이 진행되었던 도시 공간으로서의 맨체스터의 제 환경에 대한 연구가 선을 보이고 있다.

이 글에서는 이미 충분히 연구되어진 산업혁명에 대한 내용들을 토대로 맨체스터가 어떻게 면공업 도시cottonopolis로서 그 명성을 얻게 되었으며 얼마나 번영하였는지를[6] 살펴보고, 맨체스터가 코튼 폴리스Cottonopolis와 자유무역 도시로 자리매김하는데 기여했던 몇 몇 산업가들과 대표 공장들 그리고 번성했던 맨체스터 도시의 모습을 살펴볼 것이다. 그 후 번영했던 맨체스터 도시 이면의 공로자였던 노동자들은 어떤 환경에서 어떤 고통을 겪고 살았는지를 살펴봄으로써, 부와 이윤을 누렸던 기업가들이 의도하지는 않았을지라도 그들의 산업 활동 자체가 맨체스터 사회에 어떤 피해를 초래했는지 그 디스토피아 측면을 조명하고자 한다.

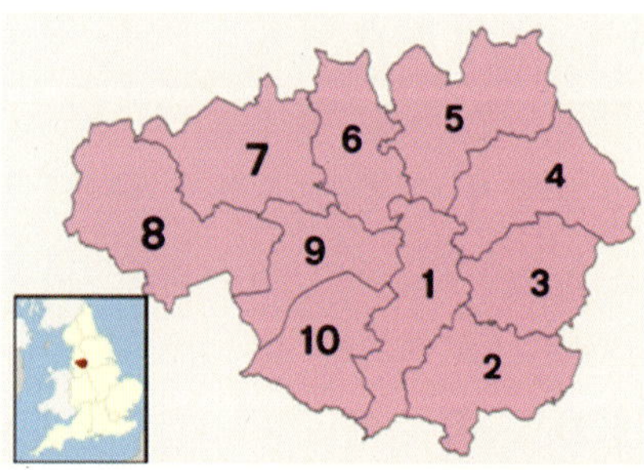

그레이터맨체스터 주의 지도 출처	
1. 맨체스터 시 (City of Manchester)	2. 스톡포트 (Stockport)
3. 테임사이드 (Tameside)	4. 올드햄 (Oldham)
5. 로치데일 (Rochdale)	6. 버리 (Bury)
7. 볼턴 (Bolton)	8. 위건 (Wigan)
9. 살포드 (Salford)	10. 트래포드 (Trafford)[1]

<4-1> 그레이트 브리튼과 그레이트 맨체스터 지도
출처: https://en.wikipedia.org/wiki/GraterManchester

맨체스터, 작은 도시에서 '세계의 면공업'도시로 |

18세기 이전 맨체스터 지역은 농촌지역이자 모직물을 주요 산업으로 삼았던 거주 인구 10,000여명 정도의 작은 타운이었다.[7] 그런데 어떻게 맨체스터가 산업혁명의 발상지가 되었고 세계적인 면공업 산업도시로 부상할 수 있었던가?

그 이유들을 자세히 검토하기 전에 산업혁명이 어떻게 면직물 공업 분야에서 수행될 수 있었는지? 그리고 면직물이 어떻게 영국의 전통 섬유산업이었던 모직물을 대신해서 영국민이 선호하는 대표섬유이자 근간 산업이 되었는지 즉 면직물 전래 스토리를 먼저 살펴보고자 한다.

17세기 동인도 무역이 시작되면서 상인들은 영국의 전통 섬유산업이었던 모직물을 가지고 인도에 진출했으나, 영국 기후 보다 기온이 높았던 인도에서 모직물은 인도인들의 관심을 얻지 못하였다. 모직물 거래에 성공하지 못했던 영국 상인들은 귀국하면서 인도인들의 섬유였던 면직물을 들여왔다. 모직물에 비교하여 가볍고, 질기고, 다양한 색깔로 염색되었던 수입 면직물은 영국 여성들에게 선풍적인 인기를 얻게 되었다. 면직물에 대한 수요가 높아지자 국내 모직물 생산업자들은 위기의식을 느꼈고, 마침내 정부에게 면직물 수입 금지를 요청하였다. 영국 정부는 1721년에 캘리코 면직물 수입 금지 법안을 발표했다. 그럼에도 불구하고 면직물 수입은 근절되지 않았고, 면직물에 대한 수요가 끊이지 않자 영 정부는 과감하게 전통산업이었던 모직물 대신 면직물을 국가의 근간 산업으로 발전시키기를 결정하였고, 모직물 생산업자들에게 면직물 생산을 장려하였다. 캘리코면직물에 대한 높은 수요를 간파했던 직물 생산업자들이 바로 면직물 생산으로 전환하면서 면직물은 영국의 주요산업이 되었다. 사실 이미 1620년 이래 맨체스터에 면직물의 일종인 퍼스치안Fustian직물이 전래되면서 맨체스터의 생업에 큰 전환이 이루어졌다.

그런데 수 천 년 전통과 기술력으로 생산되었던 인도 면직물과 대등하게 품질 경쟁 하는 것은 불리하였으므로 영국의 승산은 인도 면직물과 비슷하게 모방 생산하고, 값싼 가격으로 만드는 것에 있었다. 그런데 영국 면사는 실이 굵고 잘 끊어지는 단점이 있었다. 그리고 가내 수공업으로 생산되고 선대제에 따라 완성 면직물을 수거하는 과정에서 파악된 문제점은 '집집마다 균일하지 않는 기술로 생산되었던 면직물 상품'의 질의 문제였다. 인도 면직물에 대항해서 싼 가격을 유지하려면 기계를 이용하는 수밖에 없었다.[8] '끊어지지 않는 질긴 실'생산과 양질의 면직물 생산에 대한 필요와 열망 그리고 숨은 기술자들의 재능과 노력으로 마침내 새로운 방적기계와 방직기계가 발명되고 개발되었다.

1733년 랭카셔 주에서 존 케이John Kay, 1704-1764가 플라잉 셔틀the flying shuttle을 개발하였으며, 1767년에 제임스 하그리브스James Hargreaves, 1720-1778가 제니방적기를 그리고 1771년-1775년에 리처드 아크라이트Richard Arkwright, 1732-1792가 수력 방적기를 발명해 냄으로써 영국 면직물 생산업계는 엄청난 도약을 하게 되었다.

그리하여 1770-80년대 농촌 지역 곳곳의 오두막에서 제니방적기가 가동되면서 방적공과 방직기 수는 엄청나게 늘어났지만, 사실상 방직 작업장들이 태부족이었으므로 생산업자들은 주거지, 헛간, 낡은 건물 등 주변의 부속건물들을 수리하여 방직 작업장으로 삼았다. 형태만 공장의 작업장이었지 가내 수공업의 성격이 강하였던 것이다.

그런데 기계와 기술의 발명은 맨체스터 지역 밖에서 이루어졌지만 맨체스터가 코튼 폴리스로서 부상하게 되었던 이유들은 무엇이었을까? 바로 면공업에 적당한 기후와 수력 방적기 사용을 용이하게 해준 하천이 많았기 때문이었다. 아크라이트가 제임스 와트의 증기 기관을 도입하여 개발해내었던 수력방적기 사용의 필수 조건은 수력이었다.

맨체스터는 지형적으로 머지 강Mersey river의 지류인 어웰 강River Irwell과 아크 강River Irk의 합류점에 있다. 강의 지류에서 나온 풍부한 하천이 맨체스터 지역의 이점이었다. 이러한 지형적 위치는 산업혁명의 진행 과정에서 인근의 탄광도시로부터 에너지원을 쉽게 제공받을 수 있었던 이점과 완성된 생산물품을 수송하기 위해서 운하와 철도로 쉽게 접근할 수 있었던 이점으로 작용하였다.

지형적 이점에 더하여 어떠한 점이 맨체스터를 코튼 산업도시로서 부상하게 하였을까? 바로 습한 기후의 덕분이었다. 습하고 온건한 맨체스터의 기후 덕분에 촉촉한 대기환경은 방적과정에서 쉽게 끊어지는 실들의 단점을 막아주는 작용을 하였다.[9] 그리하여 공장주들은 지역의 강둑에 공장을 세우고 풍부한 물을 자원으로 증기 수력방적기 공장을 가동하였다.

최초의 대규모 공장은 1776년에 런던의 템즈 강 주변에 설립되었지만, 19세기 전시기를 통해 면직물 생산의 최대 생산지는 바로 맨체스터와 그 인근도시였다. 19세기에 맨체스터 머지 강변에는 60여개의 공장Mill이 들어섰다. Mill은 단순한 기계의 반복으로 원료의 성분이 달라지지 않는 제품들을 생산하는 작업장을 이른다. 기계제 공장제가 지배적 생산형태가 된 것은 19세기 말로 추정되는데, 1800년경에 맨체스터에서 역직기를 갖춘 면직물 생산 공장은 42개 정도로 추산되었다.[10] 그 후 점차 늘어나 1816년에는 86개의 공장 그리고 1825년경에는 증기 엔진을 갖춘 104개의 방적기 공장이 운영된 것으로 추정되며 1853년에는 108개의 공장이 운영되었다고 한다.[11]

또한 도매 창고업도 성업을 이루어 1806년에 맨체스터에는 이미 1,000개 이상의 창고들이 있었으며, 1815년에는 1,819로까지 증대되어서 맨체스터는 '도매 창고의 도시'로 불리기도 하였다. 수많은 맨체스터 창고들에는 면방직과 의류 생산에 부수한 소품들 즉 옷에 부착하는 악세사리, 버튼, 슈즈, 부츠, 양산, 리본, 테이프 등 다양한 종류의 완제품들이 보관되었다가 운하로 철도로 육로로 수송, 공급되었다. 창고는 King Street에 최초로 세워진 이래로 점차 포틀랜드Portland 스트리트 윗워쓰Whitworth 스트리트 그리고 운하 가까운 쪽으로 확산되어갔다.

그리하여 17-18세기 동안 주요한 면직물 생산지역이였던 랭카셔 농촌 지구의 명성을 이어받아 19세기에는 맨체스터 지역이 기계 발명과 기술 혁신을 통한 면직물 대량생산과 유통의 중심지로서 부상하였다. 더불어 하천을 공통 환경으로 하여 인근도시들 블랙 번, 베리, 볼턴, 올덤 등의 도시에도 많은 공장들이 들어섰다. 19세기 맨체스터는 세계의 면공업 도시- 코튼 폴리스의 명성을 누리게 되었다.[12]

18세기 말이래 맨체스터에 설립되었던 면방적· 방직 및 실크 생산회사 들 중 일부는 창업 이래 성쇠의 기복은 있었을지라도 최근 혹은 현재까지 면방직과 의류사업을 하며 100년-220여년의 역사를 지닌 공장들이 건재하고 있다는 기록이 있다.

〈표-1〉 19세기 맨체스터 공장들에 대한 부분 자료 도표[13]

	공 장 (Mill)	공장주 (Owners)	면직물, 실크 날염-염색	창설 (존속시기)	거리 위치 (in Manchester)
1	Ashen hurst Works	W. D. Ryde, Sons and Co,	silk weavers	1891	Blackley Street
2	Beehive Mill	B. and I. Wild(1891)	textile machinery manufacture	1824-현재 (193년)	Jersey Street, Ancoats
3	Brownsfield Mill	※	cottons mill	1825	Gt Ancoats St, Ancoats
4	Brunswick Mill	Bannerman Mills Co. Limited(1891)	cotton mill	1840-현재 (177년)	Bradford Road, Ancoats
5	Chatham Mill Runcorn's Mill	※	cotton mill	1820-현재 (197년)	Chester Street, Chorlton-on -Medlock
6	Chepstow Street Mill	※	cotton mill	1813-1990 (177년)	Oxford Street
7	Chorlton Old Mill	Birley family	cotton mill	1813-현재 (204)	Cambridge Street, Chorl-ton-on-Medlock
8	Chorlton New Mill	Birley family	cotton mill	1866-현재 (151년)	Cambridge Street, Chorl-ton-on-Medlock

9	Chorlton Twist Mill	Robert Owen and partner	cotton mill	1795-1866 (71년)	Cambridge Street, Chorl-ton-on-Medlock
10	Decker Mill	A. and G. Murray Limited	Part of Murray Mills -cotton	1799	Redhill Street, Ancoats
11	Little Mil	Murray Mills	cotton mill	1908-현재 (109년)	Jersey Street, Ancoats
12	Murray Mills	Scottish Bro. Adam and G. Mur-ray	cotton mill	1798 -1950년대	Jersey Street, Ancoats
13	New Mill	Murray Mills	cotton mill	1802-현재 (215년)	Jersey Street, Ancoats
14	Newton Silk Mill	※	Silk mill	1832-현재 (185년)	Holyoak Street, Newton Heath
15	Old Mill	McConnel and Kennedy Mills	cotton mill	1798-현재 (219년)	Henry Street
16	Royal Mill 1797 Sedgewick Mill, 1818–1820 Sedgewick New Mill 1912	McConnel and Kennedy Mills complex	cotton mill complex	1797-현재 (220/199/ 105년)	Redhill Street Ancoats
17	Shudehill Mill	※	cotton mill	1782-1940 (157년)	2차대전 중 파괴됨
18	Spectator Mill	※	Silk Mill	19세기 초	Spectator Street, Beswick
19	Victoria Mill	William Holland and Sons (1891)	cotton mill	1867(-73) -1960s	Lower Vickers Street,
20	Waulk Mill	Murray Mills	cotton mill	1842-현재 (175년)	Redhill Bengal Street,
21	Wellington Mill	※	cotton mill	1912-현재 (105년)	Bridgewater StreetCastlefield

[※-관련정보없음]

무엇보다 면직물 무역을 원활하게 하는데 기여했던 요소는 바로 운하와 철도개통의 사건이었다. Bridgewater운하는 브리지워터 공작 3세 Francis Egerton1736-1803이 당시 $261,000의 재정을 부담하여 부설되었던 것으로, 운하의 경로는 탄광지대 인근지역 Worsley로 시작하여 Irwell 강을 거쳐 Trafford Park를 지나 맨체스터 중심 시로 진입하도록 설계되었다. 그결과 1767년 브리지 워터 운하 개통으로 면직물 수송에 드는 비용은 반감되었다.

그러나 운하 관리 회사가 리버풀과 맨체스터 구간을 독점하여 운영하면서 무거운 통행세를 부과하였으므로 면직물업자들은 통행세를 피하고자 리버풀-맨체스터 구간 철도 부설을 결정하였고, 1830년 9월에 마침내 리버풀-맨체스터 철도가 개통되었다.[14]

그렇다면 이 당시 맨체스터에서 면직물 산업에 종사했던 산업가로는 어떤 사람들이 있었을까? 확인 되는 공장주들을 살펴본다.[15] 먼저 면직물의 대량생산에 일조했던 일등 공신으로는 리처드 아크라이트Sir Richard Arkwright, 1732-1792를 꼽을 수 있다. 물론 아크라이트는 맨체스터 출신이 아닌 랭카셔의 프레스턴Preston 태생이었다. 그는 처음에 생업으로서 이발업에 종사하다가 재혼할 때 아내가 가져온 지참금을 토대로 이발업보다 벌이가 훨씬 좋았던 모발 장사로 전업하게 되었다. 이발업 도제훈련 때 가발업 도제훈련도 받았던 그는 당시에 가발에 대한 수요가 많았으므로 랭카셔 농촌지방과 시장을 떠돌며 가발판매에 주력하였다. 가발을 직접 만들던 그는 '잘 끊어지지 않는 질긴 실'생산을 고민하였고 마침내 새로운 방적기를 개발하게 되었다. 물론 그는 제임스 와트나 하그리브스의 선행 연구를 토대로 삼고 워링턴의 시계 제조공의 협조를 얻어 수력 이용방적기water frame를 개발하였다. 그는 특허를 얻은 후에 개인적으로 재정이 부족했으므로 1769년에 양말제조업자 니드와 레이스 제조업자 스트래트Jedediah Strutt와 동업하여 니드 스트래트 앤 아크라이트 상회를 세웠다. 그리고 그는 1771년엔 수력방적기를 갖춘 크롬포드 공장을 설립하였다.

그렇다면 아크라이트는 어떻게 맨체스터에서 사업을 경영하게 되었을까? 아크라이트는 화재로 공장을 잃은 후 1780년에 맨체스터로 이주하여 밀러 스트리트Miller street에 수력 증기 방적기 공장을 세워 600여명을 고용하였는데 그것이 맨체스터의 최초의 면방직 공장이었다. 그 공장은 건물만도 4천 파운드 이상의 가치가 있었다고 한다.[16] 그런데 아크라이트가 경영했던 공장은 하나가 아니었다. 맨체스터 이외에도 노팅엄Nottingham, 벨퍼Belper, 베이크웰Bakewell, 윅스워쓰Wirksworth, 더비Derby, 콜리Choley, 라나크Lanark 등지에 공장을 세워 대략 8-10개의 공장을 운영하였다고 한다. 그리하여 그는 근대적 공장제도의 창시자로 평가되기도 한다. 물론 아크라이트가 10여개나 되는 공장을 모두 자신의 재정으로 설립한 것은 아니었다. 요즘처럼 당시 공장주들은 지방은행으로부터 투자성격의 대출을 받아야 했는데, 아크라이트는 라이트형제Wright Brothers가 운영했던 지방은행으로부터 초기 투자를 받는데 성공하였으나 얼마 지나지 않아 자금 대출이 철회되어 어려움을 겪게 되었다. 아크라이트를 모델로 많은 산업가들이 맨체스터와 주변 도시들에 공장을 부설하였으므로 아크라이트의 수력방적기는 면직물 공업 확산에 지대하게 기여하였다. 그것이 인정되어 그는 1786년에 조지 3세로부터 기사작위Sir를 받기도 하였다.

사업가 오웬스John Owens, 1790-1846는 이주민으로서 맨체스터로 들어와서 자수성가하였던 아버지 오웬 오웬스Owen Owens의 아들로 태어났다. 그는 맨체스터에서 가장 면직물을 잘 거래한 사업가로서 인정받았다. 오웬스는 면직물의 국내 유통을 넘어서 해외 중국과 인도, 남아메리카 동부해안, 뉴욕등지로 면직물을 수출하였고, 해외에서 면직물을 판매한 대금으로 곡물들과 다른 공산품들을 수입하여 막대한 부를 축적했다. 그는 런던과 지방의 타운 그리고 미국 필라델피아에 사무실을 개설하여 맨체스터 면직물을 잉글랜드 전국으로 유통시키는데 일조하였다. 그는 동업자였던 면사 생산업자 조지 포크너George Faulkner, 1790-1862에게 재정을 후원함으로써 사업을 원활하게 꾸려나갔다. 그런데 미혼이었던 오웬스가 건강악화로 56세의 나이로 사망하였으므로, 재산을 신탁

관리 했던 포크너가 오웬스 유산으로 1851년에 맨체스터에 오웬스 대학The Owens University을 설립하였다. 공교롭게도 오웬스 대학의 위치가 당시 맨체스터 대표 의회의원으로서 자유무역의 공로자였던 리처드 콥던Richard Cobden, 1804-1865이 살았던 딘스게이트Deansgate의 Quay Street에 설립되었다는 점에 그 의미가 크다.

맨체스터의 사업가 존 라인란즈John Rylands, 1801-1888는 맨체스터의 St. Helens에서 태어나 역시 면직물 제조업자로서 성공하였던 아버지사업을 물려받았다. 그의 아버지는 1819년에 Rylands & Sons 회사를 창설하여 성공적으로 회사를 운영하였고, 존도 위기 없이 공장을 잘 운영하였으므로, 백만장자로 인정받았다. 특히 존은 1888년에 87세로 사망할 당시£2,500,000 2014년 현재 £243million 가치 상당의 자산을 아내에게 남겼고, 아내는 남편을 기념하기 위해 맨체스터 딘스게이트에 남편의 이름을 붙인 도서관을 설립하는데 기부하였다.[17]

한편 방적 공으로서 자수성가한 인물도 있는데, 조셉 휘트워쓰Joseph Whitworth,1803-1887는 1803년에 맨체스터 인근 스톡포트 출신으로서 면사방적공 이었던 자신의 삼촌에게서 방적공으로 훈련받았다. 그러나 기계에 관심이 많았던 그가 맨체스터에서 기계공으로 도제살이를 하던 중 당시 사용하던 면방직 및 방적 기계들의 효율성이 낮다는 것을 깨닫고 더 배우기 위해 런던으로 이사를 갔다. 그리고 마침내 그는 새로운 기계를 개발하였는데. 조셉이 개발해 낸 기계는 섬유의 끝처리를 매끄럽게 해주었으므로 그의 기술은 1830-40년대 '영국의 표준 끝 처리' 기술로 보급되었다.[18]

그런데 당시 누구보다 맨체스터를 대표하는 인물은 리처드 콥던Richard Cobden, 1804-1865 이었다. 그는 바로 맨체스터 지역 대표 의회의원으로서 곡물법 폐지와 자유무역을 위해 활동했던 정치가였다. 그는 서섹스의 던포드 태생으로 할아버지가 부유한 상인이었으나 아버지의 사업 실패이후 15세에 가장이 되어 런던에서 면직물 장사를 하던 삼촌에게 도제살이 하였다. 그 후 24세에 콥던은 친구와 동업으로 캘리코 면직 나염 업을 운영하였다. 1831년에 랭카셔를 거쳐 1832년에 맨체스터에 정착하여 면직물 나염 업 공장을 세웠다. 그는 사업차 아일랜드와 러시아 그리고 미국으로 출장 다니면서 다른 나라의 사업 환경들을 보았고 그것을 잉글랜드로 도입하려는 원대한 꿈도 꾸었다. 그런데 사업가이던 그가 곡물법 폐지를 목적으로 한 곡물법 반대 연맹활동을 하면서 정계로 진출하게 되었다. 1837년에 스톡포트 대표 의회의원으로 입후보 하였다가 낙선했지만 1841년 선거에서 성공하여 의회로 진출하였다. 그 후 콥던은 정치가로서 1846년에 마침내 곡물법 폐지와 1860년 영불 협약체결 실무 대표자로 역할하면서 유럽의 자유무역 출범에 기여하였다. 사실 콥던은 면직물 사업가로서는 성공하지 못 하였다. 그가 정치 활동하느라 자신의 사업을 동업자에게 맡겨둔 채 경영 일선에서 떠났으므로 결국 자신의 사업장은 쇠락하였다. 그러나 콥던이 매진했던 자유무역의 영향으로 맨체스터의 면직물 교역은 더욱 왕성하게 되었다.[19]

자유무역에 대한 리처드 콥던의 공로에도 불구하고, 곡물법폐지와 자유무역 결정 과정에서의 공식적 공로자는 당시 수상이었던 로버트 필 경Sir Robert Peel 2세, 1788-1850이었다는 것을 부인할 수 없다. 그런데 로버트 필 또한 정계진출 이전에 아버지 로버트 필의 사업을 이어 방적과 염색, 날염을 하던 공장주였다. 그의 출생지는 오늘날 그레이터 맨체스터 광역시 중 한 곳인 베리Bury지역으로서 필 부자의 방적공장에서는 대략 베리 지역 전체 인구를 고용하였다고 한다.[20] 필의 가문은 18세기 면공업 중심지였던 랭카셔 지역 내 12개 이상의 공장을 두고서 운영하였다. 그는 당시 행정구역 편재로서 랭카셔 지역에는 볼턴Bolton, 워링턴Warrington, 맨체스터Manchester, 블랙번Blackburn, 베리Bury 월튼Wallton 스톡포트Stockport, 처치뱅크Churchbank 램즈보텀Lamsbottom에, 요커셔Yorkshire에는 브래드포드Bradford, 그리고 스태포드셔Stafordshire에는 탬워쓰Tamworth, 리치필드Richfield에 공장을 운영하였다.[21] 놀랍게도 그는 1802년경에는 15,000명 이상을 고용하였고, 나라에 4만 파운드의 물품 세를 납부하였다고 한다.

많은 제조업자들과 상인들이 면직물 거래와 무역을 위해 맨체스터로 방문하였다. 최초의 거래소Exchange는 1729년에 마켓 플레이스에 생겼으며, 지역에서 면직물이 우세해졌던 1770년대 상업적 서비스를 위한 도매 창고Warehouse 시스템이 마켓 플레이스에 나타났다.

<4-2> 도매창고: 5층짜리 생산제품 보관 빌딩 (1840)

출처) Simon Taylor, Malcolm Copper and Barnwell, Manchester : The Warehouse Legacy-An Introduction and guide (London: English Heritage, 2002), p.9(Fig.11)

19세기 들어서 도시는 수많은 국내외 상인들의 방문으로 북적거렸고, 면직물은 주로 1809년에 토마스 해리슨이 세웠던 왕립 거래소The Royal Exchange를 중심으로 매주 화요일 마다 거래되었다. 면직물 전용 거래소The Cotton Exchange는 1829년에 가서야 세워졌다. 화요일 장에 11,000

여명 정도의 상인들이 모여들었다고 한다. 맨체스터의 상공회의소The Manchester Camber of Commerce는 1820년에 설립되었는데, 초기의 상공업 회의는 마켓 플레이스의 Bull head Inn 같은 숙박소에서 이루어졌다. 상공업에 필요한 공공건물들이 많이 부재했기 때문에 맨체스터의 숙박지와 펍들이 맨체스터 무역 활동에 주요한 역할을 하였다. 상당히 큰 규모의 맨체스터 거래소가 있었음에도 불구하고 면직물과 의류 및 부속물품 거래가 왕성해지자 공공건물이 너무 부족하였다. 도매 창고, 펍, 거래소The Royal Change에서는 상인과 제조업자들을 위해 식사와 같은 간단한 상업적 서비스가 제공되었다.

맨체스터의 대표 정치가이자 자유무역 사도였던 리처드 콥던도 면직물 날염 업을 하던 공장주로서 그는 모슬리 스트리트에 보관창고를 마련하였는데, 그 보관창고는 맨체스터 최초로 웅장한 이탈리아 팔라조 건물 스타일로 세워졌다. 1850년대 창고들은 큰 규모로써 주로 포틀랜드 스트리트 쪽으로 위치했다. 상인들도 맨체스터 거래소 보다는 도매 창고들을 많이 이용하였다. 왕성한 면직물 거래만큼이나 도매 창고 사업과 숙박사업이 왕성하였으므로 19세기 맨체스터가 코튼 산업도시의 명성을 누렸다는 것은 과장이 아니었다.

〈표-2〉 1821-1852년 Manchester 마켓 방문 Country 제조업자들 통계[22]

		1821			1834			1852	
비교기준	실제 수치	비율	전체중 비율	실제 수치	비율	전체중 비율	실제 수치	비율	전체중 비율
Manchester 방문총계	659	94%		878	98%		371	100%	
Salford 방문총계	37	5%		19%	2%		1	0%	
Bull Head Yard 이용-불확실 (Manchester or Salford)	6	1%							
총계- Country 제조업자들	702	100%		897	100%		372	100%	
Public House 이용	549	78%		625	70%		263	71%	
Not Public House 비이용자들	153	22%		271	30%		109	29%	
총 계	702	100%		897	100%		372	100%	

		1821			1834			1852	
비교기준	실제 수치	비율	전체중 비율	실제 수치	비율	전체중 비율	실제 수치	비율	전체중 비율
Warehous(orAgent address) 비 보유 Country제조업자들	223	32%		603	67%		262	70%	
Warehous(orAgent address) 보 유 Country제조업자들	479	68%		294	33%		110	30%	
총 계	702	100%		897	100%		372	100%	
Warehous(or Agent address) 비 보유 Country제조업자들 중			전체중 비율			전체중 비율			전체중 비율
Public House 이용 제조업자들	176	79%	25%	351	58%		263	100%	71%
Public House 비이용 제조업자들	47	21%	7%	252	42%		0	0%	0%
총 계	223	100%		603	100%		263	100%	
Warehous address 보유제조업자들 중									
Public House 이용 제조업자들	373	78%	53%	274	93%		1	1%	0%
Public House 비이용 제조업자들	106	22%	15%	20	7%		109	99%	29%
총 계	479	100%	100%	294	100%		110	100%	100%

산업 번영, 그러나 매연과 질병 가득한 세상 |

지금까지 고찰 한 바에 따르면, 맨체스터가 산업의 선진기술과 세계의 면공업 중심지로서 부상하였던 요건으로 강, 하천의 지형과 지류 조건, 습기 충만한 기후 등 자연적 조건이 유리하게 작용하였고, 그리고 기술과 기계 개발로 양질의 면직물 생산과 유통을 추구하려는 기술자와 야심찬 사업가들의 열망과 노력 등이 결실을 맺은 결과 마침내 맨체스터가 세계의 코튼 산업도시로 자리매김하였던 것으로 볼 수 있다. 이러한 요건들과 더불어 빼 놓을 수 없는 주요한 요인은 바로 외부로부터 일자리를 찾아 맨체스터로 들어왔던 풍부한 노동력이었다.

맨체스터 인구는 1760년대 17,000여명으로 증대되었고, 1801년경에 77,000여명, 1821년엔 157,751명, 1830년대에 180,000여명 그리고

1851년경엔 316,000명으로 증대되었다.[23] 당시 주변에서 가장 번화했던 두 도시 맨체스터와 샐포드 인구 401,000여명 주민 중 단 45%만이 지역의 출신이었으며, 1%는 아일랜드와 같은 해외 이주민 그리고 나머지 대부분은 잉글랜드의 다른 지역들에서 유입된 사람들이었다.

맨체스터의 인구급증으로 초래된 사회적인 문제는 주택부족, 비위생적인 환경, 슬럼가의 형성, 과잉 노동공급 그리고 그에 따른 낮은 임금과 빈곤 등의 문제로 복합적으로 나타났으며 동시에 그 모든 요소들이 상호 연계적으로 작용하여 노동자들의 수명과 건강과 삶의 질을 위협하였다. 면방직과 의류산업 덕분에 맨체스터는 번영가도에 있었으나 강과 공기는 오염되었고 도시민 특히 노동자들의 삶은 힘들어져 갔던 것이다.[24]

19세기 초 주택사정을 보면 1831년 당시 노팅엄 지역의 1만 1,000여 채 주택 가운데 7,000채 이상이 연립주택back to back이었다. 연립주택은 부족한 공간을 효율적으로 활용하고 에너지 손실을 막아주는 주택 형태로 간주되었으므로, 노동자들의 주택으로 건설되었다. 이러한 양상은 맨체스터, 셰필드, 리버풀, 리즈, 브래드퍼드 등 다른 도시들에서도 같은 양상이었다. 그나마 이러한 연립 주택에 살 수 있는 노동자들은 비교적 양호한 편이었다.

<4-3> 19세기 맨체스터 연립주택 구조와 건축 (Back to Back House)
여러 채 주택이 후면 부의 벽을 서로 공유하면서 연립하는 독특한 주거 형식. 주택의 한쪽 면만 외부와 접하게 되므로 에너지의 손실을 막고 환기와 통풍이 제한됨.
출처 http://www.archivesplus.org/history/19th-century-housing/

19세기 맨체스터의 도시구조는 중심지에 상업지구가 형성되었고 동쪽에는 안코트Ancoats, 아드윅Ardwick, 브래드포드Bradford 클레이톤Clayton, 고튼Gorton 거리들이 있는 곳이다. 특히 안코트와 아드윅엔 중간계급 공장주들이 공장을 설립하고 거주하였다. 아드윅엔 중간계급의 공장주 면직물 판매왕 존John Rylands 가문이 살았고, 엔지니어 윌리엄William Fairbairn, 나단Nathan Meyer 은행 가문 등이 살았던 곳으로 다층 산업체 빌딩이 자리했던 곳이었다. 산업화가 가속화 되면서 그곳엔 철 공업, 보일러 작업, 벽돌 공장, 엔진 생산 공장이 세워졌고 주요한 교통 노선에 포함되었다.[25]

<4-4> 맨체스터 공장건물
McConnel &Kennedy Mills (1797-1950s)
- Manchester Ancoats의 Redhill Street 에 위치한 면직물 공장(그룹)-8층짜리 건물 복합 Old mill(1797)+Long Mill(1801)+ Segi week Mill + Royal Mill+1835년경 주당 69시간 노동, 1500여명 근로자 고용, 평균임금 근로자의 3/4가 여성과 어린이, 맨체스터에서 가장 큰 공장으로 평가됨(by 토크빌).1891년경 1891 년 McConnel과 Co Limited는 130,000 개의 스핀보유
출처 :https://en.wikipedia.org/wiki/List_of_mills_in_Manchester

한편 맨체스터 북쪽은 중간계급 사람들과 비교되는 모습을 보여준다. 엔젤 메도우Angel Meadow, 치담Cheetham 같은 거리가 있는 곳이다. 엔젤 메도우는 19세기 초까지는 농장도 조금 있고, 가죽 무두질, 염색 업, 철공소, 양조, 목재소, 엔진 창고 등이 있는 곳이었으나 산업화가 진행되면서 환경이 유쾌하지 않은 동네로 바뀌게 되었다. 30,000여명의 주민이 거주한 것으로 알려지는 엔젤 메도우는 주로 지하구조 집들에 도둑과 부랑자들, 불량배와 매춘부들이 모여 사는 곳으로 전락하였다. 그리하여 빅토리아 시기 가장 더럽고 유해한 곳으로 평가되는 오명을 얻었다. 그곳에 사는 사람들은 마당에서 그대로 동물 가죽과 내장을 처리하고 악취 나는 비위생적인 일들을 처리하였기 때문이었다.

닥터 케이 Dr. James P. Kay는 저서 *The Moral and Physical Condition of the Working Classes Employed in the Cotton Manufacture in Manchester* 『맨체스터 면방직 업에 고용된 노동계급의 도덕 및 신체 컨디션』에서 엔젤 메도우 거주민들의 음주습관과 기준 이하의 삶을 비난하였고 그리고 이주민 아일랜드 인들의 무책임한 행동들을 비난하였다. '천사 초원Angel Meadow'이라는 의미의 엔젤 메도우는 사실은 사방 14피트-12피트 정도의 좁은 방 하나에 20여명의 부랑자들이 돼지처럼 밀집해 살아야했던 비참한 곳이었다. 그리하여 엔젤 메도우는 '가장 저급한 지역이며, 많은 오물이 넘쳐나며 가장 건강에 해로운, 사악한 지역성'을 지닌 것으로 평가되었다.

<4-5> 19세기 맨체스터 슬럼지구 Angel Meadow 모습

출처 http://www.archivesplus.org/history/19th-century-housing

맨체스터에서 주택은 지상의 주거지와 지하 주거지로 나뉘는데, 중간계급의 사람들이 뜰이나 마당이 있는 지상 주거지에서 생활했던 것에 비교해 노동자들은 지하 주거지에서 살아야했다. 1831년 맨체스터에는 2만 명이상의 사람들이 지하실에 세 들어 살았으며, 닭장 같은 곳에서 수많은 부랑 노동자들이 공동으로 지냈다고 한다. 도로에서 조금만 골목으로 들어가면 오물들과 쓰레기들 그리고 돼지우리들이 나타났다.

닥터 케이Dr. Kay- Shuttleworth는 1830년에 맨체스터 지역을 'Little Ireland'라고 보고하였다.[26] 맨체스터 내 노동자들이 밀집해 사는 곳의 삶이 잉글랜드의 비참한 식민지 아일랜드의 축소판과 비슷하다고 보았기 때문이었다. 그는 250여명의 사람들이 단 2개의 옥외 변소를 사용해야 했고, 배수시설이 제대로 되지 않았던 그곳에 비가 올 때 면, 문이 없는 옥외 변소에서 넘쳐나는 오물과 돼지우리의 오물들이 비에 쓸려 내려갔으므로 주민들은 그 오물들에서 나와 식수로 스며든 물을 사용하기도 하였다.[27] 오염된 식수의 음용으로 주민들은 설사와 장티푸스와 장염 등의 질병을 앓게 되었다.

19세기 동안 잉글랜드에 4번의 콜레라가 발생했는데, 1832년 콜레라 발병 때 맨체스터 최초 콜레라 발생 지구가 바로 엔젤 메도우였다. 600명의 이상의 사람들이 사망했으므로 엔젤 메도우는 공포의 장소로서 알려지게 되었다.[28] 1864년 루이 파스퇴르가 콜레라 발병의 원인이 박테리아 세균일 것이라는 학설을 밝히기 전 1854년에 런던의 닥터 존 스노우Dr. John Snow는 오염된 물 때문에 콜레라가 발생했다고 생각했다. 산업 쓰레기와 사람들이 만들어 내었던 쓰레기들이 식수를 오염시켰고, 기관지와 호흡기를 병들게 했다.[29]

보건당국의 조사에 따르면, 스모크와 유해가스 방출로 인해 공기가 오염된 결과 주민들이 두통과 구토 및 불면증, 소화불량에 시달리게 되고, 호흡기와 기관지에 영향을 끼쳐 천식과 폐결핵을 앓게 되었다는 사실이 알려졌다. 한편 물의 오염으로 인해 설사, 열병 등이 초래되었고, 태양 빛이 차단되어 주민들이 비타민 D 부족으로 구루병골연화증을 앓게 되었다고 보고되었다. 공장에서 배출되는 연기와 냄새는 인후염을 발병시켰고, 호흡기 통증 유발과 구토와 메슥거림을 초래하였고 그리고 암모니아 작업에서 뿜어지는 황산 냄새는 식욕을 상실하게 하였다는 조사 결과가 나왔다.[30] 1840년대에는 맨체스터 이외의 지역 런던과 첼시의 묘목업자들도 식목에 피해가 있었다고 주장하였다.

한편 매일 500여개의 굴뚝으로부터 방출되는 매연으로 인해 맨체스터 도시민들은 각 종 질병으로 건강을 위협 당하였다. 뿐만 아니라 맨체스터와 런던, 뉴캐슬, 리즈와 같은 산업 도시 거주민들은 눈에 보일 정도로 날리는 큰 입자의 검댕이 때문에 옷이 금방 더러워졌기 때문에 세탁에 드는 비용도 가중되었다. 채드윅에 따르면, 린넨 면직물 옷을 런던 교외에서 1주일 입을 수 있는 옷을 맨체스터에서는 2일-3일 밖에 입지 못하였다고 설명하였다.

맨체스터 매연방지협회Association for the Prevention of Smoke 회원 중 화학교수 부스Abraham Booth, 1734-1806는 매연이 상존했던 지역이 주로 노동자들이 생활하는 환경과 가까운 곳이었다는 사실을 지적하였다. 그 후 맨체스터 공기 오염 조사 위원회는 1918년의 조사 이후에 결론적으로 매연이 노동자들의 건강을 해치는데 일조하였을 뿐만 아니라 간접적으로 다른 지역보다 상대적으로 연료비를 더 지출하게 함으로써 노동자들의 생활비도 가중시켰다고 결론 내렸다. 즉 매연으로 인해 더러워진 세탁물 세탁에 드는 비용으로써 Herrogate 지역의 가정의 세탁 비 지출보다 맨체스터의 노동자 가정이 주 당 7.5펜스의 연료비를 더 지출하였던 것으로 조사 되었다.[31] 구토 하는 사람들은 해마다 증가되었고 맨체스터 노동자들의 옷은 항상 더럽혀져 있었고 맨체스터의 식물들의 잎들도 선명하지 않았다.

매연이 심하였던 미들랜드Middleland 지역을 블랙 카운티The Black county로 지칭했던 이유는 미들랜드 지대가 산업공장들과 광산지대를 포함하고 있어서 그 지역 일대의 하늘이 항상 어둡고 검은 매연으로 가득 차 있었기 때문이었으며 바로 매연지대를 대변해주는 용어로 통용되었기 때문이었다. 미들랜드 지대 그 중에서도 맨체스터는 500여개 이상의 굴뚝에서 분출되는 매연과 안개가 뒤섞여 만들어낸 구름들이 하늘을 메웠던 잿빛 하늘의 대표 도시였다.

<4-6> 굴뚝연기 자욱한 맨체스터 하늘과 도시모습
출처 http://www.manchestereveningnews.co.uk/news

수 천 개 중소 공장들이 가동되고 운영되었던 런던에서도 검은 덩어리 입자들이 눈처럼 내려 마치 눈을 밟는 것처럼 검은 발자국이 생겨날 정도라고 하였다. 그러한 정도의 대기 오염이라면 도시민들의 호흡기에 피해를 끼칠 것이 당연하였으므로 1840년대에 닥터 레이드Dr. Reid는 대기 중의 검은 덩어리 입자들을 막으려는 노력으로 의회에서 환기실험을 하였다. 그것은 실험으로 그쳤을 뿐이다.

그리하여 에드워드 채드윅Edward Chadwick, 1800-1890은 대기 오염을 줄이기 위해 무연탄 사용을 주장하기도 하였다. 그러나 석탄을 무연 코크스로 전환시키는 과정 자체에서 오염이 크게 발생한다는 것이 문제였다. 즉 석탄 6,000,000톤을 무연 코크스로 전환시킬 때 2,000,000톤의 탄산, 황산, 질소가 방출되었다. 사실 당시 주방에서 사용되었던 코크스 오븐도 규제되지 않고 그대로 사용되었다.

오늘날 대기 오염이 인체 건강에 끼치는 피해로는 호흡기계 질환이 가장 많은 것으로 보고되고 있다. 그중에서 천식의 발병은 특히 대기 오염 물질 중 증가된 아황산가스, 분진, 광화학성 산화물,질소 산화물과 관련이 있다고 알려져 있다. 예방의학계 연구에 따르면, 대기오염은 급 만성 폐질환 발생과 악화를 초래하며 폐암 및 폐렴 발생률과 심장혈관 질환 및 신경계 질환에도 유해한 영향을 끼치는 것으로 추정되고 있다.[32]

19세기 당시 사람들은 석탄이 산업 생산 활동의 중요한 에너지원이라는 것을 너무 잘 알았으며, 그 석탄 때문에 자신들이 올려다보는 하늘 색이 잿빛 하늘이었고. 햇빛이 차단된 어두운 하늘이었다는 사실도 알고 있었다.

그리하여 맨체스터 자치 시에서는 1844년에 제정한 경찰법 내용 안에 제조공장 마다 연기를 연소시킬 용광로를 의무적으로 설치하도록 하는 조항을 포함시켰다. 그 후 추가로 맨체스터는 1847년에 매연 단속 조사관을 임명하였고, 1850년대까지 맨체스터 87개 회사에 용광로 설치를 공지하였으나 실제로 크게 성과를 거두지 못하였다. 대신에 1850년경부터 연기를 성공적으로 연소시킬 수 있는 용광로가 개발되어 보급됨으로써 연료절감과 연기 연소에 이바지하게 되었다. 역시 기술 개발이 효과가 있었던 것이다.

런던에서도 매연과 안개의 혼합으로 스모그가 심각하였으므로 런던은 2개의 법안을 입법화하였다. 1853년에 구토 발병요인 스모크 감축 법안과 1856년 그 수정법안을 입법하여 면직물공장, 유리공장 염색하우스, 철 광업 공장, 인쇄하우스, 양조장, 설탕 정제공장, 가스 작업장 모든 작업장의 굴뚝에 필터장착을 의무화시켜 연기 발생 양을 줄이고

자 목적하였다. 그러나 진척이 크게 없었으므로 30여년 뒤 1887년에는 그것을 조사 감독할 전담 경찰관과 파트 타임 활동 경찰관을 임명하여 과다 매연 방출을 단속하고자 했다.

구빈법 위원이었던 채드윅의 1842년 위생보고서에 따르면, 타운의 환경이 노동자들이 살기에 너무나 비위생적이어서 거주민들의 수명 단축에 영향을 끼쳤다고 하였다. 즉 주민들의 높은 치사율을 초래하였던 비위생 환경요인들로 물의 오염과 매연이 주민들의 건강에 부정적 영향을 끼쳤음을 부인할 수는 없다. 19세기 상반기 맨체스터에서의 사망률은 다른 도시에 비교해 확연히 높은 비율을 차지하였다. 100명당 사망하던 비율이 1811년경 버밍엄11명, 리즈20명, 브리스톨17명, 리버풀21명이었던 것에 비교해 맨체스터는 30명에 달하였고, 1841년에 버밍엄27명, 리즈27명, 브리스톨31명, 리버풀35명이었던 것에 비교해 맨체스터는 34명에 달하였다.[33] 맨체스터 주민의 사망률이 단연코 높았다. 특히 노동자 자녀들은 5세가 되기 전에 죽는 경우가 많았는데, 1840년대 어린이 20명 중의 3명이 1살 즈음에 사망하였다고 한다. 북부의 대도시들의 유아들이 밀집된 공동주택 환경에서 질병에 걸리면 4명 중 1명은 사망하였는데, 특히 세필드와 맨체스터 도시에 거주한 어린이들의 반 이상이 5살을 넘기지 못하고 사망하였다고 한다.

매연 방지와 환경개선을 위한 노력에도 불구하고 19세기 하반기의 도시환경이 더욱 악화되어, 100,000명 규모의 도시들은 평균 수명이 1820년대에 35세로 조사되었던 것이 1830년대에 29세로 낮아졌다. 1850년대에는 다소 개선되어 수명이 34세로 다시 높아졌으나 다시 낮아졌다. 그리하여 1851년에 대도시 아닌 작은 마켓도시 오크 햄튼 Okehampton 출생 어린이는 57세까지 살기를 바라기도 했는데, 대도시 리버풀에서 태어난 어린이는 단 26세까지라도 살 수 있기를 기원할 정도였다.[34]

맨체스터의 수많은 면방직 공장에서 섬유를 세탁하고, 염색한 하수들이 부문별하게 강과 하천으로 배출되어 강과 개울은 기름기와 염료 찌꺼기 오염수로 가득 찬 하수구가 되었다. 그것들은 악취를 생산하였고 사람들의 눈과 코를 심하게 자극하였으며 강과 개울의 물고기들을 폐사시켰다.

또한 면방직 관련 기계 생산 공장에서 발생되는 폐기물과 도살장의 동물 사체에서 배출되는 물질들, 가죽과 카펫 처리 작업에서 생성되는 악취와 가스, 화학 비누, 흑청 염료, 소변 세척제와 납, 비소, 수은과 같은 유독성분을 포함한 공업용수 폐수들이 강으로 무단 방출됨으로써 악취를 동반하였고 주민들에게 장티푸스나 장염과 같은 질병을 유발시켰다.

그리하여 물의 오염을 해결하고자 중앙정부에서 1848년에 한 차례 보건위원회가 구성되어 지역민의 10%의 요청이 있는 경우 그리고 1,000명당 23%의 사망률이 발생할 경우, 물 공급과 묘지를 관리하고, 하수시설과 도로포장, 배수시설을 도모하도록 입법화 하였으나 지방정부에게 그 시행을 강력하게 촉구할 수 없었다. 맨체스터의 경우 1868년에 이르러서야 그 일을 담당할 보건의료공무원을 선발하였다.[35]

그러나 맨체스터를 포함하여 여전히 대도시 주민들은 관리가 되지 않은 물을 음용하였으며, 개방 하수구들이 길거리에 노출되었다. 1865-1866년의 콜레라 발병으로 20,000명 여명이 사망에 이르렀다.

1867년 강 오염 조사 왕립위원회는 강들이 지역의 제조업의 정도에 따라 오염 정도의 차이가 있었고, 대책을 마련하지 않는다면 산업 성장에 따라 오염도 계속 가속화될 것이라고 발표하였다.[36] 그리고 1868년에 중앙정부가 지방정부에게 위생법을 강요하여 위생담당 공무원이 임명되었고 위생관리 정책을 시도하였다. 1871년에 지방 정부 위원회가 모든 지방의 공공보건 서비스를 감독하기 위해 설립되었다. 그리고 1875년에 마침내 보건 의료 공무원과 위생조사관이 선발되었고, 위원회에 하수구, 배수시설, 공공화장실 설립을 이행 하도록 권한을 부여하였다. 1888년에 County Council, 1894년에 District Council이 설립되어 정부차원에서 공공보건이 법제화되었다. 1892년에 맨체스트는 머지강과 어웰 강의 정화와 회복을 위해 지역의 산업가들에게 £300,000의 세금을 부과하였다. 그리하여 머지와 이웰 위원회는 제조업체들과 자주 회의를 하며 긴밀하게 협력하였다. 1901년 맨체스터 지역의 산업가들은 잉글랜드 전역의 공업도시들이 강과 하천의 오염 정화와 회복을 위해 맨체스터 자신들의 사례를 따라야한다고 당당히 주장하였다.

그 후 1930년대 맨체스터의 바리스타이자 전국 매연 줄이기 협회 회장이었던 찰스 그랜디Charles Gandy가 공기청정 구역 캠페인과 매연 없는 존Smokeless zones 캠페인을 시작한 이후 교외주택 개발운동이 급속히 전개되었다. 버스 회사와 잘 연계하여 랭카셔 남부에 '가든 시티Garden city'를 조성하고자 했다. 맨체스터 시도 야심차게 시를 재구조하려는 프로젝터를 도모하고자 했다. 시당국은 더 건강한 주택을 추구하면서도 여전히 석탄에 의존해야 했으므로, 도시 내부적으로 굴뚝 구조를 줄이는데 역점을 두었다. 1946년 마침내 맨체스터는 매연 없는 존Smokeless Zones을 추진 할 수 있는 권한을 얻은 최초의 지방정부가 되었다.

청정 기술산업단지 맨체스터를 꿈꾸며 |

19세기의 영국의 공장주들이 추구했던 부와 명성 그리고 성공은 결국 그들 자신들만의 것이었으며 지역 사회와는 괴리되었던 것으로 보인다. 물론 잉글랜드 전역의 기업가들 중에는 노동자들의 근무환경을 개선하고 노동자들의 삶의 질을 개선해 주고자 시도했던 캐드버리 기업이나 론트리 기업과 같은 소수의 선한 기업들도 있었다. 그러나 대다수의 공장주들은 자신들의 공장 안에서 노동자들의 신체와 윤리를 통제하면서 자조와 근면과 절약을 훈육한다는 명분으로 공장주 왕국의 이윤축적에 몰입하였던 것으로 간주된다. 그 결과 19세기 공장주들은 노동자들에게 급여 제공 이상의 노동자들의 필요와 복지에 대한 인식과 관심이 부족했으며 더구나 산업 활동이 초래하는 환경오염에 대한 관심은 상당히 부족하였다고 평가될 수 있다.

19세기 산업혁명기의 면공업 도시로서의 부흥했던 맨체스터가 1830년 맨체스터-리버풀 간의 철도개통과 1893년 운하개통 등 항만 시설에 힘입어 1896년에 최초로 Trafford Park 산업단지를 조성하였고 2차 대전 기간 동안 군수물자를 제조하고 운송함으로써 군수산업의 특수를 누렸다. 그러나 대전 직후 인구감소, 다른 산업들의 침체로 전쟁의 파괴력과 영향을 피해가지 못하였으며 개발도상국들의 섬유 산업 매진에 따른 맨체스터의 경쟁력 약화 등으로 높은 실업률이 초래되면서 맨체스터는 쇠락의 길에 들어섰다.

그럼에도 불구하고 20세기 신기술에 대한 끊임없는 대응 노력과 환경 회복과 도시 커뮤니티 재생을 위한 노력으로 1980년 이래 맨체스터는 다시 부상하였다. Trafford Park는 선진 과학 기술 지대로 글로벌 기업들이 다시 모여들었고 맨체스터는 청정한 환경의 산업지대를 유지하기 위해 지속적으로 노력해왔다. 그리하여 비참했던 노동자들의 공업도시가 아니라 스포츠와 음악과 문화의 도시로 그 명성을 쌓고 있다.

오늘날 기업은 기업 단독만의 목표를 가지고 경영할 수 없는 시대이다. 그리하여 기업가 자신들이 경제적 번영을 목표로 유토피아를 향해 매진해 갈 때 기업체를 둘러싼 지역 환경과 지역사회 구성원들을 충분히 고려하고 배려하지 않는다면 기업가들의 산업 활동은 궁극에는 우리를 둘러싼 환경과 사회에 위기를 초래하는 디스토피아로 귀결될 것이다. 그러므로 이제 모든 기업들은 사회에 대한 책임 의식을 보유하며 지역사회와 지역민의 질 높은 삶에 일조하도록 기업의 이윤을 사회로 환원할 방법을 모색해야 한다. 마땅히 기업의 개별 이윤을 우선하더라도 일정부분의 이윤을 지역사회의 환경 개선과 지역민의 건강을 위해 공유한다면 피고용자들과 더불어 기업은 유토피아를 향해 한 걸음 더 나아갈 수 있지 않을까?

제5장 이탈리아

‘부덴브로크 신드롬’과 가족 기업의 헤테로토피아[1]

장문석(영남대학교 역사학과 교수)

가족 기업, 헤테로토피아의 공간 Ⅰ

가족 기업은 가장 원초적인 형태의 기업이다. 이는 그 어원에서도 쉽게 짐작할 수 있다. '회사'를 뜻하는 영어 'company'의 이탈리아 어원은 'compagnia'로서 '빵을 같이 나누어 먹다cum+panis'는 뜻에서 유래했으니 말이다.[2] 그런데 빵을 같이 나누어 먹는 사이란 곧 가족이 아니고 무엇인가? 그러므로 기업은 원래 가족에서 비롯된 셈이다. 그러나 현대 기업사 연구에서 가족 기업은 철저히 홀대되어왔다. 특히 한때 기업사 연구를 풍미한 '챈들러적Chandlerian' 패러다임에서 가족 기업은 경영 기업에 비해 낙후하고 열등한 기업 형태로 간단히 일축되었다. 챈들러Alfred D. Chandler, Jr.에 따르면, 가족 기업은 소유주 중심의 중앙집권적 경영 방식을 고집하고 경영 자원을 가족 내부에서만 충원하는 한계를 드러내는 가운데 무엇보다 단기적 이윤 획득 전망에 매몰되어 장기적 발전 전략을 수립하지 못함으로써 시장에서 경쟁력을 상실했다. 그 반면에 경영 기업은 단기적 이윤에 연연하지 않는 전문 경영자들이 장기적 발전 전략을 입안하고 실행하는 가운데 분권적인 기업 내부 구조를 수립하고 합리적인 자원 배분을 이룸으로써 경쟁력을 입증했다는 것이다. 가족 기업 형태가 우세한 유럽에 비해 경영 기업이 주도한 미국의 자본주의가 승리를 구가한 것도 이 때문이라고 한다.[3]

그러나 최근의 기업사 연구에서 '챈들러적' 패러다임은 급속히 낡은 것으로 치부되고 있다. 뛰어난 현대사가인 제임스Harold James는 프랑스 기업가 셀리에르Ernest-Antoine Seillière의 말을 빌려 시장과 자본주의가 어울리는 것보다 오히려 가족과 자본주의가 더 잘 어울린다고 하면서 이렇게 단정한다. "가족적이지 않은 자본주의란 없다."[4] 제임스에 따르면, 특히 가족은 심오한 정치적 충격과 단절을 자주 경험한 유럽 대륙에서 국가에 대한 대안적 충성의 대상이었다. 이탈리아의 아넬리Agnelli 가문이나 독일의 크루프Krupp 가문이 각국에서 자의든 타의든 '왕조'로 군림한 데서도 알 수 있듯이, 가족은 쉼 없이 교체되고 명멸하는 정치 동맹들을 대신하는 안정성과 연속성의 보루였던 것이다. 또한 가족은 정보의 불확실성 속에서 시장을 통제할 수 있는 요소였다. 즉 가족 기업은 구성원들의 친밀한 유대와 신뢰의 관계를 통해 시장의 불확실성을 극복한다는 말이다. 혈연과 결혼, 애정과 친밀함으로 묶인 가족은 기술과 노하우의 안전한 저장소이자 자금을 융통하는 은행이면서 먼 지역들에서의 거래를 위한 믿을만한 파트너인 것이다. 이런 사실은 가족적 **열정**passion과 경제적 **이해관계**interest가 멀리 떨어져있기는커녕 한 뼘 차이에 있음을 함축한다. 특히 부르주아 가족이 재산을 보관하고 재산의 연속성을 보장하는 제도임을 고려하면, 애당초 가족은 경제적 제도이며, 그런 만큼 가족은 본성상 자본주의적 시장과 친밀하다는 점을 쉽게 알아챌 수 있다.[5]

그리하여 오늘날 가족 기업은 경영 기업에 비해 후진적인 기업 형태라는 오명을 재빨리 씻어내고 있다. 이탈리아 기업사가인 콜리Andrea Colli는 양적인 견지에서 가족 기업이 기업 세계의 **예외**가 아니라 **정상**일 정도로 다수를 차지하며, 질적인 견지에서도 보수적이고 근시안적인 경영에서 탈피하여 대규모 하이테크 기업의 발전을 선도할 정도로 경영상의 수월성을 보여준다고 주장했다.[6] 이와 비슷하게 제임스도 '챈들러적' 패러다임을 정면으로 조준하면서 현대의 기업 소유주들이 전문 경영자들보다 경영 능력이 더 뛰어날 수 있다고 보았다. 현대의 전문 경영자들은 주주 가치shareholder value의 논리에 따라 주주들에게 최대 이익을 보장해줄 수 있느냐의 여부가 자신들의 임면을 좌우하는 상황에서 점점 더 단기 실적에 집착하고 있다. 그 반면에 소유주들은 가업의 관리를 위해 기업의 재정적·조직적 현황에 점점 더 정통해지며 장기 전략을 구상하고 입안하며 이를 실현할 수 있는 경영 능력을 터득하고 발휘하고 있다. 이런 맥락에서 제임스는 이른바 "전문 소유주 역량 professional ownership"이나 "가족 기업가 역량family entrepreneurship"이야말로 현대 기업사의 중요하고도 흥미로운 주제일 것이라고 제안한다. 그렇다면 오늘날 기업사 연구에서 문제는 "자본주의의 가족성familiarity" 혹은 "가족 자본주의family capitalism"인 것이다.[7]

<5-1> 로시의 알타 공장, 스키오(산업 고고학의 장소)
출처: Wikimedia Commons

이 대목에서 주목할 점은 가족 기업 혹은 가족 자본주의에 대한 연구가 비단 기업사뿐만 아니라 이른바 '유토피아학'에도 기여할 수 있다는 사실이다. 이미 기업가가 중요한 유토피아 기획자이자 생산자라는 점은 충분히 입증된 바 있다.[8] 그런데 누군가에게 유토피아인 것이 다른 이에게는 디스토피아일 수도 있다. 가령 19세기 이탈리아의 위대한 박애주의 기업가 로시Alessandro Rossi가 이상적 공장촌인 '새로운 스키오 Nuova Schio'를 구상하고 있었을 때, 그의 노동자들은 대규모 파업 투쟁을 전개하고 있었다. 이에 배신감과 허탈감을 느낀 로시는 자신의 원대한 유토피아적 전망의 상당 부분을 포기했다. 또한 기업가의 유토피아라고 할 완전한 기업 활동의 자유는 전체주의적 권력을 추구하는 이들에게는 체제를 위협하는 디스토피아적 방종으로 해석될 수 있었다. 20세기 이탈리아를 대표하는 자동차 기업인 피아트Fiat의 아녤리Giovanni Agnelli가 포드주의의 유토피아를 꿈꾸며 토리노Torino를 '이탈리아의 디트로이트'로 만들고 있었을 때, 파시스트들은 그의 경영권을 간단없이 공격하고 있었다. 물론 현실주의자인 아녤리와 또 다른 현실주의자인 무솔리니Benito Mussolini는 극한투쟁에 이르기 전에 타협함으로써 파국을 면하기는 했다. 그러나 타협의 결과는 기업가와 독재자 각자가 꿈꾼 유토피아와는 동떨어진 새로운 긴장과 갈등의 공간이었다.

<5-2> 피아트 린고토 공장, 토리노(1928)
출처: Wikimedia Commons

여기서 로시와 아녤리의 좌절되고 왜소화된 유토피아적 꿈을 디스토피아보다는 헤테로토피아heterotopia라는 개념으로 묘사할 수도 있다. 일찍이 현대 프랑스 사상가인 푸코Michel Foucault는 유토피아와 디스토피아가 어정쩡하게 동거하는, "현실화된 유토피아"로서 헤테로토피아heterotopia를 영감에 넘치는 방식으로 분석한 바 있다. 그에 따르면, 유토피아란 기본적으로 존재하지 않는 장소로서 정신적 구성물인 반면, 헤테로토피아는 위치를 갖는 유토피아로서 기성 장소들을 도치하고 전위하는 "다른autre" 장소, 혹은 장소 바깥의 장소다. 헤테로토피아가 '혼재향混在鄕'으로 번역되는 데서도 알 수 있듯이, 이곳은 유토피아와 디스토피아, 정상과 비정상, 이성과 광기, 선과 악의 이항대립이 해체되고 자리바꿈이 일어나며 모순적 경험들이 거주하는 공간이다. 이를테면 묘지와 감옥, 사창가, 휴양촌, 심지어 다락방 등을 떠올릴 수 있다. 정치학자 콘Margaret Kohn에 따르면, 그런 헤테로토피아는 사회 통제의 공간이 될 수도 있고 권력에 대한 게릴라 투쟁의 거점이 될 수도 있다. 그렇다면 헤테로토피아는 유토피아와 디스토피아 사이에서 다양한 가능성들이 끊임없이 잉태되기도 하고 유산되기도 하며 미로처럼 얽히는 공간이라고 할 수 있다.[9] 과연 로시의 유토피아와 노동자들의 디스토피아가 맞부딪친 스키오나, 아넬리의 유토피아와 파시스트들의 디스토피아가 뒤엉킨 토리노도 "현실화된 유토피아"로서 헤테로토피아의 공간이었을지 모른다.

그런데 정말로 주목할 점은 기업가의 유토피아가 다른 누군가에게만이 아니라 **기업가 자신**에게도 디스토피아가 될 수 있다는 사실이다. 가족 기업은 그처럼 유토피아와 디스토피아가 교차하고 착종된 공간처럼 보인다. 이 가족 기업이라는 독특한 공간을 이해하기 위해서는 먼저 가족 기업이 창업되고 번창하는 과정에 기업가적 합리성의 로고스logos만으로 설명할 수 없는 불가사의하고 신비로운 미토스mythos가 작용하고 있음을 이해해야 할 것이다. 일찍이 아리스토텔레스는 "내가 나 자신에게로 던져져서 고독할수록 나는 미토스를 사랑하게 된다"라고 말했는데, 이때 미토스란 로고스를 통한 세계 인식과 구분되는 자기 자신에 대한 순수한 사유를 가리킨다.[10] 이에 착안하여 가족 기업에 대해서도 일종의 은유로서 미토스를 말할 수 있는데, 자기 자신의 영속성을 꿈꾸는 불가사의하고 신비로운 욕망이 그것이다.

그런 욕망을 좀 더 잘 설명하려면 슘페터Joseph A. Schumpeter의 통찰을 다시 상기할 필요가 있다. 그는 기업가가 단지 이윤 극대화의 동기로만 움직이는 경제 동물이 아니라고 단언하면서 기업가를 움직이는 심오하고 내밀한 동기들을 강조했는데, 이를 다음 세 가지로 풀이했다. 첫째는 “사적 제국을 건설하려는……자기 왕조를 건설하려는 꿈과 의지”이고, 둘째는 “정복 의지”, 즉 “자신이 타인보다 우월함을 입증하기 위해, 성공의 과실이 아니라 성공 그 자체를 위해 성공하려는 투쟁에의 충동”이며, 셋째는 순수한 “창조의 기쁨”이다.[11] 여기서 특히 “자기 왕조를 건설하려는 꿈과 의지”라는 동기는 필경 가업을 통해 불멸하려는 가족 기업 특유의 미토스, 즉 신화를 부각해준다. 요컨대 가족 기업을 통해 영원히 살려고 하는 기업가-가장들의 유토피아적 욕망이 기업을 일으키고 번성하게혹은 몰락하게 한 원동력인 것이다.

이렇게 유토피아적 욕망이 투사된 장소로서 가족 기업은 어쩌면 푸코가 말한 헤테로토피아, 즉 이상향의 현실태actuality로서 혼재향에 잘 들어맞는 사례일 수 있다. 곧 유토피아와 디스토피아가 혼재하는 불확실한 공간처럼 보인다는 말이다. 이는 무슨 뜻인가? 일단 가족 기업 자체가 ‘가족’과 ‘기업’이라는 서로 이질적인 것들이 혼재하는 공간이다. 그런가 하면 가족 기업을 이루는 한 축인 가족도 ‘희망’건강, 화합, 번성, 생명, 불멸과 ‘공포’질병, 불화, 불임, 죽음, 소멸가 혼재하는 곳이며, 다른 축인 기업도 ‘신화’합리성, 행운, 호황, 풍요, 성공와 ‘악몽’비합리성, 불운, 불황, 빈곤, 파산이 혼재하는 곳이다. 그러므로 가족과 기업이 합체된 가족 기업은 가족과 기업 각각의 유토피아들과 디스토피아들이 난마처럼 뒤얽힌 공간이다.

가족 기업의 그런 헤테로토피아적인 성질은 다음과 같은 점에서도 재차 확증된다. 한편으로 가족 기업은 물질적 번영을 창조하는 안락한 공간이다. 가족은 혈통과 함께 지식과 기능, 신뢰, 자본을 보관하고 상속하는 매개체이자 그 자체 브랜드네임으로서 기업의 경쟁력을 보증하는 요소다. 그러나 다른 한편으로 가족 기업은 항상 몰락의 가능성을 내포하는 위험한 공간이기도 하다. 가령 혈통적 계승은 가족 기업의 생존을 좌우하는 변수인데, 승계가 이루어지지 않는다는 것은 곧 가족 기업의 몰락을 뜻하는 것이다. 혈통적 계승이 이루어지더라도 후손들이 기업 경영에 무관심하거나 무능력하고 질투심과 배신감에 사로잡혀 그로테스크한 투쟁을 벌일 경우에도 가족 기업은 어김없이 몰락의 위험에 처한다. 그렇듯 가족 기업은 번영과 몰락, 흥성과 쇠망, 요컨대 천국과 지옥의 경계에 위치한 림보limbo처럼 보인다. 그리고 이 중간계로서 림보의 이미지는 그 자연스런 연상 작용을 통해 천국도 아니고 지옥도 아닌, 혹은 천국이기도 하고 지옥이기도 한 헤테로토피아의 이미지를 불러내는 것이다.[12]

가족 기업이 직면한 몰락의 위험을 잘 표현하는 것이 바로 독일의 문호 토마스 만Thomas Mann의 대하소설 제목에서 유래한, 이른바 '부덴브로크 신드롬Buddenbrooks syndrome'이다.[13] 이는 1세대가 회사를 창업하고 2세대가 발전시키면 3세대에서 사업 이외의 부문들에 열정을 빼앗기며 퇴락한다는 가족 기업들의 흥망 패턴을 가리키는 용어다. 일찍이 이탈리아 기업사가인 비가치Duccio Bigazzi도 '부덴브로크 신드롬'이 가족 기업이 우세한 이탈리아 자본주의에 대한 연구에서 중요한 주제라고 강조한 바 있다.[14] 롬바르디아 지역에서도 그런 3세대 위기론이 통용되곤 했는데, 지역 속담에서 '부덴브로크 신드롬'은 이렇게 표현되었다. "할아버지는 회사를 세우고, 아들들은 흥하게 하며, 손자들이 말아먹는다."[15] 속담이 맞는다면, 불멸을 향한 기업가의 유토피아적 꿈은 결국 실현될 수 없다고 하겠다. 실제로도 생물학적 단절도 단절이려니와, 선대의 기업가 역량이 후대에 이어진다는 어떤 보장도 없다. 불멸을 꿈꾸는 기업가들에게 필멸의 법칙을 예고하는 '부덴브로크 신드롬'은 끔찍한 저주임에 틀림없다. 그렇기에 저주에 걸린 가족 기업은 그 자체 불멸을 향한 유토피아적 꿈과 필멸의 디스토피아적 현실이 공존하는—꿈은 부패하고 천사는 타락하지만, 여전히 꿈을 꾸고 승천을 기다리는!—미결정의 공간으로서 헤테로토피아로 보이는 것이다.

이상의 문제의식을 바탕으로 이 글에서는 19-20세기 이탈리아 롬바르디아 지역의 사례를 중심으로 '부덴브로크 신드롬'에 사로잡힌 헤테로토피아적 공간으로서 가족 기업들의 장대한 파노라마를 조망하려고 한다. 롬바르디아는 일찍부터 가족 기업들이 산업화를 주도하면서 대규모의 **과두적** 가족 기업들과 소규모의 **미시적** 가족 기업들이 공존하는 독특한 면모를 보여준 지역이다. 롬바르디아의 대표적인 과두적 가족 기업들로는 직물업면직물의 크레스피Crespi와 카프로티Caprotti, 칸토니Cantoni, 고무화학업의 피렐리Pirell, 철강업의 팔크Falck 등을 꼽을 수 있다. 제2장에서 주로 크레스피의 경우를 중심으로 과두적 가족 기업과 기업 가문의 부침을 분석할 것이다. 또한 롬바르디아는 오래 전부터 견직업을 중심으로 미시적 가족 기업들이 번성한 지역인데, 이들의 발전은 제3장에서 주로 코모 견직업의 경우를 통해 고찰할 것이다. 그리고 이를 바탕으로 '부덴브로크 신드롬'이 암시하는 기업가의 악몽이 어떤 현실을 낳았는지를 살펴볼 것이다. 미리 말해두지만, 과두적이든 미시적이든 롬바르디아의 가족 기업들은 기업가-가장들이 품은 불멸을 향한 유토피아적 이상과 필멸의 디스토피아적 현실이 교차하고 착종된 전형적인 헤테로토피아의 공간처럼 보인다. 그러나 이 헤테로토피아는 출구 없는 닫힌 공간이 아니라 다양한 가능성이 열려있는 공간이었다.

과두적 가족 기업들의 흥망 |

자본주의를 자본 축적과 이윤 추구를 목표로 하여 "혁신을 야기하는 가공할 만한 사회적 기제"로 정의할 수 있다면, 자본주의라는 드라마에서 주인공은 단연 기업가일 것이다.[16] 기업가의 존재에 대해서는 예의 슘페터가 명쾌하게 논의한 바가 있다. 그에 따르면, 기업가란 단순히 자본을 소유하는 사람이 아니라 혁신을 추구하는 사람이다. 자본을 소유해도 혁신을 추구하지 않으면, 그는 기업가가 아니다. 거꾸로 자본이 없어도 혁신을 한다면, 그는 기업가다. 요컨대 기업가는 기성의 생산 요소들을 새롭게 조합하여 "창조적 파괴"를 수행하는 혁신자인 것이다. 이 진취적이고 창의적인 존재는 위험을 무릅쓰고 이윤 극대화를 위해 모험에 나선다. 그는 항상 파산의 악몽에 시달리고, 실제로도 다양한 방식으로 명멸해간다. 그러므로 기업가는 그 존재의 본성상 하나의 고정되고 안정된 계층을 이룰 수 없다. 치열한 자본주의적 경쟁 속에서 기업가들은 쉴 새 없이 하층에서 올라온 자수성가한 사람들로 충원되며, 또 영락하여 순식간에 하층으로 추락하곤 한다. 성공을 향한 유토피아적 꿈과 추락의 디스토피아적 현실이 교차하는 것이 바로 기업가 세계인 것이다. 그러므로 슘페터의 유명한 표현을 빌리자면, "사실 사회의 상류층은 항상 사람들로 만원이지만 항상 **다른** 사람들로 만원인 호텔과 같다."[17]

그러나 비가치는 '호텔 이탈리아'가 슘페터가 상상한 것과는 전혀 다르다고 보았다. 이탈리아에서 기업가는 '열린' 계층이 아니라 '닫힌' 계층으로서 시대를 불문하고 그 면면이 항상 동일한 과두적 지배 계층이라는 것이다. 비가치는 이탈리아 기업가들에 대해 슘페터를 패러디하여 다음과 같이 위트를 섞어 논평한 적이 있다. "항상 사람들로 만원인 호텔 이탈리아에서 그 많은 방들—그러나 무엇보다 질 좋은 '스위트 룸'—을 차지하는 투숙객은 거의 항상 **같은** 사람들이다." 비가치에 따르면, 이렇듯 '스위트 룸'을 제집처럼 사용하는 사람들은 가족 기업의 '총수capo'로서 부와 권력을 후대에 물려줌으로써 이탈리아 자본주의의 가장 중요한 특성인 '산업 왕조dinastia industriale'를 형성했다.[18] 바로 이런 맥락에서 이탈리아 기업사가인 아마토리Franco Amatori 역시 이탈리아 자본주의가 "모든 수준에서 보편주의적 관계라기보다는 가족주의를 특권화하는 국민 문화와 더불어" 일종의 "재산 제한 선거제 형태의 자본

주의"를 영속화했다고 주장하면서 이탈리아에서 가족 기업의 중요성을 새삼 강조했다.[19]

일찍이 이탈리아의 마르크스주의 이론가 그람시Antonio Gramsci는 유명한 『옥중수고』의 수고 14번에 포함된 "국민 경제 세계의 인물들"이라는 단편에서 "주목받아 마땅하나 의외로 덜 알려지고 덜 평가된" 인물들이 있다고 하면서 특히 이탈리아 재계에서 "두말 할 필요 없이 큰 비중을 차지하는 실천적 인물들"로 아넬리, 크레스피, 실베스트리Silvestri를 꼽은 적이 있다.[20] 아넬리는 피에몬테 지역을 기반으로 성장한 자동차 기업인 피아트를 이끈 가문이었고, 실베스트리는 일찍이 밀라노-몬차 구간 철도를 건설하면서 마차, 철도, 자동차 생산에서 놀라운 성공을 구가한 롬바르디아 기업을 이끈 가문이었다. 그리고 이들 사이에서 거론된 크레스피는 롬바르디아와 이탈리아를 대표하는 면공업 부문의 산업 가문이었다. 요컨대 그람시가 연구 목록에 올린 가문들은 모두 이탈리아 '산업 왕조'의 대표 주자들인 것이다. 그렇듯 이제 살펴보려는 크레스피 왕조는 자타가 공인하는 이탈리아의 대표적인 기업 가문으로서 가족 기업의 흥망사를 극적으로 보여주는 흥미로운 사례일 것이다.

이 '산업 왕조'의 시조는 베니뇨 크레스피Benigno Crespi, 1777-1854였다. '크레스피'는 롬바르디아 알토 밀라네제의 서부 부스토 아르시치오Busto Arsizio에서는 흔한 성이었는데, 베니뇨는 면직물을 염색하는 노동자, 즉 당시 방언으로는 "염색꾼Tengitt" 크레스피였다. 그는 어느 순간부터인가 자기 사업을 시작하여 면직물 상인이자 제조업자가 되었다. 그의 아들 "토니Toni", 즉 안토니오Antonio Crespi, 1807-1883는 수완이 좋아 가업을 반석에 올려놓았다. 그런데 "토니"의 장남 크리스토포로Cristoforo Crespi, 1833-1920는 원래 신부가 되고 싶어 저명한 가톨릭 철학자 로스미니Antonio Rosmini의 폰테 세베소의 세미나에 참여하고 파비아 대학에 들어갔다. 그러나 아버지는 아들이 가업을 내팽개치고 "뛰어난 인문학자insigne umanista"

가 되는 걸 그냥 두고 보지는 않았다.[21] 아버지는 아들을 데리고 다니며 가업을 가르쳤고, 아들은 자신에게 숨겨진 놀라운 기업가의 재능을 깨닫게 되었다.

크리스토포로 크레스피는 부스토 아르시치오의 작업장 외에 바프리오 다다Vaprio d'Adda에 진정한 의미의 공장을 건설했고, 곧이어 비제바노Vigevano에도 질 좋은 면사를 생산하는 기계 공장을 세웠다. 피에몬테 노바라Novara에도 진출하여 겜메Ghemme의 기계 방적 공장이 1872년부터 가동되었다. 한편, 크리스토포로의 넷째 동생인 베니뇨Benigno Crespi, 1848-1910는 이탈리아 통일 이후 가리발디Giuseppe Garibaldi의 군사 작전에 참여하는 등 낭만적 기질이 다분했는데, 1877년에 여러 구혼자들을 물리치고 부유한 대귀족의 딸인 모르비오Giulia Morbio와 결혼했고, 몇 년 후 장인이 사망하자 막대한 유산을 물려받아 가족 기업의 재정에 큰 도움을 주었다. 크리스토포로는 1878년에 곧 크레스피 다다Crespi d'Adda로 알려질, 크레스피 왕조의 상징인 거대한 공장촌의 건설에 착수했다. 이 크레스피 다다에는 방적 공장을 위시하여 노동자 주택과 각종 편의시설이 들어설 터였다. 크리스토포로는 이 근대적 기계제 공장이 아름답게 보여야 한다고 고집하여 공장을 중세풍의 고딕 양식으로 꾸미고자 했다. 과연 크레스피 다다는 크리스토포로의 걸작이었다.

<5-3> 크레스피 다다, 크레스피 왕조의 산업 영지

출처: Wikimedia Commons

그러나 크리스토포로는 "롬바르디아의 오언Owen"이 아니었다. 그는 이상에 심취한 사람이 아니라 현실적인 사업가였다. 그가 공장촌을 지은 이유는, 아다Adda 인근에서 노동력을 충분히 확보할 수 없어 베르가모Bergamo에서 노동자들을 충원해야 했으므로 이들을 수용할 시설이 필요했기 때문이다. 그러므로 크레스피 다다는 오언의 뉴 라나크New Lanark와는 본질적으로 달랐다.22 사회사가 라멜라Franco Ramella는 이탈리아의 공장촌이 사회주의적 **이상**이 아니라 자본주의적 **계산**에서 비롯된 작품임을 꿰뚫어보았다. 다시 말해, 공장촌은 공장 밖에서 허비되는 시간을 최소화하고 노동자들의 모든 노동 및 여가 시간을 통제함으로써 노동 시간을 극대화할 수 있다는 현실적 가설에 바탕을 두고 있었다는 것이다.23

실제로 아다 운하의 수력으로 기계를 돌리며 노동력을 효율적으로 이용한 대규모 방적 공장인 크레스피 다다는 크레스피 왕조에 엄청난 생산성과 막대한 수익성을 보장했다. 크레스피 다다는 1880년대 중반에 대략 20,000개의 방추 수를 자랑했고, 그 몇 년 후에는 30,000개, 나아가 제1차 세계 대전 전야에는 무려 50,000개로 증가했다. 기계 방직기도 700대나 보유했고, 노동자도 1,500명 이상을 고용하고 있었다. 그리하여 세기 말에 이르러 크레스피 다다는 중급품 및 상급품 면사를 3백만 킬로그램, 직물을 350만 미터 이상 생산했다. 이처럼 당대 동종업계에서 필적할 상대가 없을 정도의 위용을 자랑한 크레스피 다다는, 크리스토포로의 아들 실비오의 뛰어난 리더십 아래에서 "높은 수준의 자가 금융autofinanziamento을 가능하게 한 수익성" 덕택에 "면화의 입고에서 '완성된' 직물의 공장 출고에 이르기까지 모든 공정을 통제하는 수준의 완전하게 통합된 생산적 통일체"로 발전할 수 있었다.24

크레스피 다다는 크리스토포로의 장남 실비오Silvio Crespi, 1868-1944에 의해 대략 1909년에 완성되었다. 완성된 크레스피 다다는 크레스피 왕조의 봉토였다. 그리고 크레스피 다다의 노동자들은 '좋은 아버지' 크레스피의 '착한 자식들'로서 크레스피 대가족의 구성원이었다. 이런 가족주의의 수사는 산업 온정주의paternalismo industriale의 필수 장치이기도 했다. 그러나 크레스피는 부재 지주였다. 아버지-주인은 크레스피 다다가 아니라 밀라노의 보르고누오보 가via Borgonuovo 18번지에 위치한 화려한 저택에서 살았다. 크레스피 다다의 자식들은 아버지 크레스피의 얼굴을 볼 기회가 거의 없었다. 이와 같이 형식적이고 피상적인 크레스피의 산업 온정주의는 노동자들과 하층민들의 소요와 반란에 직면할 때마다 어김없이 동요했다. 그것은 본질적으로 아래로부터의 혁명에 대한 공포에 취약한 이데올로기적 구성물처럼 보인다. 가령 1898년 밀라노에서 소요 사태가 일어나 군중들이 크레스피의 저택이 있는 보르고누오보 가 인근까지 진출하자 크레스피와 그의 집사는 가족들을 대피시킨 뒤 사냥총으로 무장하기도 했다. 또한 1920년 젊은 가톨릭 사제 코키Romano Cocchi가 이끄는 "백색 볼셰비즘"의 선동이 발생했을 때에도 크레스피는 혁명의 공포에 시달려야 했다.[25]

그렇다면 크레스피 다다의 봉토는 어떤 의미에서 카드로 만든 집처럼 위태롭기 그지없었다. 그럼에도 이 봉토는 크레스피 가문에 막대한 수입을 제공했고, 이를 바탕으로 가족 기업의 가장이자 총수인 실비오 크레스피는 이탈리아의 정치와 경제의 막후에서 엄청난 부와 권력을 향유할 수 있었다. 그는 상원의원과 하원의원을 지냈을 뿐만 아니라 면공업 기업가 협회Associazione fra gli Industriali Cotonieri 회장을 비롯하여 이탈리아 상업은행Banca Commerciale Italiana 회장과 밀라노 자동차 클럽Automobile Club di Milano 회장을 역임했다. 실비오의 시대에 정점을 찍은 크레스피 가문의 전성기에 누구도 이 거대한 기업 가문이 카드로 만든 집처럼 하루아침에 맥없이 몰락할 수 있음을 눈치 챌 수 없었다.

크레스피 가문의 몰락은 실비오의 장남 베니뇨의 시대에 찾아왔다.

제1차 세계 대전 직후인 1919-1921년 사이에 크레스피 가문은 막대한 투자를 단행했으나 전후 불황으로 말미암아 큰 타격을 입었다.[26] 이에 굴하지 않고 실비오와 베니뇨 부자는 다시 1930년 6월 이탈리아 상업은행의 금융 지원으로 베네치아 면직 공장Cotonificio veneziano 및 토스카나 매뉴팩처Manifatture toscane를 인수하여 야심적으로 "베니뇨 크레스피-베네치아-토스카나Cotonifici Benigno Crespi-Veneziano e Toscane, 이하 Bcvt"를 설립했다. 당시 Bcvt는 자본금 1억 리라 규모의 거대한 산업 복합체였다. 방추 430,000개, 방직기 6,000대, 노동자 10,000명을 과시했다.[27] 그러나 크레스피 가문의 Bcvt 인수 시도는 때가 좋지 않았다. 때마침 미국 발 경제 위기로 야기된 가격 폭락이 크레스피 가문에 끔찍한 재앙을 안겼다. 크레스피 가문은 Bcvt를 비롯하여 크레스피 다다와 보르고누오보의 저택 등을 모두 상업은행에 넘겨야 했다. 이 파산은 문자 그대로 "완전한 파괴, 산업 왕조 전체의 붕괴"였다.[28] 가족 기업과 기업 가문의 문턱에 늘 어른거리던 디스토피아적 악몽이 현실화된 것이다.

그렇다면 크레스피 왕조의 흥망에서 어떤 결론을 끌어낼 수 있는가? 크레스피 왕조의 흥망에 대한 빼어난 전기를 남긴 기업사가인 로마노Roberto Romano는 가문의 흥망을 가족 기업의 맥락에서 이해해야 한다고 보았다. 크레스피가 보여준 가족 기업의 일차적 특성은 '자가 금융'이었다. 이는 변덕스럽고 투기적인 시장 및 금융 환경에서 기업을 안정적으로 재생산할 수 있는 이점을 제공했다. 크리스토포로와 실비오가 가족 자금으로 크레스피 다다를 건설하고 여기서 막대한 수익을 올려 이를 다시 '자가 금융'의 재원으로 삼는 식의 선순환이 그런 이점을 잘 보여준다. 그러나 가족 기업은 투자에 유리한 시기인데도 가족 자본이 충분치 않다는 이유로 투자를 못하거나 가족이 자산을 축적해놓고 있다는 이유로 불리한 시기임에도 투자를 감행하는 우를 범할 수 있었다.[29] 실비오와 베니뇨가 무리한 투자로 실패를 본 것도 그런 실책을 반영한다. 게다가 크레스피는 '자가 금융'의 루비콘 강을 건너 상업은행을 창구로 '외부 금융'에 진입했는데, 경제 위기의 시기에 이는 재앙이 되었다. 아마 실비오와 베니뇨 부자는 다음과 같은 팔크Giorgio Falck의 경고를 무시한 것을 천추의 한으로 여겼을 법하다. "은행의 손 안에 자신을 들이미는 순간, 은행에 먹혀버리고 말리라는 것은 확실하다."[30]

<5-4> 비토리오 발레타(가운데),
피아트의 첫 번째 기적
출처: Archivio Storico Fiat

<5-5> 체사레 로미티(가운데),
피아트의 두 번째 기적
(왼쪽은 피아트 회장 잔니 아넬리)
출처: Wikimedia Commons

또한 가족 기업은 다른 면에서도 강점과 약점을 드러냈다. 가장이자 총수의 절대적 권한은 신속한 판단과 결정으로 시장 변화에 대응하는 이점을 줄 수 있었다. 크리스토포로나 실비오의 경우가 그 점을 잘 보여준다. 그러나 말년의 실비오와 그의 아들 베니뇨의 경우는 훌륭한 "가족 기업가 역량"이 전수되고 발휘되지 못한 불행한 사례였다. 그런가 하면 '산업 왕조' 크레스피가 기업 경영과 관련된 의사결정의 범위를 가족 집단에 한정함으로써 **외부로부터** 유능한 경영 자원을 충원 받지 못한 것도 몰락의 중요한 원인이었던 것으로 보인다.[31] 만일 크레스피가 피아트의 아넬리 가문처럼 발레타Vittorio Valletta나 로미티Cesare Romiti와 같은 유능한 외부인들을 망설임 없이 적시에 영입할 수 있었더라면 상황은 달라질 수도 있었다. 랜디스David S. Landes는 발레타와 로미티를 위기의 아넬리 가문을 살린 "두 번의 기적"이라고 불렀는데,[32] 불행히도 크레스피 가문에는 그런 기적이 없었다. 아니, 크레스피의 지나치게 폐쇄적인 가족 기업 구조로 말미암아 그런 기적은 애당초 일어날 수 없었다고 해야 더 옳을 것이다. 이는 크레스피 가문의 몰락이 '부덴브로크 신드롬'이라는 저주의 예정된 결말이라기보다는 인간적 선택과 결정에서 저지른 오류들로 말미암아 자초된 인재人災였음을 암시한다.

미시적 가족 기업들의 흥망 |

1857년에 롬바르디아 제조업의 현황을 조사한 메를리니Giovanni Merlini에 따르면, 견직은 "두 개의 가장 확산된 산업 분야"의 발전을 자극했는데, 곧 "우리 농업에서 가장 중요한 부문을 이루고 있는 원료 생산 산업과 누에고치에서 실을 뽑아 이를 견사와 견직물로 제조하는 매우 다양한 공정들을 아우르는 제조업"이 바로 그것이었다. 그리고 견직업은 단연 "넓은 토지와 비싼 기계, 연료 소비, 동력, 다수의 유능한 인력을 요구하는 우리 제조업에서 가장 중요한 부문"이었다.[33] 과연 이탈리아 경제에서 견직이 차지하는 중요성은 현대 경제사가들에 의해서도 어김없이 부각되었다. 예컨대 카파냐Luciano Cafagna는 농업의 자본주의적 변형, 즉 농업 혁명을 전제로 하는 산업적 "대도약big spurt"의 패러다임을 비판하면서 산업화의 점진주의적 모델을 제시했다. 그는 롬바르디아 농촌에서 확산된 뽕-누에 재배와 결합된 견직업이 산업 노동의 경험과 기술을 확산시키고 상업과 무역을 자극하며 자본을 축적하면서 농업에서 공업으로의 점진적인 발전을 가능하게 한 선도 부문이었다고 주장했다.[34]

북부 롬바르디아에서 농촌 견직업의 발전은 농민-노동자 가족에 기초한 독특한 사회적 생산 형태를 낳았다. 이 새로운 형태의 노동력에 주목한 역사가들인 불Anna Bull과 코너Paul Corner에 따르면, 롬바르디아 알토 밀라네제의 농민 가족들은 농업과 제조업을 넘나드는 겸업 활동pluri-activity을 통해 농촌에서 생존을 모색했는데, 이들은 토지를 떠나지 않고 살아가기 위해 역설적이게도 토지 바깥의 비농업 활동에서 얻는 수입에 관심을 돌렸다. 즉 롬바르디아 견직업은 도시의 노동 계급이 아닌 농촌의 농민-노동자들에 의해 발전한 셈인데, 이는 산업화가 프롤레타리아화와 도시화를 수반한다는 전통적인 가설에 도전한다. 알토 밀라네제에서는 프롤레타리아화와 도시화가 농민 문제에 대한 만족스런 대안이 되지 못했다. 계속 농촌에 거주하며 생존을 모색할 수 있는 다른 대안이 있었기 때문이다. 농민 가족 내 역할 분담을 통한 농촌에서의 겸업 활동이 그 대안이었다. 알토 밀라네제의 농민 가족들이 프롤레타리아화와 도시화에 저항한 것은, 그들이 단순히 토지 소유에 대한 전통적인 열망에 기초한 보수적인 농민 문화에 감화되어 있었기 때문만은 아니었다. 그런 농민 문화는 다른 농촌에서도 있었음에도 불구하고 광범위한 농촌 탈출 현상이 발생했으니 말이다. 중요한 것은 농촌 견직업이 농민 가족들이 계속 토지에서 생존할 가능성을 제공했다는 점이다.[35]

농민-노동자 가족들은 생존을 모색했을 뿐만 아니라 자본 축적을 시도했다. 물론 자본 축적의 가능성은 크지 않았다. 그럼에도 그들은 수입 극대화와 지출 극소화를 통해 악착같이 돈을 모으고자 했다. 그리고 어차피 수입을 늘릴 기회는 별로 많지 않았으므로 당장 할 수 있는 일은 수입을 늘리는 것보다는 지출을 줄이는 것이었다. 이는 '산업 왕조'를 이룬 과두적 가족들이 수입 극대화와 동시에 과시적 소비를 추구하는 성향을 보이는 것과 대비된다. 과연 농민-노동자 가족들은 마치 브뤼헐Pieter Brueghel의 그림에 나타나는 농민들처럼 영리하고 부지런했다. 그들은 민감하게 돈벌이 기회를 포착하며 가족 시간을 농사와 공장 노동에 빈틈없이 배분하고 새로운 기술을 열심히 익히면서 조금이라도

쓰는 돈보다 버는 돈을 늘리려고 노력했다. 당연한 말이겠지만, 이를 위해서는 한 푼이라도 아끼며 부지런히 일하는 것 외에 다른 방법은 없었다. 불과 코너에 따르면, 농민-노동자 가족의 가장은 '자기 착취self-exploitation'와 동시에 나머지 가족 구성원들 및 친인척들을 착취하면서 생존과 축적을 모색했고, 이를 통해 점차 농민에서 직물, 가구, 금속 산업 부문의 기업가로 변신해나갔다.[36]

<5-6> 코모의 농민-노동자들)
출처: Storia d'Italia Series, Einaudi

그런 변신 과정에서 분수령은 제1차 세계 대전이었다. 당시 농산물 가격이 상승했으므로 소작 계약이 현물 지대에서 화폐 지대로 바뀐 것은 농민들에게 유리했다. 지대 수준도 1914년 수준에서 동결되었다. 또한 전쟁은 항공기 생산, 특히 낙하산 제작에 필요한 견직물 수요를 증대시킴으로써 농촌 여성들에게 많은 일자리를 제공했고, 이들의 임금은 농민 가족의 귀중한 수입원이 되었다. 전시 노동력 부족 때문에 여성 노동자들의 임금 수준이 향상되었고, 전선에 나간 남성들을 둔 농민 가족들은 정부 보조금까지 지급받았다. 이런 수입 증대를 통해 농민 가족들은 지주들에게 진 빚을 청산하고 조금씩 돈을 모아 토지를 살 수 있는 여력을 갖추어나갔다. 게다가 잦은 농민 소요와 토지세 상승 등으로 토지에 대한 지주들의 관심도 저하되어 농민들이 자기 땅을 가질 수 있는 가능성이 현실화되었다. 토지 구입은 농민 가족의 해묵은 독립의 꿈을 실현해주었다. 그러나 농민의 오랜 숙원은 너무 늦게 실현되었다. 토지 규모가 아주 작았으므로 농업 활동만으로는 생계를 유지할 수 없었다. 다행히도 공장 임금은 높았다. 그러므로 아예 토지를 포기하고 공장 노동에 투신하는 경우도 있었다. 그러나 대부분의 농민 가족은 토지를 포기하지 않고 겸업 활동을 조직했다. 이들이 토지를 포기하지 않은 것은 무엇보다 통근 거리가 조금 멀더라도 주거비용을 절약할 수 있었기 때문이다. 여기서도 재차 확인되듯이, 농민-노동자에게 무엇보다 관건은 지출을 최소화하는 일이었다.[37]

이처럼 제1차 세계 대전 직후부터 조금씩 농민 가족들의 자본 축적이 이루어져 1920년대 후반에 들면 소규모 기업들이 급증했다. 견직뿐만 아니라 식품, 가구, 기계 등 여러 부문에서 소규모 기업들이 창업되었다. 이 중에는 오늘날 소시지와 살라미로 유명한 굴지의 식품회사 비스마라Vismara도 있었다. 가령 코모의 경우에 기업 수는 1927년의 11,177개에서 1939년의 16,203개로 증가했다. 불과 코너는 이 소기업들에서 나타난 기업 활동을 가리켜 '미시적 기업가 역량micro-entrepreneurship'이라고 불렀다. 그런데 농민 가족들이 약간의 밑천을 창업에 투자한 것은 무엇보다 경제 위기로 제조업 일자리가 줄고 파시즘에 의해 임금이 억제되어 생활 조건이 악화된 데에 따른 방어적 대응이었다. 이 소규모, 차라리 미시적이라고 해야 할 가족 기업이 주는 최대 이점은 단연 극한의 노동과 긴축이었다. 특히 농민-기업가 가족들은 상상을 초월할 정도의 '자기 착취'를 통해 경제 위기 속에서 "머리를 물위로 내놓기 위해 한꺼번에 여러 직업 활동에 종사"함으로써 겨우 버텨나간 것으로 보인다. 그런 점에서 미시적 가족 기업의 가장 중요한 특징은 '자가 금융' 외에 가족 노동의 '자기 착취'에 있었다고 할 수 있다. 그러나 1930년대에 롬바르디아 농촌의 미시적 기업 활동의 실험은 대체로 실패했다. 수요가 없었던 것이다. 그러나 긍정적으로 바꿔 말하면 수요를 빼고 나머지는 모두 갖춰져 있었다.[38]

1930년대의 창업이 농민이 기업가로 변신한 첫 번째 물결이었다면, 1950-60년대는 그 두 번째 물결을 대표한 시기였다. 제2차 세계 대전 이후에 등장한 2세대 가족 기업들의 '미시적 기업가 역량'은 전후 경제 팽창에 편승하여 양적으로 증식하고 질적으로 발전했다. 특히 1960년 이후 코모에서는 소규모 견직 기업들이 주로 유럽 시장을 겨냥한 고급 견직물 생산의 주역으로 부상했다. 코모 견직업은 1960년대 말 70년대 초 첨예한 노동 갈등—"코모의 스탈린그라드"—과 이로 인한 비용 상승을 겪으면서 소규모 기업들의 탈집중화되고 분업화된 네트워크에 기초한 산업 구조를 정착시켰다. 3세대 '미시적 기업가 역량'이 출현한 것도 그런 산업 구조의 바탕 위에서였다. 새로운 기업가들은 디자인과 마케팅 분야에 특화하며 제조업과 상업을 결합시켜 국제 시장에서 큰 성공을 거두었다. 이런 과정을 거치며 코모 견직업은 영세한 농민-노동자 가족에서 국제 경쟁력을 갖춘 가족 기업으로 발돋움했다.[39] 코모 견직업의 사례는 미시적 가족 기업들이 자본주의적 산업화라는 대홍수에 휩쓸려 익사하기는커녕 전략적 선택을 통해 머리를 물위에 내놓고 물살을 따라 헤엄치며 가업을 일구고 이를 후대에 물려주었음을 보여준다. 그들은 수동적 희생자가 아니라 능동적 생존자였던 것이다.

그런데 코모 견직업에서 주목할 점은 '가족 기업'이 '기업 가족'이기도 했다는 사실이다. 이 말은 기업이 이윤 추구를 위해 가족을 동원하는 만큼이나 가족은 재생산을 위해 기업을 동원한다는 뜻이다. 가족 기업의 그런 특징은 3세대 코모 견직업 부문의 가족 기업들을 현지 조사한 야나기사코Sylvia Junko Yanagisako의 인류학적 연구에서 잘 나타나고 있다. 그는 가족 기업이 처음부터 "개인적 프로젝트가 아니라 협동적 가족 프로젝트"였다는 점에 주목했다.[40] 아버지-가장에 대한 충성과 형제들 사이의 역할 분담을 통한 협동, 친인척 네트워크에서의 자본과 인력의 충원 등 가족 기업의 전형적인 양상이 코모 견직 기업들에서 나타났다. 그러나 동시에 야나기사코는 가족의 충성과 분업에 기초한 **협동적** 국면만큼이나 질투와 배신에 따른 **경쟁적** 국면에도 관심을 돌렸다. 마치 성경의 야곱과 에서의 이야기처럼 형제들 사이의 경쟁은 코모 가족 기업이 드러내는 디스토피아의 한 단면을 보여주는 듯하다. 코모 속담대로, "형제가 원수fratelli, coltelli"[41] 인 것이다. 그러나 야나기사코는 경쟁이 가족 자본주의를 재생산한 힘으로 작용하기도 했음을 부각했다. 요컨대 가족 구성원들 사이의 경쟁이 원심적 창업과 급진적 혁신을 자극하면서 가족 기업의 발전을 유도했다는 말이다.[42]

확실히, 질투나 배신과 같은 원초적 욕망과 감정은 자본주의 편에서는 낯설지만 그 자체 생산력의 일부였다. 이런 역설로부터 야나기사코는 가족 기업이 자본주의적 발전에 내장된 "타자적" 과정, 즉 "비자본주의적" 과정을 드러내준다고 주장했다.[43] 여기서 야나기사코가 말하는 비자본주의적 과정이란 곧 이윤 극대화를 냉정하게 계산하는 로고스를 뛰어넘는 신비로운 열정의 미토스를 가리키는 것으로 해석할 수 있다. 과연 가족 기업에서는 자식들에게 독립적 삶을 위한 생계 수단을 물려주려는 아버지-가장들의 유토피아적 욕망과 투자와 상속을 둘러싼 가족 간 감정적 분쟁이라는 디스토피아적 현실이 착종되어있었다. 그리고 이런 원초적 열정이 가족 기업 특유의 장점이자 단점을 이루며 특정한 방식으로 가족 기업들의 흥망을 결정했다. 바꿔 말해, 코모 견직 부문의 소규모 가족 기업들은 욕망과 감정의 응축물로서 가족 사이의 친밀한 유대와 신뢰는 물론이요, 질투와 배신에서도 자양분을 얻었음을 보여준다. 코모의 중견 날염업체를 운영한 어느 기업가의 다음과 같은 회고는 가족 사업에 내재하는 로고스와 미토스가 복잡하게 뒤얽힌 인간적 드라마를 함축적으로 말해주고 있다.

> 나는 내가 경영하던 회사에서 더 이상 앞으로 나아갈 수 없음을 깨달았어요. 나는 처음에 **물질적** 보상보다는 **도덕적** 만족 때문에 내 자신의 회사를 열었습니다. 예전에 내가 일했던 회사의 오너는 고모부였죠. 얼마 안 가 나는 이 회사의 이사가 되었습니다. 1960년부터 난 이사였어요. 비록 고모부와 나는 **좋은 관계**를 유지하기는 했지만, 서로 견해가 달랐기 때문에 나만의 회사를 시작하려고 회사를 떠났습니다. 이제는 그의 아들이 회사를 경영합니다. 이 회사는 코모 전역을 통틀어 가장 훌륭한 날염 회사들 중 하나인 스탐페리아 스코티입니다. 내가 나만의 회사를 시작하겠노라고 결심하기 직전에 내 사촌, 그러니까 고모부의 아들이 회사의 경영권을 물려받기 시작했고, 우리 둘 모두 대단히 강한 개성을 갖고 있었으므로 곧바로 우리는 회사 경영에서 **경쟁 관계**에 있음을 깨달았습니다.[44]

'부덴브로크 신드롬', 몰락과 성공의 이중주 |

대규모 가족 기업의 총수가 '왕'이라면, 소규모 가족 기업의 가장은 '요먼yeoman'에 해당할 것이다. 그러나 '왕'이든 '요먼'이든 모두 왕국과 토지를 후대에 물려주고 싶어 한다. 그렇듯 부를 영원히 후대에 전해주고 싶은 유토피아적 욕망이 투사되는 공간이 바로 가족 기업이다. 그런데 유토피아적 욕망이 간절할수록 욕망이 좌절되는 과정은 끔찍한 디스토피아로 현상된다. 가령 세대가 물리적으로 단절되거나 후대가 사업에 관심과 능력이 없는 경우는 가족 기업에 곧바로 치명적인 위협으로 다가온다. '부덴브로크 신드롬'은 후대가 사업에서 멀어지고 가업이 황혼 속에 저물어갈 가족 기업의 비극적 운명을 표상한다. 이미 살펴본 크레스피 왕조의 흥망은 외형상 '부덴브로크 신드롬'을 상징적으로 보여주는 듯하다. 만일 수공업 단계인 베니뇨와 안토니오의 세대를 제외한다면, 1세대 크리스토포로가 기반을 쌓고 2세대 실비오가 번창시킨 크리스피의 왕국은 3세대 베니뇨의 시대에 급격하게 몰락하는 모습을 통해 '부덴브로크 신드롬'을 극적으로 형상화한다. 이런 맥락에서 크레스피 가문을 연구한 로마노는 크리스토포로에서 실비오로의 가업 이전을 "행운의 세대교체"로 본 대신, 실비오에서 베니뇨로의 이행을 "불행한 세대교체"로 평했다. 3세대 베니뇨의 시대에는 선대와 달리 가족 재산에 보탬이 되지 않는 "평범한 결혼"을 했고 기업가 역량도 소진되었다는 것이다.[45]

그러나 가족 기업의 몰락에 대한 책임을 3세대에만 지우는 것은 불공평한 처사일지 모른다. 왜냐하면 1세대인 크리스토포로의 시대에도 가족 기업의 본질적인 딜레마가 나타났기 때문이다. 이 딜레마는 '기업'이 생산의 단위인 반면, '가족'은 주로 소비의 단위라는 서로간의 모순에서 비롯된다. 그러므로 '가족 기업'에는 돈을 버는 것에 대한 관심과 쓰는 것에 대한 관심이 중첩되어 있는 셈이다. 이미 크리스토포로의 세대에도 그런 딜레마가 강렬하게 표출되고 있었다. 그는 사업에도 수완이 뛰어났지만, "뛰어난 인문학자"의 소질도 타고난 다재다능한 인물이었다. 그는 사업에서 번 막대한 돈을 화려한 예술품 컬렉션을 꾸미는 데 아낌없이 지출했다. 그의 개인 컬렉션에는 코레지오Correggio와 티에폴로Tiepolo, 카날레토Canaletto 등 대가의 걸작들이 즐비했다. 그리하여 1900년에 당대의 저명한 비평가 벤투리Adolfo Venturi는 면직물 기업가 크리스토포로 크레스피를 "르네상스 군주principe rinascimentale"에 비유하기도 했다. 제3세대에서 예술적 기질이 폭발함으로써 야기된 기업의 몰락을 가리키는 '부덴브로크 신드롬'과는 달리, 크레스피 왕조는 이미 그 첫 세대부터 예술적 기질이 충만했던 것이다. 로마노는 이렇듯 "기업가의 일상적 노동에 대한 **조숙한 무관심**"이 가족 기업의 약점이며, 나아가 가족 기업의 본질적 한계가, 마르크스의 표현을 빌리자면, "축적의 본능과 향유의 본능 사이에서 벌어지는 **파우스트적 갈등**"에 있다고 보았다.[46] 아마도 실비오로의 세대교체를 통해 때마침 새로운 기업가적 열정이 재충전되지 않았더라면 크레스피 가문의 천문학적 재산도 크리스토포로의 시대에 모두 탕진되었을지 모른다.

<5-7> 가르냐노의 펠트리넬리 저택
출처: Wikimedia Commons

어떤 의미에서 크레스피 가문보다 더 강렬하게 '부덴브로크 신드롬'을 보여주는 사례가 바로 펠트리넬리Feltrinelli 가문이다. 오늘날 '펠트리넬리'는 이탈리아의 유명 출판사 이름으로 남아있는데, 19세기 후반에서 20세기 전반에 걸친 시기에 펠트리넬리 가문은 "의심의 여지없이 이탈리아 자본주의의 가장 중요한 가문들 중 하나"였다.[47] 롬바르디아를 대표하는 가족 기업 펠트리넬리는 1854년 목재업으로 시작하여 해운업과 철도업으로 다각화하고 금융업과 부동산업 등으로 막대한 부를 축적하며 사업 제국을 이루었다. 펠트리넬리의 역사에서 특히 흥미로운 점은, 가족 기업이 국제화에 약점이 있다는 통념이 일반화될 수 없음을 보여주었다는 것이다. 예컨대 펠트리넬리는 벌목 장소인 트란실바니아와 거래 장소 사이의 거리가 너무 멀어지자 해운업과 철도업으로 진출하여 질적으로 도약할 수 있는 계기를 맞이했던 것이다. 이렇게 국제화되어갔음에도 불구하고, 또한 일찌감치 1857년에 기업의 근거를 밀라노로 옮겼음에도 불구하고 펠트리넬리는 최초에 가업이 시작된 고향을 잊지 않았다. 브레시아 군의 가르다 호숫가 촌락 가르냐노Gargnano에 대규모 면방적 공장과 관광 시설 건립에 투자한 것이다. 이는 경제적 목적 외에도 가족 기업의 대외 이미지를 개선할 의도에서 면밀하게 계산된 투자로 보인다. 펠트리넬리는 그밖에도 학교와 병원-요양소, 교회, 공동묘지 등을 건립함으로써 박애주의자로서 자신의 표식을 분명하게 남겼다.[48] 요컨대 크레스피에게 크레스피 다다라는 봉토가 있었다면, 펠트리넬리에게는 가르냐노가 있었다고 하겠다.

이탈리아 가족 기업, 특히 과두적 가족 기업들의 세계에서 펠트리넬리 제국은 팔크와 더불어 제2차 세계 대전 전야에 이미 3세대에 도달한 흔치 않은 경우였다. 가문에 비극적 분위기를 더한 2세대 아버지들의 때 이른 죽음으로 '고아'가 된 3세대들이 일찍 사업 세계에 진입했는데, 가족 기업의 총수 카를로 펠트리넬리Carlo Feltrinelli, 1881-1935는 당대 최고의 부와 권력을 향유했다. 그는 당시 제국은행Reichsbank의 국제감사위원회 위원이자 이탈리아 신용은행Credito italiano 회장을 비롯하여 이탈리아 안팎의 50개 이상 기업들의 이사를 맡는 등 당시 재계 최고 지위에 올랐다. 카를로의 사후 막내 안토니오Antonio Feltrinelli, 1887-1942가 그룹을 책임졌으나, 그는 학문과 예술에 대한 열정이 넘쳤다. 그의 시대에 이탈리아 최대의 문화 기구인 이탈리아 학술원Accademia d'Italia이 펠트리넬리 그룹의 최대 주주가 되었고, 정작 펠트리넬리 가문은 그룹의 지분을 별로 소유하지 않았다. 예술 애호가인 안토니오는 토마스 만이 소설에서 묘사한 것과 몹시 흡사한 방식으로 연극의 막을 내리고 퇴장했던 것이다. 이로써 펠트리넬리 가문에서 '부덴브로크 신드롬'이 입증되었다. 과연 펠트리넬리는 사업과 예술, 현실과 환상, 나아가 삶과 죽음의 격렬한 갈등을 통해 3대째 몰락한다는 '부덴브로크 신드롬'의 전형적인 사례로 보인다. 안토니오를 마지막으로 펠트리넬리 왕조의 첫 번째 국면이 막을 내린 후, 그 두 번째 국면은 최초의 가업이 탄생한지 정확히 100년 만인 1954년에 카를로의 장남 잔자코모Giangiacomo Feltrinelli, 1926-1972가 펠트리넬리 출판사를 개업함으로써 시작되었다. 그렇게 3대 동안 번성한 기업 가문의 마지막 예술적·미학적 열정과 비전은 펠트리넬리 출판사를 통해 실현되었다고 할 수 있다.[49]

<5-8> **잔자코모 펠트리넬리**
출처: Wikimedia Commons

그러나 달리 보면 '부덴브로크 신드롬'은 역설적이게도 몰락의 담론이라기보다는 성공의 신화인 것 같다. 크레스피 가문의 경우는 시조 베니뇨까지 포함하면 가업이 5대가 이어졌고, 펠트리넬리 가문은 최소한 3대가 이어졌기 때문이다. 가업이 3대, 혹은 5대 동안 연속된다는 것은 가문의 입장에서는 큰 행운이다. 그렇게 가업이 오래 전수되는 경우는 매우 드물었다. 예컨대 불과 코너는 파시스트 시대1937-1940 코모의 식품과 피혁, 의류 부문의 가족 기업들 가운데 1951년의 시점에 생존한 기업은 절반도 채 안 되었음을 확인했다.[50] 야나기사코는 더 흥미로운 자료를 제시했다. 그녀는 코모 견직 부문 가족 기업들 중 무작위로 38개의 기업을 샘플링하여 현재 경영자와 창업자 사이의 관계에 대한 통계치를 구했다. 그 결과에 따르면, 창업자가 현재 경영자의 할아버지인 경우는 단 2건에 불과했고, 아버지인 경우는 20건, 직계가 아닌 친척할머니, 장인, 장모, 큰삼촌, 조카, 매형의 경우는 5건, 친척 관계가 아닌 경우는 3건, 창업자가 현재 경영자 자신인 경우가 8건이었다. 이 통계는 3대 승계 자체가 대단히 어려우며, 가족 기업에서 가장 흔히 볼 수 있는 것이 2대 승계임을 말해준다.[51]

그런데 위의 범주에서 직계가 아닌 친척의 경우는, 아버지에서 아들로의 직접적인 승계가 불가능한 경우를 나타낸다. 야나기사코는 특히 모계 승계에 주목하면서 가족 기업의 승계에서 확인되는 '젠더화' 양식을 분석했다. 이와 관련하여 그녀는 3가지 흥미로운 사례를 제시했다. 첫 번째는 처가의 자본이 투자되는 경우다. 이 경우에 현재의 남성 경영자는 이 사실을 숨기거나 드러내지 않는데, 이에 따라 야나기사코가 '기원 설화'라고 부른 회사의 창업사도 '젠더화'된다. 그런데 이 경우를 거꾸로 뒤집어보면, 현재 경영자의 처가 쪽 남성 가장은 직계 승계가 어려우므로 사위 쪽을 통해 가족의 재산을 투자하고 증식하는 것이라고 할 수 있다. 두 번째는 사위를 징검다리로 삼아 모녀간에 가업이 승계되는 경우다. 이 때 여성 기업가들은 가업과 연관된 학위를 소지한 남성과 결혼함으로써 기술적 자원을 충원한다. 세 번째는 현재의 남성 경영자의 처가가 기업을 소유하고, 기업은 처남 쪽 직계에 승계되는 경우다. 그밖에도 다양한 경우가 있을 텐데, 이런 사례들은 가업의 승계 문제가 대단히 복잡하며, 승계의 곤란을 해결하는 과정에는 필연적으로 젠더 문제가 수반될 수밖에 없음을 보여준다.[52]

크레스피처럼 부계를 통한 장자 승계가 가능하더라도 이 장자가 기업가의 소질을 갖추었는지 여부도 대단히 중요하다. 코모의 미시적 가족 기업들이 잘 보여주고 있듯이, 대개 창업 세대는 '자기 착취'라는 표현이 암시하듯이 새벽에 일어나 잠들기 전까지 일한 사람들이었다. 창업자들은 가업을 물려받을 자식들도 자신과 같이 자수성가한 사람의 자질을 입증할 수 있기를 바랐다. 이와 관련하여 야나기사코가 인터뷰한 기업가는 이렇게 말했다. "나는 [아들] 안드레아에게 이렇게 설명했습니다. 보거라, [지저분한 깡통들을 깨끗이 씻어내는 일부터] '밑바닥에서부터dalla gavetta' 일을 해야 한다. 만일 네가 책임을 맡고 싶다면, 너는 모든 것을 알아야 한다, 그렇지 않으면 너는 까막눈이나 다름없게 될 것이다."53 '밑바닥에서부터'라는 표현은 가족 기업가들의 상투어였다. 이로부터 두 가지 사실을 확인할 수 있다. 하나는 세대에서 세대로 승계되는 가족 기업에서는 기업가 역량도 함께 승계되리라는 보장이 없기 때문에 어린 시절부터의 훈련과 체득의 과정이 필요하다는 것이다. 과두적 가족 기업에서도 이런 훈련과 체득은 일종의 '황제 교육'으로 이루어졌을 것이다. 다른 하나는 이미 언급되었거니와 특히 미시적 가족 기업에서 가장 큰 자산은 가족 노동이라는 것이다. 가족 기업의 경영자는 누구보다 부지런하고 가업과 관련된 모든 것을 장악해야 하는 것이다.

가족 기업의 젠더 문제와 교육 문제는 본질적으로 '운'에 좌우되는 승계 문제를 해결하려는 노력에서 비롯된 문제들이다. 어떻게 하면 혈통과 기업가 역량이 단절되지 않고 후대에 연결될 수 있을 것인가? 이는 가족 기업의 근원적 관심사다. 그런데 승계의 단절 위험 없이 잠재적 승계자가 많더라도 오히려 문제가 될 수 있다. 많은 형제들 사이에 조화와 협동이 이루어지지 않는다면 가업은 뜻밖의 파국을 맞이할 수도 있었기 때문이다. 이와 관련하여 예컨대 이탈리아 명품 기업인 구찌Gucci의 역사가 의미심장하다. 전형적인 자수성가형 창업자 구찌오 구찌Guccio Gucci에게는 정력적인 4명의 아들들—알도Aldo, 로돌포Rodolfo, 바스코Vasco, 우고Ugo—과 그 손자들이 있었다. 이 후손들은 가업에 대한 관심과 열정이 넘쳐났던 까닭에 재산과 경영권을 둘러싼 분쟁이 끊이지 않았다. 심지어 총격 사건까지 있었다. 창업자의 손자인 마우리치오Maurizio의 전처가 불만을 터뜨리며 가정부 앞에서 전남편을 죽이고 싶다는 말을 내뱉은 후 실제로 마우리치오가 총격을 받고 그의 전처가 협박당하는 충격적인 사건이 일어났던 것이다. 이 사건은 당시 이탈리아 사회에 엄청난 스캔들을 몰고 오며 구찌 가문의 명예를 추락시켰다. 비록 구찌의 사례는 극단적인 경우이기는 하나, 가족 기업에 따라붙는 음울한 디스토피아의 그림자를 설핏 보여주는 사례일 것이다.[54]

<5-9> 구찌오 구찌
출처: Wikimedia Commons

이처럼 후손들이 사업에 너무 관심이 많고 열정에 넘쳐는 것도 잘 나가던 기업을 위태롭게 만들지만, 이와는 대조적으로 후손들이 사업에 너무도 관심이 없거나 능력이 없는 것은 숫제 번성하던 기업의 문을 닫게 만드는 치명적인 위협을 초래한다. 실제로 많은 기업 가문들이 그런 위협에 직면하곤 했다. 기업 가문들은 항상 자신들의 유전자에 기업가 역량이 각인되어 있다고 자랑스레 말하곤 했으나, 말은 사뭇 현실과 달랐다. 역사가 제임스는 프랑스와 독일, 이탈리아 등 유럽 3개국을 대표하는 철강 부문의 유력한 가족 기업들을 연구하면서 그와 같은 말과 현실의 괴리에 주목했다. 예컨대 프랑스 방들Wendel 사의 샤를 드 방들Charles de Wendel은 근면했지만 사업 수완은 평범했고, 독일 하니엘Haniel의 아들들도 부지런했지만 창의적이지는 못했으며, 이탈리아 팔크 사의 조르지오 엔리코 팔크Giorgio Enrico Falck의 맏아들은 사업에는 관심이 없고 오히려 정치에 열정을 쏟았다고 한다. 그러나 이런 무관심이나 무능함 혹은 평범함과 같은 한계들이 극복할 수 없는 것은 아니었다. 가령 팔크의 경우에는 2남과 3남이 적절하게 역할 분담하여 사업을 훌륭하게 이끌어나갔다.[55]

그래도 팔크는 가족 기업의 승계 위기를 형제들 사이의 협력을 통해 극복했다는 점에서 운이 좋은 축에 속했다. 실제로 다른 많은 가족 기업들도 팔크처럼 가족 **내부의** 자원들을 적절히 이용하여 가족 기업의 위기를 돌파해왔다. 하지만 그럴 수 없는 경우도 있었다. 이와 관련하여 피아트 그룹의 승계 문제에 대한 해결 방식이 인상적이다. 창업자 조반니 아넬리Giovanni Agnelli, 1866-1945의 외아들 에도아르도Edoardo Agnelli, 1892-1935는 사업에 관심과 능력이 없었던 데다 불의의 사고로 일찍 사망했다. 다행히도 창업자에게는 손자들이 있었지만 당장 사업을 물려받기에는 아직 어렸다. 이때 조반니 아넬리는 발레타라는 가족 **외부의** 전문 경영자를 징검다리로 삼아 사업을 아넬리 가문의 3대 잔니 아넬리Gianni Agnelli, 1921-2003에게 물려줄 수 있었다. 아넬리 가문은 자신의 '덕'으로써 자신에게 주어진 '운'을 극복할 수 있었던 셈이다. 물론 당시에 다른 선택의 여지가 별로 없었으므로 어쩌면 이 '덕' 또한 '운'이었다고 할 수도 있겠지만, 발레타가 이미 오래 전부터 아넬리에 의해 직접 발탁된 충직하고 탁월한 경영자였음을 고려하면 '운'은 결국 '덕'의 결과였다.

<5-10> 아넬리 왕조의 연속성, 피아트의 창업자 조반니 아넬리와 그의 손자 잔니 아넬리

출처: Wikimedia Commons

이상의 사실로부터 가족 기업들이 다양한 방식으로 승계 위기를 극복하면서 이른바 '부덴브로크 신드롬'을 우회해왔음을 알 수 있다. 그러므로 '부덴브로크 신드롬'은 피할 수 없는 비극적 운명이 아니다. 승계에 실패하는 경우에도 실패 원인은 가족 기업 고유의 폐쇄적 구조를 고집하고 잘못된 전략적 선택-가족 안팎의 가용 자원들을 적시에 동원하고 활용하지 못하는 실책-을 거듭하는 데 있다는 사실도 그 점을 증명한다. 가족 기업은 몰락할 운명에 처해있는 것이 아니라 자신의 선택과 결정을 통해 몰락을 유예하거나 극복하며 스스로 운명을 개척해나간다. 가족 자원을 효율적으로 동원하는 기업가 역량은 물론이거니와, 때로 가족의 틀을 벗어나고 가족 자원을 뛰어넘는 전략적 선택을 통해 가족 기업은 비극적 운명이 드리워진 디스토피아에서 빠져나올 수 있다. 다시 피아트의 경우를 보면, 가족 기업에 고유한 한계승계의 공백는 전문 경영 능력발레타에 의해 훌륭하게 극복될 수 있었다. 이로부터 자본주의가 발전하려면 비자본주의적 요소-예컨대 가족-가 필요하듯이, 가족 자본주의는 비가족적 요소-예컨대 전문 경영자-를 필요로 한다는 것이 분명해진다. 순수한 자본주의와 순수한 가족에 대한 집착은 자본주의와 가족의 운명에 도움이 되지 않는다. 오직 이질적 요소들이 공존하고 혼재하는 공간에서만 위기를 돌파할 새로운 가능성이 솟아나오는 법이다.

‘부덴브로크 신드롬’을 다시 생각하기 |

이탈리아에서 가족은 후진성의 참호이면서 동시에 발전의 디딤대였다. 예컨대 마피아의 인류학적 토양으로도 지목되는 남부 이탈리아의 이른바 “무도덕의 가족주의amoral familism”는, 가족이 이탈리아 근대화의 발목을 잡은 원흉이었음을 암시한다.[56] 그러나 이와는 반대로 소규모 가족 기업들이 지방의 가족 및 친척, 이웃 관계를 아우르는 사회적 네트워크에 바탕을 두고 경쟁과 협력을 적절히 배합하면서 첨단 기술과 유연 특화 생산을 결합시켜 국제적 경쟁력을 갖추며 발전한, 이탈리아 중부 및 동북부의 이른바 “제3의 이탈리아terza Italia”는, 가족이 발전의 당당한 주역임을 암시한다.[57] 이처럼 이탈리아에서 가족은 후진성과 동시에 발전의 원천이었다. 그리고 가족 기업은 단연 발전의 원천이었다. 기업은 가족의 욕망과 감정을 발전에 동원했고, 가족은 기업의 이성과 합리성을 이용하여 가족의 영원한 존속을 꿈꾸었다. 특히 가업을 통해 불멸을 꿈꾼 기업가-가장들의 유토피아적 욕망은 자본주의적 욕망과 맞물려 이탈리아에서 산업 발전을 견인한 근원적인 힘이었다고 할 수 있다.

물론 모든 가족 기업은 장점과 단점을 공유한다. 가족은 자본을 조달하고 인력을 충원하며 거래의 안정성을 보증하고 고객에게 신뢰를 주는 브랜드네임이 되는 등 기업 활동에 헤아릴 수 없는 장점을 제공한다. 그래서 가족은 기업 활동을 시작하는 편리한 출발점이 될 수 있다. 그러나 동시에 가족은 구성원들의 불화와 과잉 소비의 라이프스타일, 대규모 자본 조달의 난점 등 다양한 한계를 드러내기도 한다. 무엇보다 가족 기업의 ‘급소’는 승계 문제다. 이 승계 문제는 ‘피’라는 강렬한 이미지로 채색되어 비극적 운명성을 부각한다. 몰락의 위험에 처한 가족 기업의 현실은 기업가-가장들의 유토피아적 욕망이 물거품이 되는 디스토피아적 순간이다. 그러나 많은 가족 기업들이 예정된 운명에 순응하기보다는 능동적인 기업가 역량으로 자신들의 운명을 개척해온 것으로 보인다. 과연 성공적인 가족 기업들은 가족 안팎의 자원들을 효과적으로 이용함으로써 가족 기업에 고유하다고 생각된 한계를 돌파해왔다. 그들은 가족 내부의 젊은 구성원들이 어려서부터 체득한 지식과 기술을 이용하고 가족 외부의 유능한 전문 경영자를 적시에 영입함으로써 성장을 지속하고 위기를 관리해왔다. 그러므로 가족 기업의 어떤 본성이 기업 활동에 한계를 설정하지만, 그런 한계가 곧 가족 기업의 몰락을 결정하는 것은 아니라고 할 것이다. 즉 가족 기업의 유토피아에는 언제나 디스토피아의 그림자가 어른거리지만, 디스토피아로의 추락이 피할 수 없는 운명은 아닌 것이다.

그렇다면 가업이 세대에서 세대로 이어지는 가족 기업의 숙명적 결함으로서 꼬리표처럼 따라다니는 '부덴브로크 신드롬'의 비극적 아우라를 걷어낼 필요가 있다. 그것은 결코 극복할 수 없는 치명적 유전병이 아니라 정확한 처방을 통해 관리될 수 있는 질병이다. 가족 기업에는 디스토피아로의 추락 가능성과 함께 디스토피아를 치유할 수단도 내장되어있다. 다만 역사가 보여주는 바는, 가족 기업이 추락을 피하고 번영을 구가하기 위해서는 **순수한** 혈통에 대한 유토피아적 집착에서 벗어나 **이질적** 요소들까지 기꺼이 포용함으로써 헤테로토피아적 현실을 인정해야만 했다는 사실이다. 그렇듯 개방성과 혼종성을 받아들일 수 있을 때에만 가족 기업은 현실에서 맞닥뜨린 궁지를 헤치고 나아갈 새로운 가능성을 기대할 수 있었다. 반면, 그런 개방성과 혼종성을 거부할 때 가족 기업은 크레스피 가문처럼 한순간에 스러져갔다. 이와는 대조적으로 아넬리 가문처럼 새로운 피를 외부에서 수혈할 때 가족 기업의 활력은 재충전될 수 있었다. 그렇다면 '부덴브로크 신드롬'은 가족 기업에 걸린 풀 수 없는 저주스런 마법이 아닌 것이다.

말이 나왔으니 말이지만, 가족 기업의 악몽을 표현하는 '부덴브로크 신드롬'은 역설적이게도 가족 기업의 끈질긴 생명력을 암시한다. 19세기 후반 영국의 사례를 보면 가족 기업들의 생존율은 매우 낮아서 1대에서 2대로 전수되는 것만도 어려웠다. 그럴진대 기업이 3대를 간다는 것은 거의 불가능했다. 게다가 가족 기업의 수명은 짧고 규모도 작아 토지를 구입한다는 것은 대다수 기업가들에게는 사치였으므로 '부덴브로크 신드롬'이 암시하듯이 기업이 3대를 거치며 '젠트리화'되어 몰락한다는 가설은 지지할 수 없다.[58] 이런 맥락에서 펠트리넬리 가문을 연구한 세그레토Luciano Segreto가 꿰뚫어보았듯이, 가족 기업에 대한 해석 패러다임으로서 '부덴브로크 신드롬'이 입증되려면 먼저 가족 기업이 3대에 도달해야 하는데, 3대까지 연속된다는 것 자체가 대단한 일이 아닐 수 없다.[59] 즉 3대에 몰락하는 가족 기업은 이미 성공한 기업인 것이다. 그렇다면 가족 기업은 타고난 결함으로 소멸의 운명에 처한 불운한 기업이 아니라 잘 관리된다면 3대씩이나 번영하는 유망한 기업일 수 있다. 우리는 로마 제국이 왜 멸망했는가를 묻지만, 어떻게 그리 오래 지속될 수 있었는가도 질문해야 한다.

제6장 프랑스

불로뉴 시의 직접세를 통한 사회주의 정책의 실패[1]

은은기(계명대학교 사학과 교수)

꼬뮌의 사회주의 정책과 기업세 ㅣ

오늘날 수많은 도시들이 대기업을 유치하려고 노력하고 있다. 그 주된 이유는 대기업이 막대한 지방세를 납부할 것으로 기대되기 때문이다. 그런데 만일 평등 사회를 지향하는 공산당이나 사회주의 정당 출신의 시장이 그 도시의 시 행정부를 장악하고 있는 경우, 그 시 행정부가 대 기업이 납부하는 막대한 지방세를 이용하여 자신들의 정치 이념인 평등한 이상 사회 즉 유토피아적 사회를 과연 실현할 수 있을 것인가?

이러한 질문에 답하기 위해 필자는 프랑스에서 최대의 매출액을 자랑하고 있던 르노 자동차회사가 위치하고 있었고, 거기다가 사회당SFIO 소속 시장이 시 행정부를 장악하고 있는 불로뉴- 비앙꾸르Boulogne-Billancourt, 이하 불로뉴로 약함라는 프랑스 파리 남서부에 인접한 도시행정단위는 꼬뮌임에서 과연 르노자동차가 납부하는 지방세를 가지고 사회주의 시행정부가 주민들의 복지 실현에 성공했는지 아니면 실패하였는지 살펴보고자 한다.

<6-1> 불로뉴시의 르노자동차회사의 전경(1960년)

우선, 필자는 먼저 막대한 지방세를 납부할 능력이 있는 대기업이 위치한 도시의 직접세의 규모는 어느 정도이며 그리고 그것이 일반적으

로 어떠한 분야에 가장 우선적으로 활용되고 있는가라는 점을 검토한다. 특히 지방세의 경우 다른 지방과의 비교 연구 및 전국 수준과의 비교연구가 불가피한데 이는 방대한 통계자료의 분석을 필요로 한다. 이 점이 지방세 연구를 어렵게 만들고 있다.

르노 자동차 공장과 같은 거대 기업이 위치한 한 사회주의 꼬뮌[2] 인 불로뉴 시의 조세정책은 어떠했던가? 특히 전후 1949년에서 1965년 동안 불로뉴의 조세정책이 어느 사회계층에 가장 유리하였는가? 실제 사회주의 정당의 이상대로 복지와 평등 정책을 실현하는데 성공하였던가? 아니면 실패로 끝나고 말았던가? 이런 문제는 기업의 실질적인 사회적 역할을 분석하는 데 자못 중요하다.

프랑스의 꼬뮌의 수입에 관한 기존의 연구들은 주로 공산주의 꼬뮌에 집중되어 있다. 그 이유는 대부분의 기존 연구들은 좌익 꼬뮌이 우익 꼬뮌보다 더 큰 수입을 가지며, 특히 좌익 꼬뮌이 간접세보다는 직접세를 보다 많이 징수하면서 하층민에 유리한 수입구조를 지닌다고 보기 때문이었다. 그러나 이에 비해 삐에르 리무쟁은 꼬뮌의 현실이 시 조세정책의 방향을 결정 짓는다고 주장한다. 또 알랭 쉬바뜨는 시행정부의 관행이 시 예산의 규모나 구조의 혁신을 방해하는 요인임을 강조하고 있다. 이 다양한 연구들은 도시 재정 수입과 관련하여 도시 정책에 가장 큰 영향을 미치는 요소가 무엇인지를 규명하는데 도움을 주고 있다.

필자는 불로뉴 꼬뮌의 징수 가능한 부와 부채의 수준을 고려하면서 수입의 전반적 발전과 구조를 분석하여 수입의 크기의 적절성을 검토할 것이다. 나아가 꼬뮌의 직접세 중에서 가장 큰 비중을 차지해온 상띰[3]의 구조를 규명할 것이다. 이를 통해 르노자동차회사의 조세지방세 기여도를 분석해 볼 것이다. 아울러 불로뉴 꼬뮌의 조세 규모와 적절성을 보다 객관적으로 평가하기 위해서 1964년까지 센느 도에 속하면서 정치 색깔을 달리 했던 꼬뮌들, 즉 공산주의 꼬뮌인 생드니Saint-Denis, 부유한 우익 꼬뮌인 느이이-쉬르-센느Neuilly-sur-Seine 그리고 사회주의 도시인 쉬렌느Surennes는 물론 센느 도에서 인구 5만 명이 넘는 도시들과도 비교 검토할 것이다.

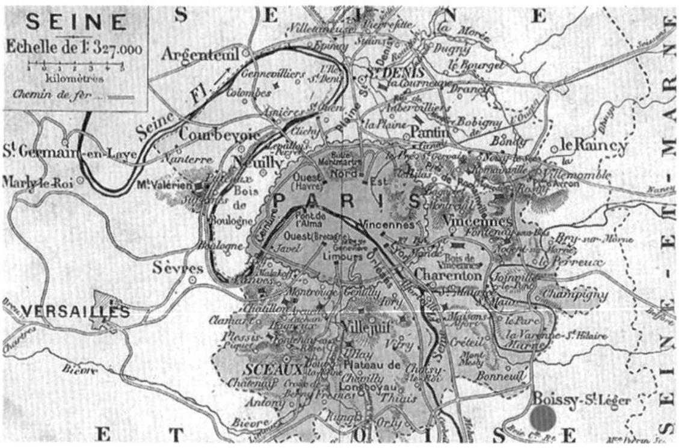

<6-2> <지도> 센느 도의 주요 꼬뮌들(1960년)

불로뉴 시의 집권 사회당의 정치적 기반 ।

널리 알려져 있듯이 불로뉴는 프랑스 최대의 기업인 르노 자동차 공장이 세워진 막대한 과세가 가능한 자치시였다. 이 점은 당연히 대기업의 독점적 존재가 그 도시의 사회경제적 수준의 향상이나 문화적 질적 수준 향상에도 크게 기여할 수 있을지 모른다는 관심을 불러일으킨다. 나아가 만일 사회주의적 정당이 집권하여 시행정부를 장악하게 된다면 복지정책을 포함하는 광범위한 각종 사회주의적인 정책을 통해 유토피아 사회를 건설할 수 있다는 기대를 품을 수 있다.

1952년부터 프랑스의 많은 기업들이 도시를 떠나 지방으로 향했다. 이러한 공장의 분산화에도 불구하고 불로뉴에서는 1954년에 93,998명이었던 인구가 1968년에는 109,380명으로 증가하였다. 이것은 곧 꼬뮌의 산업 구조에 영향을 미쳤다. 수송, 상업, 보험, 공공 서비스 및 공공 토목공사는 1954년 이래로 지속적으로 증가한 데 비하여 가공 산업은 쇠퇴하였다. 이러한 산업 구조의 변동은 사회 직업적 계층에 따라 활동 인구의 분포 상의 변화를 초래하였다. 자유 직업인과 상급 간부들의 수가 1954년에는 2,981명이었으나 계속 증가하여 1968년에는 8,184명에 달하였다. 다른 사회 계층들의 수는 대체로 별다른 변화를 보이지 않았다.

<6-3> 1947년 파업에 가담한 르노자동차공장의 노동자들[4]

불로뉴의 이러한 사회 인구학적 변화는 당연히 의회 선거에서 사회주의자들의 선거 리스트에 불리하였다. 노동자 수의 감소는 공산주의 유권자들보다는 사회주의 유권자들에게 보다 더 불리한 영향을 미쳤다. 자치시 선거 결과를 분석해 보면, 선거인 명부에 등록한 자들 중에서 제 1차 투표에서 사회주의 리스트를 지지한 자들의 수는 1954년과 1965년 사이에 64%나 감소하였으나 공산주의 리스트에 찬성 투표한 유권자의 수는 이 기간 동안에 단지 32%만이 감소하였다. 마찬가지로 1959년 자치 시 선거 이래로 사회주의 유권자들은 옛 불로뉴의 중심지

인 므뉘Menus 지역에 제한적으로 거주하고 있었다.

〈표 1〉 불로뉴의 정치 정당별 시 의원 수의 분포의 변천(1947–1965)

정당	1947-1952	1953-1958	1959-1964	1965-1971
공산당	15	14		
사회당	6	12	18	
인민공화파운동 (Mouvement Republicain Populaire)			4	4
급진파			4	3
공화주의 중도파		7	5	15
사회공화파				
독립자 및 농민의 전국센터 (Centre National des Indépendants et des Paysans)				13
프랑스인민연합 (Rassemblement du Peuple Français)	16	4		
드골주의 연합			6	
무소속				2
총계	37	37	37	37

<표 1>에서 알 수 있듯이 1947년에 선출된 사회당 소속 시 의원의 수는 6명으로 15명이 당선된 공산당 소속 의원 수에 비해 크게 적었다. 그런데도 알퐁스 르 갈로가 주도하는 사회주의자는 프랑스인민연합과 공동으로 시 행정부를 구성하였다. 1953년 선거에서는 사회당 의원 수는 12명으로 증가하였으나 여전히 14명에 달했던 공산주의 의원 수에 못 미쳤다. 그런데도 전임 시장인 사회주의자 알퐁스 르 갈로는 1947년에 그랬던 것처럼 공화주의 중도파 및 프랑스인민연합과 동맹을 맺고 시행정부를 다시 장악할 수 있었다. 1959년 선거에서 알퐁스 르 갈로는 2차 결선 투표에서 공산당이 드골파가 자치시 선거에서 승리하는 것을 막기 위해 사회당을 지지해 준 덕분에 3차례나 시 행정부를 장악

하는 데 성공한 것이다. 결국 불로뉴의 사회주의 시행정부가 1949년에서 1965년 사이에 노동자수의 감소에도 불구하고 지속적으로 집권하게 된 것은 여타 정당과의 연립에 기인하고 있음을 알 수 있다.

<6-4> Alfonse Le Gallo(1959)[5]

사실 알퐁스 르 갈로[6]가 주도했던 부유층에 유리하게 전개된 주민의 사회·직업적 분포의 변화, 사회주의 성향의 유권자 감소 등으로 인해 다른 정치 세력과의 연합을 통해서만 집권할 수 있었다. 이런 특성은 결국 1959년 이후 사회당 소속 시장이 주도하는 시행정부가 하층민을 위한 사회당의 강령을 시행하는데 많은 어려움을 겪게 만든 주요 요인이 된다.

<6-5> 르노자동차회사의 승용차 생산 과정(1960년)

꼬뮌이 징수할 수 있는 지방세 중에서 상띰은 시 행정부가 그 총액을 결정하는 데 개입할 수 있는 권한이 가장 큰 항목이다. 징세율이 기본적으로 국가에 의해 결정되는 간접세와는 달리 상띰은 직접제로서 꼬뮌이 그 징수율을 독자적으로 결정할 수 있다. 이점에서 다른 꼬뮌들의 직접세 정책과 비교해 보면 불로뉴의 사회주의 시행정부가 직접세를 대거 징수하여 주민들의 복지를 극대화하려는 의지가 있었는지를 알 수 있을 것이다. 동시에 불로뉴 시의 조세 정책의 기본 특성을 분석하고 대기업인 르노자동차의 지방세 기여도를 평가하기 위해 직접세인 상띰의 규모와 운용을 좀 더 자세히 검토해 보자.

불로뉴 시 재정 수입 규모의 적절성 |

불로뉴시의 재정 수입의 규모가 과연 적절했는가라는 점을 검토하기 위해서 우선 재정 지출의 수요를 밝혀 보자. 재정 지출의 수요가 수입의 규모를 결정하는 중요한 요인의 하나이기 때문이다. 이어서 불로뉴의 수입을 다른 꼬뮌들에 비교해 보고 그 다음 꼬뮌의 징수 가능한 부의 수준과 부채의 정도에 비추어 꼬뮌의 수입 규모의 적절성을 검토해 보자.

재정 지출의 수요를 파악하려면 모든 예산 항목에서 가장 우선적으로 시 행정부의 도시 개발, 주택 및 학교 등 공공시설의 적절성 여부와 각종 서비스의 적절성 여부를 파악해야 한다. 19세기 중반에 불로뉴 시의 재정지출의 규모는 매우 미약하였는데, 그 이유는 불로뉴 시가 오늘날 불로뉴의 북부 지역에 해당하는 므뉘 지역에 한정되어 있었기 때문이다. 1930년대에는 세계 경제대공황으로 인해 실업수당을 포함한 복지비가 크게 증가했다. 이로 인해 총 지출이 전체 수입을 크게 넘어섬으로써 재정적자액은 매우 컸다.

〈표 2〉 불로뉴의 총수입과 총지출의 발전 (단위: 1960년 불변 프랑)

항목	1861	1936	1946	1954	1960
수입	1,360,000	21,088,000	9,180,000	11,334,984	21,911,190
지출	1,083,837	25,333,519	8,996,553	12,411,796	21,538,020

제 2차 세계 대전 이후 불로뉴 시의 수입은 파리지역과 다른 꼬뮌들과는 달리 크게 증가하여 수지 균형을 이루기까지 하였다.[7] 그렇지만 불로뉴는 제 2차 세계대전 이후 공공시설과 사회 복지 및 문화 시설이 크게 미흡한 도시였다. 사실 이 시기에 재정 지출의 규모는 공산주의 꼬뮌인 생드니의 그것보다 크게 적었다. 따라서 사회 복지 및 문화 시설 부문의 수요를 충족시키려면 불로뉴는 꼬뮌의 수입을 크게 넘어서는 엄청난 재정 지출이 요구되었다. 지출 수요의 증가는 당연히 높은 세수의 증가를 필요로 한다.

그러나 당시의 재정 수입의 규모가 꼬뮌의 담세 능력에 비추어 볼 때 적절한 지를 파악하기 위하여 불로뉴의 재정 수입과 공산주의 꼬뮌인 생드니와 우익 꼬뮌인 느이이-쉬르-센느의 재정 수입의 규모를 비교해 보자. 불로뉴의 주민 일인당 재정 수입은 연합군에 의한 르노자동차 공장 공습 때 크게 파괴된 주택의 보수비로 엄청난 자금을 필요로 했던 1946년을 제외한다면 1931년과 1960년 사이에 인구가 불로뉴의 그것에 유사했던 생드니의 그것에 못 미쳤다. 1960년에는 우익 도시인 느이이-쉬르-센느에 의해 추월당하기까지 하였다.

〈표 3〉 1931년과 1960년 사이에 3개 꼬뮌의 주민 일인당 지출의 발전

(1960년 불변 프랑으로 환산)

꼬뮌	시행정부 소속정당	인구(1954년)	1931	1936	1946	1954	1960
불로뉴	사회당	93,998	183	217	116	121	205
생드니	공산당	80,705	217	367	99	169	318
느이이	드골파 정당	66,095	145	111	92	92	250.

일반적으로 제 2차세계대전 이후 대부분의 꼬뮌들은 대전 동안의 투자 정체로 인해 점점 더 많은 투자 지출을 필요로 하였다. 자동차 교통의 발달로 인해 많은 도로 건설을 필요로 하였고, 취학 연령 아동 수의 증가로 인해 꼬뮌들은 많은 수의 학교 건설을 요구되었다. 특히 도로, 학교, 위생시설, 하수도, 상수도, 스포츠 분야에서 각종 새로운 시설이 절실히 필요하였다. 그러나 꼬뮌은 대체로 자체 수입을 크게 넘어서는 막대한 투자 비용을 감당할 수가 없었기 때문에 국가로부터 보조금을 받거나 차용을 하는 방법을 택하지 않을 수 없게 된다.

1947년에 불로뉴는 매우 야심적인 도시개발 계획을 수립하였다. 그 계획에 따른 토지 구입과 도시 기반시설의 건축을 하는 데 필요한 자금의 규모가 매우 컸다. 사실 불로뉴는 2차 대전 당시 연합군의 폭격에 의해 주택이 엄청나게 파괴되었고 또한 기업들이 지방으로 대거 이전하였기 때문에 도시 재개발이 가장 필요한 도시였다. 그렇지만 불로뉴의 도시 개발을 위한 재정지출액은 다른 꼬뮌에 비하여 매우 낮은 수준을 보여주고 있었다.

무엇보다 불로뉴는 점차 주택 위기에 직면하였다. 왜냐하면 시민들에게는 임대가 꼬뮌에서 가장 많은 비중을 차지하는 주거 유형이었기 때문에 집세 인상이 주택 구입보다 더 중요한 사회적 문제가 되었다. 1958년에 하나의 스튜디오나 방 두 개를 갖춘 한 신규 아파트의 월세는 480프랑에서 580프랑 사이에 있었다. 1960년대 초반에도 주택 위기는 더욱 더 심화되었고, 시민들의 고통과 불만은 더욱 커져갔다.

〈표 4〉 불로뉴 시민들의 월수입의 분포

월수입	퍼센트	사회직업적 범주
500 미만	5,9	미숙련노동자
500-799 프랑	9,8	반숙련노동자
800- 999 프랑	9,9	

1 000- 1 199 프랑	12,9	숙련노동자, 간부 및 수공업자
1 200- 1 399 프랑	9,7	
1 400- 1 799 프랑	9,6	
1 800 - 2 199 프랑	7,4	간부, 자유직업인, 기업가 대상인
2 200- 2 999 프랑	9,6	
3 000 프랑 이상	13,7	
무응답	11,5	
총계	100,0	응답자의 총계

출전: Sondage FNSP, mars 1966.

비숙련 노동자나 반숙련 노동자들 경우, 그들의 월급으로는 도저히 불로뉴에서 숙소를 얻을 수 없었다. 비숙련노동자나 반숙련 노동자들은 거주 조건이 매우 열악했던 가구 딸린 여인숙에 거주하거나 꼬뮌을 떠나야 했다. 한 용접공의 증언을 들어보면 그 실상이 잘 나타난다.

나는 1952년 1월에 이 가구 딸린 여인숙에 들어왔다. 나는 매월 임대료를 400프랑 지불하였다. 그해에 내가 지불해야 할 월세는 40%나 올랐다. 나는 이 작은 방 하나에 대해 650프랑을 지불하고 있다. 이에 비해 나의 월급은 단지 작년에 비해 단지 17,5프랑만이 올랐을 뿐이다. 나는 올해 100 프랑도 저축할 수 없고 그리고 극장이나 이발소에도 가지 못한다.

센느 도에서 불로뉴는 1950과 1960년 사이에 르발르와Levallois와 끌리쉬[8]와 더불어 가장 많은 수의 저급한 수준의 낡은 여인숙을 보유한 도시였다. 결과적으로 1960년대 초에 4,000세대 이상 가정의 거주 여건이 매우 열악했다. 이 때문에 지역 공산당 계열 신문인 에땡셀L'Etincelle은 지역 사회주의 시행정부의 도시개발 계획이 하층민을 도시에서 몰아내고 있다고 맹렬히 비난했다.

사회주의자와 드골주의자의 연합시행정부가 집세가 비싼 주택을 7,000채나 대거 건축함으로써 하층민들을 시에서 몰아내려 하고 있다.

불로뉴의 주거 상황이 얼마나 열악했는 지를 보다 객관적으로 평가하기 위해서 위에 언급했던 시 행정부의 정치 성향이 상이한 3개의 꼬뮌을 선정하여 비교해 보면 더욱 더 잘 나타난다.

〈표 5〉 불로뉴의 가구 딸린 저급 여인숙의 방의 수 (1950-1963)

년도	학생수	학급수	학급당 학생수의
1950	7353	225	32
1951	7659	230	33
1952	8031	232	34
1953	8732	237	37
1954	9396	244	38
1955	9790	259	38
1956	10447	282	37
1957	10901	301	36
1958	11319	314	36
1959	11418	322	35
1960	11316	328	35
1961	11430	337	34
1962	11243	330	34
1963	11344	341	34
1964	11344	338	33
증가율 (1964 / 1950)	54,2%	50,0%	

불로뉴에서 가구 딸린 저급 여인숙에 거주하는 인구는 생드니와 느이이 및 쉬렌느보다 더 많았다. 가구 딸린 저급 여인숙의 거주 조건은 매우 열악하였다. 에땡셀 지가 밝힌 87번지 이브 께르만rue Yves Kermen가에 거주하고 있는 한 가족의 실례를 들어 보자.

우리는 좌측에 17개월 된 로제의 요람과 그 엄마가 있다. 방 끝에 아빠인 꼴레Collet씨가 있다. 우측에 4살 된 끌레르와 7살 된 안-마리가 이들의 침대 위에 있다. 이어서 부모의 침대가 있다. 이것은 모두 12평방미터인데 꼴레씨 가족의 모든 주거공간이다. 이 여인숙은 2차대전 이후 어떠한 실질적인 보수공사도 이루어지지 않았다. 방은 복도의 끝 쪽에 위치하였고 벽은 도배가 되지 않고 습기가 찼다. 벽은 더러웠고 그리고 천장을 매년 다시 해야 했고 그리고 벽지를 다시 발라야 했다. 그러나 집주인은 이러한 각종 비용을 집세에서 빼주지 않았다. 집세는 2월에 100프랑 더 올랐다. 꼴레씨는 난방을 위해 겨울에는 매 주일마다 부탄가스통을 사야 한다고 말했다. 그들은 이 호텔에 거의 7년간 살았지만 그들의 행동은 거의 헛된 것이었다. 시립서민주택 사무소에 주거비 지원 신청을 해놓았고 꼴레씨 부인이 매주 시청에 확인하러 가지만 그 대답은 당신 한 사람 이외에도 많은 사람들이 기다리고 있다는 답변을 듣는데 그쳐야 했다.

1963년 12월 31일 법에 의해 꼬뮌이 초등학교와 유치원의 건축을 떠맡았고, 국가는 중·고등학교 건축을 책임지고 있었다. 실상은 원칙과 달랐다. 국가는 재정의 한계 때문에 주민들이 요구하는 중학교와 고등학교를 모두 지을 수가 없었다. 이 경우에 학교를 가장 절실히 필요로 하고 있는 꼬뮌이 직접 나서야 했다.

꼬뮌의 학급당 학생 수를 살펴보면 1950년과 1964년 이래로 별다른 개선을 보여주지 못하고 있다. 불로뉴의 유치원과 학생수는 1950년에 7,353명에서 1964년에 11,344명으로 증가하였다. 몇몇 학교를 짓기도 했지만 학급당 학생수는 거의 줄어들지 않았다.

〈표 6〉 불로뉴의 유치원과 초등학교의 학생수의 변천 1950-1964

년도	학생수	학급수	학급당 학생수
1950	7,353	225	32
1951	7,659	230	33
1952	8,031	232	34
1953	8,732	237	37
1954	9,396	244	38
1955	9,790	259	38
1956	10,447	282	37
1957	10,901	301	36
1958	11,319	314	36
1959	11,418	322	35
1960	11,316	328	35
1961	11,430	337	34
1962	11,243	330	34
1963	11,344	341	34
1964	11,344	338	33
증가율 (1964 / 1950)	54,2%	50,0%	

당시 불로뉴의 거의 모든 지역 신문들이 학교의 부족을 지적하면서 시행정부를 비판했다. 심지어 시의 공식관보 Bulletin Municipal Officiel조차도 학교가 인구 수요에 비해 압도적으로 부족함을 고백하였다. 그런데도 교육비 투자 지출비는 별다른 증가를 보여주지 못하고 있다. 불로뉴의 주요 지출 부문 중에서 교육 부문 투자지출비는 1960년, 1962년 및 1963년을 제외한다면 1956과 1964년 사이에 가장 높았다. 그런데도 이 기간 동안 불로뉴의 재정 지출 규모는 느이이와 생드니에 수준에도 미치지 못했다.

불로뉴의 복지 재정지출의 규모를 좀 더 자세하게 평가하기 위해 1960년 센느 도의 7개 꼬뮌의 주민 일인당 복지비를 살펴보자.

〈그래프 1〉 센느 도의 7개 꼬뮌의 주민 일인당 복지비 (1960년)

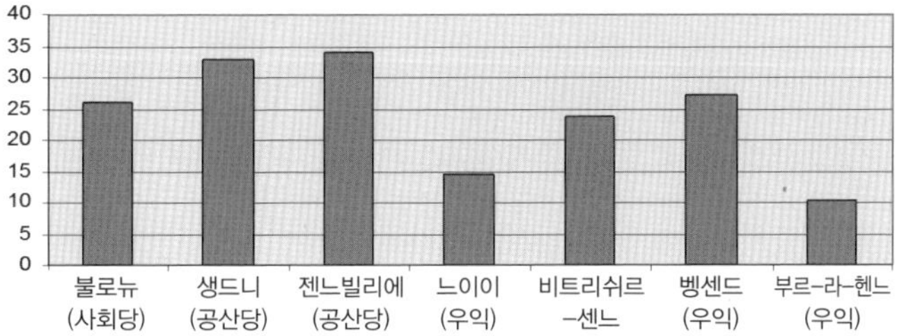

이 그래프에 따르면 불로뉴의 복지비는 부유한 꼬뮌과 가난한 꼬뮌의 중간에 위치하고 있다. 이처럼 지금까지 불로뉴의 재정 지출의 규모는 기대에 훨씬 미치지 못하는 수준이었다.

이어서 불로뉴의 조세수입 규모의 적절성을 평가하기 위해 꼬뮌의 징세 가능한 부의 수준과 부채의 정도를 다른 꼬뮌과 비교하면서 검토해 보자. 제 2차세계대전 이후 불로뉴의 공공 시설이나 공공 서비스의 수요를 충족시키기에는 수입이 크게 부족하였다. 이로 인해 재정적자에 직면한 불로뉴의 사회주의 시행정부는 꼬뮌의 직접세의 대부분을 차지하는 상띰centime을 증액시키지 않을 수가 없었다. 상띰은 건물 지세contribution foncière des propriétés bâties, 나대지 지세contribution foncière des propriétés non bâties, 동산세contribution mobilière 그리고 영업세patente로 구성된다. 상띰에 속한 이 4개의 세금은 모두 직접세이며, 그 주된 징세대상자는 주택 소유주, 세입자, 상인, 기업가, 수공업자, 그리고 자유직업인 등이다.

일반적으로 상띰의 증가는 꼬뮌의 근본적 부의 규모와 부채의 정도와 밀접한 관련을 갖고 있다. 프랑스의 모든 꼬뮌에서 상띰의 가치는 도지사에 의해 결정되었다. 상띰 가치는 원칙적으로 꼬뮌의 징세가능한 부를 나타내는 지표이다. 상띰 가치를 주민수로 나눈 수치에다가 100을 곱하면 주민 100명당 상띰 가치를 결정할 수 있다. 센느 도의 꼬뮌과 파리시의 통계연보 Annuaire statistique de la ville de Paris et des communes suburbaines du dpartement de la Seine는 1960년과 1965년에 이르는 시기의 센느 도와 파리의 상띰의 가치를 밝히고 있다. 보다 효과적인 비교를 위해 우리는 다음 표에서 알 수 있듯이 인구 5만 명 이상인 16개 꼬뮌과 파리시의 주민 100명당 상띰의 가치를 도출해 낼 수 있다.

〈표 7〉 1961년에서 1965 사이 센느 도의 인구 5만 명 이상인 16개 꼬뮌과 파리시의 주민 100명당 상띰의 가치

(단위 프랑, 괄호안의 수치는 감소하는 방향으로 순위를 나타냄)

꼬뮌 (소속정당)	1961	1962	1963	1964	1965
아니에르 (우익정당)	0,00458(07)	0,00470	0,00451(07)	0,00455	0,00460(07)
오베르빌리에 (공산당)	0,00394(10)	0,00396	0,00377(10)	0,00382	0,00375(11)
불로뉴 (사회당)	0,00763(01)	0,00773	0,00692(02)	0,00692	0,00688(03)
끌리쉬(공산당)	0,00586(05)	0,00572	0,00581(06)	0,00592	0,00599(06)
꼴롱브(공산당)	0,00294(14)	0,00316	0,00312(13)	0,00315	0,00314(14)
꾸르브브와 (우익정당)	0,00569(06)	0,00587	0,00595(05)	0,00645	0,00674(04)
드랑시(공산당)	0,00174(17)	0,00188	0,00177(17)	0,00181	0,00188(17)
르발르와 페레 (공산당)	0.00606(04)	0,00614	0,00625(04)	0,00616	0,00612(05)
메종-알포르 (우익정당)	0,00247(16)	0,00260	0,00275(16)	0,00283	0,00288(16)
몽트뢰이(공산당)	0,00330(12)	0,00336	0,00372(11)	0,00387	0,00388(10)
낭떼르 (공산당)	0,00340(11)	0,00309	0,00298(14)	0,00318	0,00346(13)
느이이-쉬르-센느 (우익정당)	0,00630(03)	0,00643	0,00659(03)	0,00690	0,00721(02)
생드니 (공산당)	0.00400(09)	0,00422	0,00432(08)	0,00428	0,00422(09)
생-모르-데-포스 (우익정당)	0,00292(15)	0,00298	0,00279(15)	0,00285	0,00295(15)
벵센느(우익정당)	0,00415(08)	0,00423	0,00421(09)	0,00427	0,00432(08)
비트리-쉬르-센느 (공산당)	0,00307(13)	0,00339	0,00329(12)	0,00352	0,00362(12)
파리	0,00740(02)	0,00750	0,00771(01)	0,00782	0,00797(01)

이 표에서 알 수 있는 중요한 사실 중 하나는 1961년에 불로뉴의 주민 1,000명당 상띰 가치는 센느 도의 16개 꼬뮌과 파리 중에서 제 1위를 차지하고 있다. 그것은 1965년에도 여전히 3위를 차지하였을 정도로 파리나 느이이-쉬르-센느와 같은 부유한 도시들에 가깝다. 이것은

불로뉴가 수입과 관련하여 센느 도의 어떤 다른 좌익 꼬뮌들보다도 더 큰 징세 가능한 부를 보유하고 있음을 말해 주는 것이다.

또 부채의 규모는 조세 수입 크기의 적절성을 평가할 수 있는 또 다른 한 요소이다. 센느 도의 경제동향 보고서는 유사한 행정적 여건 속에 처해 있지만 정치색이 상이한 센느 도의 8개 꼬뮌의 주민 일인당 부채 규모에 대해 상당한 시사점을 보여주고 있다.

〈표 8〉 1946년에서 1960년 사이 센느 도의 8개 꼬뮌의 주민 일인당 부채 규모의 변화

(단위 1960년의 불변 프랑)

꼬뮌 (정치성향)	1946	1954	1960
불로뉴 (사회당)	300,4	110,4	120
생-드니 (공산당)	16,2	92,4	286
젠느빌리에 (공산당)	37,2	61,6	256
느이이 (우익정당)	10,1	21,4	54
비트리-쉬르-센느 (공산당)	17.0	44.8	97.0
부르-라-렌느(우익정당)	9.3		47.1
퐁드네-오-로즈 (우익정당)	24.1	118.1	84.2

출전: La conjoncture économique, pp. 755-757.

위의 표에 의하면 1946년에 불로뉴의 주민 일인당 부채는 센느 도에서 가장 높았다. 1960년이 되면 비록 그것이 느이이-쉬르-센느, 부르-라-헨느 그리고 퐁뜨네-오-로즈와 같은 부유한 도시들보다는 높았다 할지라도 노동자 도시인 생-드니와 젠느빌리에에 크게 못 미쳤다. 이것은 불로뉴의 부채 압박이 1946년과 1960년 사이에 공산주의 꼬뮌들만큼 그렇게 높지 않았음을 말해 주는 것이다. 1961년에서 1965년 사이에 주민 일인당 부채의 규모를 파악해 본다면, 우리는 부채압박의 정도를 더 잘 파악할 수 있을 것이다. 통계연보는 센느 도의 인구 5만 명 이상의 16개 꼬뮌과 파리의 주민 일인당 부채의 규모를 말해주고 있다.

〈표 9〉 센느 도의 인구 5만 명 이상의 16개 꼬뮌과 파리의 주민 일인당 부채 규모의 변화

(1961-1965)

꼬뮌(정치성향)	1961	1962	1963	1964	1965
아니에르(우익정당)	86(15)	84(15)	105(16)	160(14)	190(14)
오베르빌리에(공산당)	143(08)	180(08)	272(06)	390(04)	1424(01)
불로뉴(사회당)	103(13)	126(11)	139(12)	202(11)	204(13)
끌리쉬(사회당)	215(05)	215(06)	219(07)	246(09)	231(12)
꼴롱브(공산당)	99(14)	106(14)	165(09)	312(07)	341(06)
꾸르브브와(우익정당)	111(12)	117(13)	137(13)	178(13)	261(11)
드랑시(공산당)	134(09)	143(09)	151(10)	191(12)	264(10)
르발르와-뻬레(공산당)	7(17)	6(17)	6(17)	24(17)	23(17)
메종-알포르(우익정당)	129(10)	125(12)	119(14)	155(15)	163(16)
몽트뢰이(공산당)	416(01)	510(01)	610(01)	686(01)	685(02)
낭떼르(공산당)	172(07)	182(07)	207(08)	252(08)	282(08)
느이이(우익정당)	284(03)	288(03)	300(05)	329(06)	339(07)
생-드니(공산당)	289(02)	271(04)	314(04)	333(05)	377(05)
생-모르-데-포세(우익정당)	48(16)	57(16)	105(15)	106(16)	178(15)
벵센느 (우익정당)	180 (06)	271 (5)	341(03)	392(03)	430(04)
비트리-쉬르-센느 (공산당)	117 (11)	132 (10)	150(11)	218(10)	272(09)
파리	260 (04)	342 (02)	353(02)	437(02)	490(03)

1961년과 1965년 사이에 불로뉴시의 부채는 규모가 매우 적다. 불로뉴의 주민 일인당 부채는 1960년에 파리와 상기 16개 꼬뮌 중에서 13위를 차지하였고 그리고 1964년에는 11위를 하였다. 그것은 같은 시기에 아니에르, 꾸르브브와 그리고 생-모르-데-포세와 같은 부유한 도시들의 수준과 비슷할 정도로 낮은 수준에 머물렀다.

결국, 불로뉴에서는 부채율이 매우 낮았고 또한 징세가능한 부의 규모가 컸는데도 불구하고 제 2차세계대전 이후 불로뉴의 조세 수입 자체는 공공시설 및 공공 서비스의 수요를 충족시키기에 턱 없이 부족하였고, 그리하여 주민복지를 우선시했던 사회당의 강령을 실천하기에는 매우 부족했다는 사실은 극히 실망스러우며 모순된 사실이 아닐 수 없

다. 이 모순의 원인을 찾아내기 위해서 우리는 다시 불로뉴 꼬뮌의 상띰 결정의 내용과 방향에 대해서 좀 더 면밀하게 살펴보자.

불로뉴의 상띰의 비중과 운용 |

상띰은 프랑스에서 직접세의 중요한 부분을 차지한다. 여타 직접세[9]는 상대적으로 비중이 매우 적었다. 아주 예외적인 경우를 제외하고는 거의 모든 지방 자치단체가 상띰을 징수한다. 상띰의 액수는 한 꼬뮌의 납세자들에 의해 부담되는 직접세 부담금의 매우 유용한 지표이다. 꼬뮌의 재정 지출이 예정된 조세 수입을 초과하게 되면 그 차액은 상띰이나 차용액負債에 의해 메꾸어진다. 상띰의 수는 꼬뮌의 사회경제적 상황이나 인구 수를 고려하면서 시의회에 의해 결정된다.[10]

불로뉴의 상띰의 압력이 심한 지 혹은 약한 지를 검토하기 위해 1949년과 1965년 사이에 불로뉴의 총수입에 대비한 운영비 수입의 주요 항목의 발전을 다음 그래프에서 알 수 있다.

〈그래프 2〉 1949년과 1965년 사이에 불로뉴의 총수입에 대비한 운영비 수입의 주요 항목의 발전

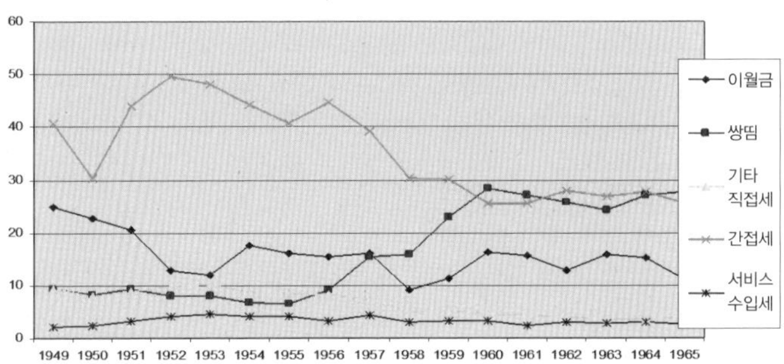

위의 그래프에 따르면 직접세 중에서 단지 상띰 항목이 총수입에 대비해 볼 때 그 비율이 증가한 반면 다른 직접세 항목들은 감소하거나 정체하였다. 1949년에서 1953년 사이에 시행정부 하에서 이월금과 간접세는 매우 비중이 컸다. 불로뉴 시행정부는 수입과 관련하여 일종의 무기력증을 보여주고 있다. 총수입에 대비한 상띰의 비율은 1954년과 1959년 사이에 급격히 증가하였다. 그 다음 시 행정부에서는 큰 변화를 보이지 않았다. 간접세 특히 지역세tax locale가 1960년까지 중요하였을 지라도 조세수입의 구조는 직접세 특히 상띰의 비중이 커지는 방향으로 발전하였다.

상띰에 대한 자치시 정책을 잘 평가하기 위해 위 그래프가 나타내는 바와 같이 우리는 상띰을 1949년과 1964년 사이에 간접세의 가장 큰 비중을 차지하였던 지역세taxe locale와 비교해 보자. 지역세는 1941년 법에 의해 제도화된 것으로 대규모로 소비되는 식료품을 제외한 모든 소매업을 대상으로 하는 간접세이다.

〈그래프 3〉 불로뉴에서 상띰과 지역세의 발전 1949–1964

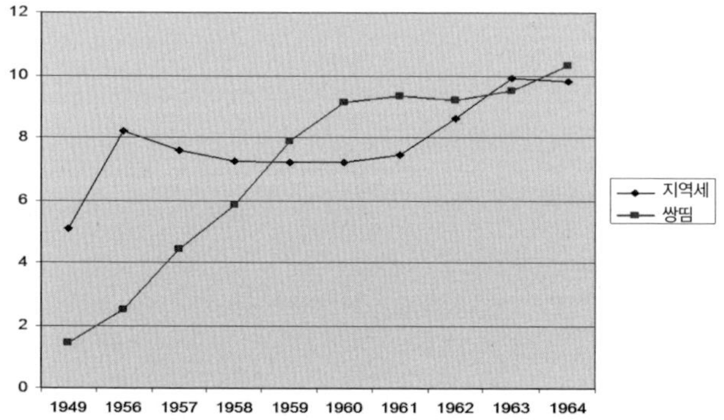

1950년대 초에 불로뉴의 상띰 징수액은 센느 도의 다른 꼬뮌들보다 훨씬 적었다. 1959년에 상띰수는 9,561이었고 그 총액은 780만 프랑이

었는데 이는 꼬뮌의 재정수입의 역사상 처음으로 직접세인 상띰이 간접세인 지역세를 초과한 것이다. 총 재정수입에서 상띰의 비율은 23%였다. 상띰 액수는 1959년에서 1962년 사이의 4년 만에 357%가 증가하였다. 이어서 1964년에 새로이 상띰의 부분은 지역세를 능가하였다. 1964년에 벨-퐈이 거리에 초급학교를 건설하기 위해 상띰이 1963년에 비해 16% 증가했다. 즉 투자 지출의 증가는 상띰의 증가의 주요한 요인인 것이다.

1963년과 1964년에 상업 활동의 퇴조에도 불구하고 불로뉴에서 상띰 징수액은 증가하였다. 이것은 상띰의 증가가 상업 활동과 공업 활동의 증가나 사회당의 강령 덕분이라기보다는 오히려 꼬뮌의 재정 지출 증가에 기인한다.

불로뉴의 상띰과 다른 꼬뮌들의 상띰을 비교해보면 상띰의 비중을 더 잘 파악할 수 있다.

〈그래프 4〉 4개 꼬뮌의 총수입에 대비한 상띰 수의 비율의 발전 1949- 1965

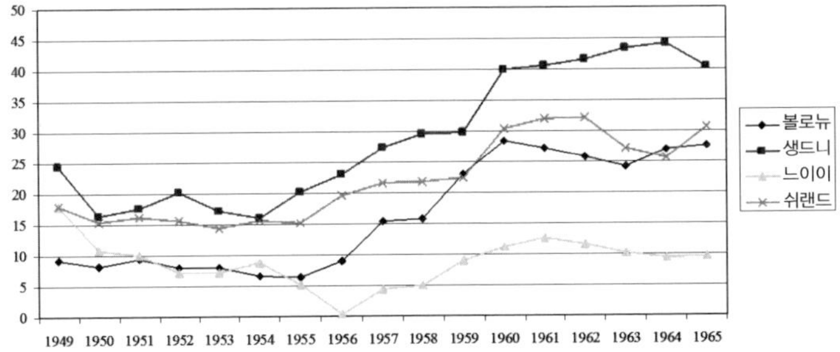

불로뉴의 총 수입에 대비한 상띰의 비율은 1956과 1960년 사이에 투자 지출의 증가 때문에 급격히 증가하였다.

그러나 1949년과 1965년 사이에 불로뉴의 상띰 징수에 따른 압박은 다른 꼬뮌들, 즉 생드니, 쉬렌느 등과 비교해 볼 때 그리 부담스럽지 않았다. 사회당이 집권한 불로뉴로서 이러한 구체적인 증거는 무엇을 뜻하는 것일까?

우리가 비교의 기준으로 퍼센트 대신에 주민 일인당 상띰을 이용한다면 우리는 더욱 유용한 결과를 얻을 수 있다. 통계연보는 불로뉴의 상띰 액수가 가장 증가하였던 시기인 1961년과 1965년 사이에 센느 도의 80개 꼬뮌의 상띰 수치를 마찬가지로 제공하고 있다. 보다 효과적인 비교를 위해서 우리는 다음 표에서 알 수 있듯이 시행정부의 정치성향이 상이하고 인구 5만 명 이상의 주민수를 가진 16개 꼬뮌의 상띰 액수를 비교 검토한다.

〈표 10〉 1961년과 1965년 사이에 파리와 센느 도의 인구 5만 이상 16개 꼬뮌의 상띰액수의 변화

꼬뮌 (정치성향)	인구(1962)	1961	1962	1963	1964	1965
아니에르 (우익정당)	82 201	86(09)	88(12)	94(10)	95(12)	109(13)
오베르빌리에 (공산당)	70 836	149(03)	161(03)	187(03)	214(03)	246(02)
불로뉴(사회당)	107 074	86(10)	89 (10)	83(13)	96(11)	115(11)
끌리쉬 (사회당)	56 495	173(02)	169(02)	183(04)	186(05)	189(05)
꼴롱브 (공산당)	77 090	101(08)	124(06)	123(06)	139(06)	170(06)
꾸르브브와 (우익정당)	59 941	102(07)	105(08)	107(08)	116(08)	128(09)
드랑시 (공산당)	65 940	107(06)	116(07)	118(07)	126(07)	140(07)
르발르와-뻬레(공산당)	61 962	79(12)	89(11)	91 (12)	89(14)	95(14)
메종-알포르 (우익정당)	51 689	62(15)	70(14)	82(14)	93(13)	125(10)
몽트뢰이 (공산당)	92 316	138(04)	151(04)	197(02)	222(02)	238(04)
낭떼르 (공산당)	83 258	82(11)	89(09)	101(09)	111(09)	133(08)
느이이 (우익정당)	73 315	55(16)	55(16)	53(16)	54(17)	55(17)
생-드니 (공산당)	95 072	178(01)	205(01)	241(01)	266(01)	307(01)
생-모르-데-포세 (우익정당)	70 681	62(14)	63(15)	68(15)	79(15)	83(15)
벵센느 (우익정당)	50 499	67(13)	82(13)	94(11)	109(09)	110(12)
비트리-쉬르-센느 (공산당)	67 373	122(05)	150(05)	165(05)	203(04)	243(03)
파리	2 811 171	44(17)	52(17)	47(17)	59(16)	63(16)

불로뉴 시의 주민 일인당 상띰 징수액은, 주민 일인당 상띰의 가치가 위에서 언급된 16개 꼬뮌과 파리 중에서 가장 높았을지라도 1961년과 1965년 사이에 공산주의 꼬뮌들의 상띰 징수액보다는 더 적었다. 불로뉴의 상띰 수준은 아니에르, 느이이-쉬르-센느, 생-모르-데 포세, 벵센느와 같은 부유한 꼬뮌들과 수도인 파리의 상띰 수준에 가까웠다. 결국 불로뉴는 징세가능한 부가 다른 꼬뮌들에 비해 압도적으로 많았고 르노자동차라는 대 기업이 소재한 도시였음에도 불구하고 불로뉴의 시행정부는 직접세인 상띰의 징수에 매우 소극적인 자세를 취했으며 그 결과 시의 재정 수입은 매우 낮은 수준에 머물러 있었던 것이다.

불로뉴의 사회주의 정책과 영업세 |

상띰에 속한 4개 납부금의 가장 주된 납세층이 누구인지를 조사해 보면[11] 영업세의 납세 대상자는 대기업가, 또는 중·소기업가, 수공업자, 대·소상인, 자유직업인 등이다.[12] 한편 건물 지세와 나대지 지세의 경우 납세자는 당연히 소유주들로서 부유층에 해당된다. 동산세는 집주인과 세입자가 모두 납세자이기 때문에 앞의 두 경우보다 하층민에 불리하였다.

〈그래프 5〉 불로뉴의 영업세와 상띰의 발전, 1949–1964

(1964년 불변 프랑으로 환산)

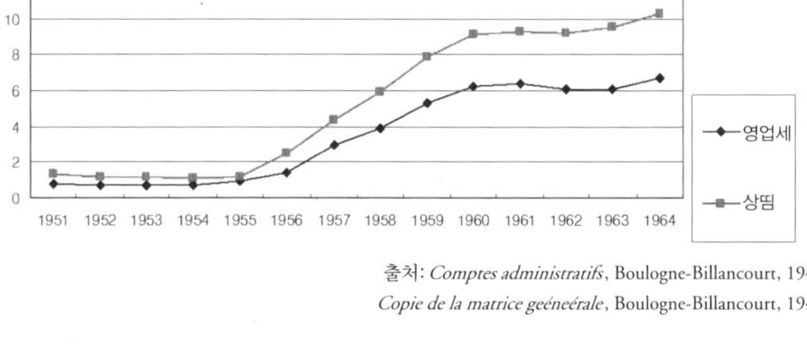

출처: *Comptes administratifs*, Boulogne-Billancourt, 1949-1964. *Copie de la matrice geéneérale*, Boulogne-Billancourt, 1949-1964.

상띰을 구성하는 4가지 세금 중에서 일반적으로 가장 큰 비중을 차지하는 것으로 여겨졌던 영업세가 불로뉴의 상띰에서 실제로 어느 정도의 비중을 차지하는 지를 파악해 보자.

불로뉴의 영업세는, <그래프 5>에서 알 수 있듯이, 상띰과 마찬가지로 1955년까지 매우 낮은 수준에서 별다른 변화를 보이지 않았다. 이것이 영업세에 대한 불로뉴 납세자들 특히 상인 및 수공업자의 저항이 상대적으로 미약하였던 이유이다.[13] 영업세는 1956에서 1960년 사이에 상띰과 마찬가지로 상당히 빠른 속도로 증가하다가 1961년 이후 커다란 변화를 보이지 않고 있다. 이것은 영업세가 상띰의 대부분을 차지하면서 상띰의 발전을 주도하였음을 말해주는 것이다. 따라서 영업세의 분석만으로도 시행정부의 상띰 정책을 가늠할 수 있을 것이다.

1956년 이후 영업세가 빠른 속도로 증가했다면 불로뉴의 영업세의 부담은 과중했는가? 불로뉴의 영업세와 인구가 불로뉴1964년 주민수 107,074명의 절반에 불과하였던 가난한 공산주의 꼬뮌인 젠느빌리에1962년 주민수 49,000명 영업세 규모와 비교해 보자.

〈그래프 6〉 불로뉴와 젠느빌리에의 영업세의 변화, 1949–1964

(1964년 불변 프랑으로 환산)

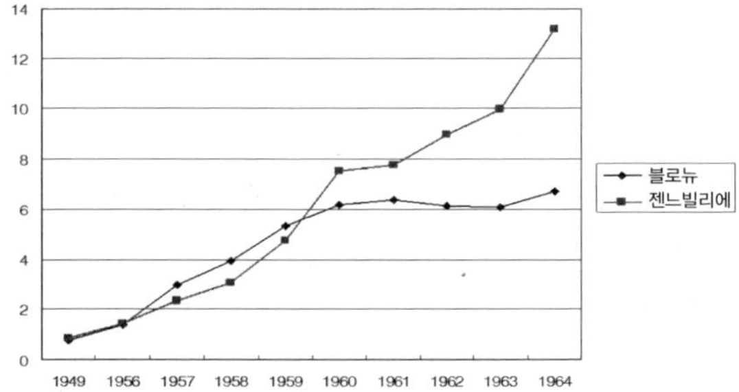

<그래프 6>에서 알 수 있듯이, 1956년까지 불로뉴와 젠느빌리에의 영업세 수준은 유사하게 낮은 수준에 머물렀다. 불로뉴의 영업세 징수

액은 1949과 1959년 사이에 젠느빌리에의 그것과 유사한 속도로 증가하였다. 그렇지만 1960년 이후 젠느빌리에의 영업세는 불로뉴의 영업세를 크게 능가하고 있다.

불로뉴의 영업세는 1964년 불변 프랑으로 환산하여 볼 때 1956년 137만 프랑에서 1964년에 762만 프랑으로 4.9배 증가하였다. 이에 비해 불로뉴 인구의 절반에 불과한 가난한 노동자도시인 젠느빌리에의 영업세는 같은 기간에 9배나 증가하였다. 이점을 고려한다면 불로뉴의 영업세 수준은 빠른 속도로 증가하였지만 르노와 같은 대기업이 없는 가난한 노동자 도시인 젠느빌리에와 비교할 때 상대적으로 상당히 낮았다. 그러므로 불로뉴 시행정부는 꼬뮌의 높은 과세 가능한 부의 수준을 고려하면서 영업세를 대폭 증액시켰어야만 했지만 실제로는 그러지 않았던 것이다. 특히 젠느빌리에가 영업세의 대폭 증액을 통해 서민주택과 학교를 건축하기 위해 부지매입에 상당한 금액[14]을 투자한데 비해 불로뉴의 이른바 사회주의 시행정부는 1955년과 1965년 사이에 불과 371채의 서민주택만을 지었는데, 이는 프랑스 전체 서민주택 비율에 크게 못 미치는 것이다. 또한 전술한 바와 같이 불로뉴의 유치원 및 초등학교도 1965년 현재 여전히 과밀학급에서 벗어나지 못하였던 것이다.

영업세의 크기가 각종 시설물을 위한 투자지출의 수요에 크게 못 미쳤다면, 영업세의 구조는 납세자간 부담의 균등화라는 목적에 기여하였는가? 1957년 1월 1일부터 적용된 영업세의 개혁은 알사스와 로렌지방에서 1945년 이래로 시행되어 오던 방식을 모든 도에 확대 적용하는데 있었다. 이 개혁의 목적은 대 기업가와 대 상인의 부담을 증가시키고 중·소 기업가, 수공업자, 소상인 등 소득이 상대적으로 적은 층의 부담을 경감시키자는 것이었다. 이러한 목적이 달성되었는지를 검토하기 위해 사회직업별 영업세 분포의 변화를 살펴보자.

〈표 12〉 불로뉴의 활동인구 분포와 사회직업별 영업세 분포의 변화

(단위: 1,000프랑, 1964년 불변 프랑으로 환산)

연도	1952			1964		
구분	인구	영업세	영업세 비율	인구	영업세	영업세 비율
기업가와 대상인	497	441	61%	521	3763	56%
수공업자와 소상인	4582	130	18%	3997	1411	21%
자유직업인	2981	108	15%	5698	1276	19%
기타	1055	43	6%	1337	268	4%
활동인구 전체	52439			56323		
총인구 및 영업세 총액	93998	722	100%	107074	6718	100%

<표 12>에 따르면 1952년에서 1964년 사이에 기업가[15]와 대상인의 영업세 부담은 5% 감소하였다. 기업가와 대상인의 수적 증가를 고려한다면 개별 기업가 및 대 상인의 평균 부담은 더 크게 감소하였다. 이와 같은 감소는 르노 자동차가 부담하는 몫이 늘어난 데도 기인한다. 꼬뮌의 전체 영업세 중에서 르노자동차회사가 납부한 영업세액은 1954년에 127,000프랑17,6%에서 1964년에는 1,528,000 프랑22,7%로 증가하였다. 물론 르노가 부담하는 비율의 증가는 다른 중·소기업가들의 부담을 줄이는데 기여한 것으로 보아야 할 것이다.

그렇다면 이와 같은 르노의 기여가 다른 납세자층의 부담도 줄였는가? 1952년에서 1964년 사이에 수공업자 및 소상인이 부담하는 영업세 비율은 3% 증가하였다. 그렇지만 수공업자 및 소상인의 수가 감소한 것을 고려하면 이들 개개인의 평균 영업세 부담은 더 늘어났다고 볼 수 있다. 의사, 변호사 등의 자유직업인 전체의 영업세부담은 같은 시기에 4%로 증가하였으나, 이들의 인구가 크게 증가했음을 고려한다면 자유직업인 개개인의 평균 부담은 어느 정도 감소하였다고 볼 수 있다. 이와 같은 개별 수공업자 및 소상인의 부담 가중은 시 행정부가 대 기업이나 대 상인들의 부담을 과감하게 증가시키지 못했음을 말해 주고

있다. 특히 르노의 영업세 납부액은 중·소기업가와 자유직업인의 수입을 다소 경감시키기도 하였으나, 르노가 도와 꼬뮌에 납부하는 전체 지방세[16]에 비교해 볼 때 상당히 적은 수준이었다. 결국 불로뉴에서는 영업세 부담의 분포 변화는 대 기업가 및 대 상인의 부담을 증대시키고 수공업자 및 소상인의 부담을 경감시키려는 국가의 영업세 개혁 목적이 기대에 크게 못 미쳤음을 말해주는 것이다.

사실 납세자들 사이의 영업세 분포의 변화는 그 납세자가 아닌 하층민들의 부담을 직접 가중시키거나 경감시킬 수는 없다. 그렇지만 영업세 액수의 증가는 꼬뮌의 조세수입을 증대시킬 수 있는 가장 중요한 요소이다. 조세수입의 크기가 증가할 경우 이는 하층민을 위한 과감한 시설 투자나 복지비의 커다란 증액을 도모할 수 있는 것이다. 그런데도 왜 사회주의 시행정부가 조세부담능력이 큰 르노 공단과 같은 대기업들에 대한 영업세 징수액을 크게 증가시키지 않았는가?

〈표 13〉 불로뉴의 시의회 선거에서 각 정당의 선거리스트가 1차 투표에서 얻은 득표수

선거리스트	1947	1953	1959	1965
사회당	6 119	11 395	13 177	14 812
공산당	14 279	13 197	12 792	
중도파				15 199
우익 드골주의당	12 246	11 239	12 497	12 233

1947년 이래로 1965년까지 불로뉴의 시행정부를 장악한 사회당 소속 선거 리스트는, <표 13>에서 알 수 있듯이, 시 의회 선거의 1차 투표에서 공산당이나 우익의 드골주의 정당에 비해 유사한 득표를 하는데 그쳤다. 그런데도 지속적으로 집권할 수 있었던 것은 2차 결선 투표에서 공산당과 드골정당이 서로 집권을 막기 위해 사회당을 지지하는 투표를 하였기 때문이다.[17] 이와 같은 꼬뮌의 정치적 상황 때문에 사회

주의 시 행정부는 노동자 계층의 눈치를 덜 보게 되었다. 게다가 불로뉴 시장인 알퐁스 르 갈로Alphonse Le Gallo, 재임기간 :1947-1965에 의해 주도되는 이른바 사회당 소속 정권은 부유층에 유리하게 전개된 주민의 사회직업 분포의 변화[18]에 의해 영향을 받았다. 이러한 변수는 시 행정부로 하여금 특히 1959년 이후 노동자 계층을 위한 과감한 재정지출과 그에 필요한 상띰이나 영업세의 과감한 증액을 가로막는 효과를 초래하였다. 이러한 정치적 변수는 시 행정부로 하여금 꼬뮌의 재정지출에 대한 수요가 매우 컸음을 제대로 깨닫지 못하게 만들었다. 이로 인해 집권 사회주의 세력은 비록 사회당에 소속되어 있었다 할지라도 영업세를 과감하게 증가시키기 위한 적극적인 조세정책을 추진하는데 소극적이었던 것이다. 그 결과 하층민들을 위한 투자 및 서비스 지출의 증대를 통한 사회적 격차 해소는 요원한 과제가 되고 말았다.

<6-6> 르노자동차가 있던 불로뉴의 남부 지역에 민간업자들이 지은 고급 주택[19]

결국, 영업세 징수액이 적었던 것은 또한 사회당 소속 시장이 주도하는 불로뉴 시 행정부가 정책 시행 능력에 커다란 한계를 지녔고, 특히 대 기업에 대한 과세정책에서 실질적인 영향력을 행사하지 못했음을 말해준다. 불로뉴의 시 행정부는 꼬뮌의 과세가능한 부의 수준, 낮은 수준의 부채 그리고 상대적으로 미약한 상띰 수준을 고려하지 않고, 상띰의 증가율에 대해 늘 걱정만 하였다. 이 때문에 시행정부는 상띰 증액을 위한 과감한 정책을 제대로 추진하지 못하였다. 이것은 특히 1960년 이후 상띰을 과감히 증대시킨 센느 도의 여타 공산주의 꼬뮌들과 비교해 볼 때 더욱 분명히 드러난다.

1949과 1964년 사이에 불로뉴에서 도시기반시설, 주택, 학교 등 각종 시설이 크게 부족하였다. 이로 인해 수입에 대한 수요가 실제 거둬들인 수입보다 훨씬 더 컸다. 실제 수입은 르노 자동차회사에서 나오는 수입의 기여에도 불구하고 공산주의 꼬뮌인 생-드니와 젠느빌리에의 수입의 규모보다도 훨씬 적었다. 이처럼 꼬뮌의 조세수입이 적었던 이유는 직접세의 대부분을 차지하는 상띰의 수준이 낮았기 때문이다. 꼬뮌의 과세가능한 부의 수준과 낮은 부채 수준을 고려한다면 불로뉴의 시행정부는 공산주의 꼬뮌들보다는 상띰을 더 많이 증가시킬 수 있는 여력이 있었으나, 실제는 그러지 않았다. 국가가 추진한 영업세의 개혁도 불로뉴에서는 부분적으로만 효과를 보았던 것이다. 물론 르노가 납부하는 영업세가 중·소기업가 및 자유직업인과 같은 여타 영업세 납세자의 부담을 줄이기도 했으나, 그 규모가 적었기 때문에 르노의 기여도는 미미한 수준에 머물렀다. 게다가 꼬뮌의 총수입 규모가 적었기 때문에 불로뉴의 사회주의 시행정부는 하층민을 위한 과감한 재정지출을 하지 못하였다. 이것은 사회주의 시행정부의 조세수입 정책이 소극적이었음을 말해주는 것이다.

불로뉴의 사회당은 공산당과 우익의 드골주의 정당이 상호 견제하는 가운데 우연적으로 반사이익을 얻게 되어 1965년까지 지속적으로 집권할 수 있었다. 이와 같은 정치구조 탓으로 사회당은 실질적인 강력한 조세정책을 제대로 펴 나갈 수 없었다. 또한 주민들의 사회직업적 구성의 변화, 사회주의 성향의 유권자의 감소 등이 꼬뮌의 수입의 크기 및 구조에서 획기적인 변화를 가로막았던 점도 같이 작용하였다. 이외에도 알랭 쉬바트가 지적하고 있듯이 시 행정부의 소극적인 관행이나 제한된 능력이 꼬뮌의 수입의 크기와 구조에도 큰 장애요인이 되었다. 불로뉴의 사회주의 시 행정부가 프랑스 최대의 거대 기업인 르노 자동차 회사를 보유했음에도 불구하고 직접세입을 충분히 확보하지 못함으로서 불로뉴 시민들을 위한 사회주의적 사회정책에 대한 기대는 단지 환상으로 끝나고 말았다. 그 결과 노동자를 포함한 하층민들은 불로뉴에서 밀려나게 되고, 대신 부유층들이 대거 유입되어 불로뉴는 부유층의 꼬뮌으로 변질되었다. 이러한 주민 구성의 변화로 1968년에 중도파가 집권하고, 이어서 1975년에 우익이 집권한 이후 지금까지 사회당은 불로뉴 시에 발도 못 붙이고 있다. 이러한 변화는 사실상 2017년 대선과 총선에서 사회당이 몰락하게 되는 전주곡이 되고 있다고 해도 과언이 아니다.

제7장 스페인

몬드라곤 기업의 이상과 현실

황보영조(경북대학교 사학과 교수)

협동조합기업 몬드라곤

진정으로 민주적인 기업이 지구촌에 몇 개나 있을까? 아마 극소수일 것이다. 그 가운데 하나가 몬드라곤협동조합기업Mondragon Corporación Cooperativa이다.[1]

몬드라곤협동조합기업은 256개 사업체로 이루어진 그룹이다. 이 사업체들이 전 세계에 걸쳐 분포되어 있다. 이들 가운데 110개 사업체가 협동조합이다. 이 몬드라곤 그룹은 금융, 제조, 소매, 지식의 4대 분야에서 활발한 기업 활동을 벌이고 있다.[2] 그룹 본사는 스페인 북부 바스크 지방의 심장부에 해당하는 몬드라곤에 있다. 몬드라곤이 바스크 협동조합 운동의 요람으로 알려지게 되는 이유가 여기에 있다.

협동조합 운동의 시작은 호세 마리아 아리스멘디아리에타 신부이하에서는 아리스멘디가 이곳에 부임한 1941년으로 거슬러 올라간다. 아리스멘디는 스페인 내전1936~1939년의 상흔을 고스란히 안고 있는 몬드라곤을 치유하고 지역 경제를 살리는 일에 뛰어들었다. 그 가운데 대표적인 활동이 청소년 교육 사업이었다. 그는 1943년에 기술전문학교를 설립하고 학생들을 가르치기 시작했다. 졸업한 제자들과 학회를 만들고 그들과 더불어 노동과 자본의 갈등, 사기업 개혁, 자주관리, 노동자 소유권 문제를 토론하기도 했다. 그러는 가운데 노동자들의 기업 소유권 참여 문제에 관심을 가진 제자들이 생겨났고, 실제로 그들 가운데 일부가 그런 회사를 만들기에 이르렀다. 1956년에 설립된 몬드라곤 최초의 협동조합기업 울고르Ulgor가 바로 그것이다.[3] 이 울고르가 훗날 파고르가전Fagor Electrodomésticos, 이하에서는 파고르으로 발전하게 된다.

이렇게 울고르로 첫 삽을 뜬 몬드라곤 협동조합 경험[4]이 2011년 현재 종업원 8만5천여 명을 거느린 몬드라곤 그룹으로 발전했다. 바스크 지역에서 제일 큰 기업이자 스페인에서 일곱 번째로 큰 기업이 되었다.

몬드라곤협동조합기업의 독특성은 산하 협동조합들이 채택한 기본원칙에 있다. 협동조합 경영모델의 토대를 이루는 기본원칙은 가입의 자유, 조직의 민주화, 노동 주권, 도구적이고 종속적인 자본, 경영 참여, 급여 연대, 상호 협력, 사회개조, 보편성, 교육이다.[5] 이러한 기본원칙은 민주적 의사결정과 노동자 소유권을 잘 구현해낸 성공 사례로서 자본주의 질서의 대안을 모색하는 사람들에게 영감을 불어넣어 주고 민주적인 사회주의 경제를 모색하는 데 좋은 시사점을 제공해주고 있다.[6] 연구자들은 물론이고 운동가들이 이 기업에 관심을 갖는 이유가 바로 여기에 있다.

<7-1> 몬드라곤 기업의 로고

하지만 이러한 기본원칙이 과연 모든 사업체와 모든 노동자들에게 예외 없이 적용되었을까? 실제 현실은 어떠했을까? 이 글의 목적은 몬드라곤협동조합기업에 나타난 이상과 현실의 갈등을 들여다보는 데 있다. 이러한 갈등을 잘 보여준 사건이 바로 1974년에 일어난 울고르 공장의 파업이고 2013년에 발생한 파고르의 파산이다. 이제 이 사건들의 전말을 차례로 살펴보자.

제도적 결함과 울고르 파업

1974년 울고르 공장의 파업은 새로운 직무 평가가 발단이 되어 일어났다.[7] 임금비율을 확정하는 데 필요한 직무 평가 제도는 1965년에 마련되었다. 하지만 체계가 통일되어 있지 않았다. 생산직과 사무직, 관리직을 위한 체계가 각각 별도로 있었고, 몬드라곤협동조합 그룹 울라르코[8] 내의 개별 협동조합마다 서로 다른 방법을 취하고 있었다. 급여체계는 사기업에서 뿐만 아니라 협동조합 기업에서도 매우 민감한 사안이어서 그와 관련된 직무 비율에 대해서는 물론이고 협동조합들 간의 형평성에 대해서도 불만이 늘어나고 있었다.[9] 이에 울라르코 경영진이 새로운 직무평가 프로그램을 마련하기에 이르렀다.

프로그램 개발 계획 입안자들은 협동조합이 지향하는 평등의 원칙에 따라 울라르코를 구성하고 있는 5개 협동조합코프레시, 에데를란, 파고르전기, 파고르공업, 울고르의 2,883개 직무에 적용할 표준 체계를 만들기로 하고 각 협동조합에 직무평가위원회를 설치했으며 울라르코에는 중앙직무평가위원회를 마련했다. 평가는 직무 평가와 직무 담당자 평가로 진행되었다. 직무 평가는 특정 직무에 요구되는 지식, 경험, 노력, 책임, 고통에 근거하여 이루어졌고, 직무 담당자 평가는 상관에 의해 이루어졌다. 상관은 근무평정을 통해 근로자의 임금을 최대 15퍼센트까지 인상해줄 수 있었다.

1974년에 발표된 직무 평가 결과는 코프레시 회사를 제외하고 대체로 종전보다 높게 평가되었다. 파고르공업은 심지어 92퍼센트가 높게 평가되었다. 종전보다 낮게 평가된 경우는 울고르가 22퍼센트로 제일 심했고 코프레시와 에데를란이 각각 18퍼센트와 14퍼센트로 그 뒤를 이었다.[10]

마침내 위원회의 최종보고서가 공개되자 재평가를 요구하고 그것을 관철시키려는 시위가 일어났다. 재평가 요구는 1,022건에 달했는데 그 가운데 20퍼센트 이상에 해당하는 212건의 평가 결과가 수정되었다. 시위대는 보수 차등과 근무평정의 폐지를 요구하기까지 했다. 그것이 몬드라곤의 기본 원칙인 평등의 원칙에 위배된다는 이유에서였다.[11]

불만이 확산되면서 울고르 공장 내부에서는 파업을 해야 한다는 집단이 생겨났다. 이에 6월 19일 울고르 이사장은 내부 문제로 파업을 일으키는 것은 협동조합 규정[12]을 위반하는 것이며, 따라서 파업 가담자는 해고 처분을 받게 된다는 경고를 했다. 6월 20일 냉장고 생산 공장에서 파업 주동자들이 이사회 면담을 요청했지만 이사회는 그들의 대표성을 인정하지 않았고 공식 절차를 밟아 불만을 제기하라며 그 요청을 거절했다. 공식 절차를 밟으라는 얘기는 조합평의회를 통해 불만을 제기하라는 얘기였다.

조합평의회에 기대를 걸지 못한 파업 주동자들은 6월 27일 오후에 파업에 들어갔다. 파업에 가담한 인원은 414명이었다. 이사회는 미리 경고한 대로 파업 주동자 17명을 즉시 해고하고, 나머지 397명에게는 벌금을 부과했다. 파업 주동자들은 파업 가담자의 신변보장을 요구하며 파업을 계속 수행하고자 했지만 그들을 제외한 나머지 노동자들이 7월 4일에 작업에 복귀하자 그마저 무산되고 말았다. 이로써 파업은 일단락되었지만 그 후유증은 쉽게 가라앉지 않았다. 이것이 몬드라곤 기업 역사상 처음 일어난 파업이다.

직무 평가에 대한 불만으로 파업을 시작했다지만 노동자 소유의 기업에서 그리고 인간적이고 민주적인 가치를 중시하는 협동조합에서 파업에 호소해 불만을 해결하려 했다는 점은 선뜻 납득이 가지 않는다. 다른 까닭은 없었을까?

이 파업을 연구한 구티에레스 존슨과 화이트 부부는 그 주요 원인을 울고르의 급속한 성장과 그에 따른 제도적 결함에서 찾았다. 1956년 종업원 24명으로 출발한 울고르는 1974년 현재 3,284명에 이르기까지 성장에 성장을 거듭했다. 특히 1968년 한 해에만 800명을 신규 채용했고, 1969년에는 230명을 더 채용했다. 2년 사이에 1,030명을 채용해 종업원 수가 1967년에 비해 배로 늘었다.[13]

<7-2> 초창기 울고르 협동조합

이렇듯 초고속 성장을 한 울고르는 화이트 부부가 주장한 대로 다음과 같은 문제점을 안게 되었을 것이다.[14] 첫째는 조합원들을 제대로 사회화하지 못했을 것이다. 종업원들이 폭발적으로 늘어나면서 협동조합의 기본 가치를 제대로 교육하기 어려웠을 테고 그에 따라 종업원들이 그 가치를 충분히 공유하지 못했을 것이다. 1966년에 협동조합 정신을 교육하기 위한 협동조합 공장 알레콥Alecop을 설립하기는 했지만 아마도 역부족이었을 것이다.[15] 둘째는 소통의 어려움이 있었다. 규모가 커지면서 소규모 조직에서나 가능한 비공식적인 대면관계를 유지하기가 어렵게 되었다. 게다가 경영진의 정책 결정에 영향을 미칠 조합평의회의 조합원 대표 비율 문제[16]와 자문기구에 불과한 조합평의회의 성격 문제[17]로 조합평의회는 위에서 아래로 소통이 일방적으로 진행될 뿐이고 아래로부터 위로 노동자들의 의사를 전달하는 채널이 되지는 못한다는 여론이 확산되었다. 이것이 경영진과 노동자 조합원 간의 소통에 장애 요인으로 작용했다. 울고르와 달리 코프레시에서는 직무 평가에서 직무의 42퍼센트가 등급이 변하지 않고 18퍼센트가 강등되었음에도 불구하고 아무도 파업에 가담하지 않았다. 여기에는 여러 가지 요인이 작용했겠지만 규모가 작았기 때문에 그랬을 수 있다. 규모가 작아서 경영진과 노동자들 사이에 소통이 원활했을 수 있다.[18]

그렇다면 초고속 성장과 대규모화 문제를 왜 합법적인 방식으로 해결하지 않았을까? 사실 몬드라곤 기업의 지도자들이 이 문제에 관심을 갖지 않았던 것이 아니다. 아리스멘디 신부를 비롯한 기업 설립자들은 원래 모든 조합원들이 서로 얼굴을 알고 이러저러한 문제들을 쉽게 조정할 수 있는 소규모 조직을 그들의 이상으로 삼았다.[19] 사업이 성장할 경우 방만하고 비능률적인 관료제의 폐단이 생겨나고 노동자와 경영자의 소통이 어려워지기 때문이다. 그들은 이런 문제를 피하기 위해 기업의 성장과 조직의 자치가 균형을 이루게 할 방안을 생각해냈다. 자회사 설립과 협동조합 그룹 설립이 그것이다. 그에 따라 1964년에 울라르코 그룹을 설립하고 새로운 생산라인을 개발해야 할 때가 되면 울고르의 자회사를 설립했다.

그들이 이런 노력을 경주했음에도 불구하고 울고르는 급속하게 팽창했다. 1985년에 협동조합 경영상의 문제점을 연구한 울라르코 연구단이 규모의 문제를 직접 언급하지 않은 이유가 아마도 여기에 있지 않을까 싶다.[20] 문제는 제도적 위기였다. 몬드라곤 기업을 연구한 미국 코넬대학 연구진은 파업자들이 현실적으로 존재하는 문제를 제기했다고 했다.[21] 바로 조합평의회의 결함이었다.

조합평의회는 부서나 과에서 선출하는 임기 2년의 대의원들로 구성되었고 대의원 총수가 50명을 넘지 않게 했다. 처음에는 조합원 10명당 1명 비율로 대의원을 선출했지만 규모가 커지면서 50명 이상에서 1명을 선출해야 했다. 조합평의회는 노조와 달리 경영진의 대항세력이 아니었다. 회사 내의 의사소통 과정을 폭넓게 해 협동조합을 하나로 만드는 데 도움을 주는 자문기구였다.[22] 게다가 이사회가 의장을 임명하기 때문에 조합평의회의 독립성에 한계가 있었으며 경영진을 상대로 협상권도 지니지 못했다. 파업 주동자들이 직무 평가에 대한 불만 사항을 조합평의회가 아니라 이사회와 나아가 파업에 직접 호소한 이유는

조합평의회의 구성과 성격에 나타난 이러한 문제점 때문이었다.[23]

그렇다면 왜 모든 조합원이 파업에 가담하지 않고 일부가 동참했을까? 게다가 1974년 11월 23일 개최된 해고자 문제를 다루기 위한 조합원총회에서 왜 조합원의 62퍼센트가 파업은 조합의 규칙을 위반한 것이라는 이사회의 주장을 지지하고 나섰을까? 노동자들 자신이 동료의 해고에 찬성표를 던진 것이다. 이는 그것이 단순히 제도적인 문제만이 아님을 암시해준다. 인식의 문제나 의식의 문제와 관련이 있을 수 있다.

이 문제를 따져보려면 파업 주동자들의 의식을 살펴봐야 할 것이다. 하지만 불행하게도 그들의 의식을 들여다볼 자료가 거의 없다. 개인 정보 보호 차원에서 다루지 않은 것인지 그들에 관한 정보가 그 어디에도 없다. 다만 해고자들의 3분의 2가 여성이었고 파업에서 여성들이 중요한 역할을 했다는 분석이 있을 뿐이다.[24] 모리슨은 숙련도가 낮은 저임금 직무에 종사하는 여성들이 직무 평가의 영향을 직접적으로 받았기 때문이라고 그 이유를 설명했다. 카스미르는 여기에 매우 색다른 이유를 덧붙였다. 여성 파업자들 상당수가 마르크스주의 비밀강연에 참석한 적이 있다는 것이다. 그 강연의 연사는 몬드라곤에 잠깐 거주한 경제전문가였다. 그들은 몬드라곤의 한 아파트에서 비밀리에 만났다. 강연 참석자들은 협동조합 내의 불평등을 이해할 계급적 분석틀을 배우고 특권적이고 강력한 협동조합 기술관료 계급을 분석할 이론적 도구를 개발했다. 그들 가운데 일부는 나아가 마오쩌둥 사상의 영향을 받은 스페인공산주의운동MCE[25]에 참여하기도 했다. 카스미르는 당시 모임을 주도한 지도자와의 면담을 통해 이러한 사실을 알아냈다.[26] 이는 파업이 정치적 분위기의 영향을 받았음을 짐작하게 해주는 중요한 단서가 된다.

당시 몬드라곤의 정치적 분위기는 바스크의 그것과 유사했다. 내전에 뒤이은 프랑코 정권의 정치적 억압으로 거의 해체되다시피 한 바스크 지역 노동자들이 1960년대 중반 들어 프롤레타리아 계급의식과 바스크인의 정체성을 갖기 시작했다. 노동운동과 민족주의 운동이 전개되기 시작한 것이다.

1959년에 기업과 노사관계에 합리적 자본주의 정책을 도입한 경제안정화 정책으로 바스크 지역에는 물론이고 스페인 전역에 프롤레타리아화가 대규모로 진행되었다. 그에 따라 노동계급의 호전성이 증대하자 프랑코 정권은 노동자들의 단체교섭을 허용하지 않을 수 없었다. 1965년에는 형법을 개정하고 임금과 계약 등 경제적 문제를 둘러싼 파업을 합법화했다. 1967년에 이를 다시 불법화했지만 그때는 이미 새로운 노동운동이 궤도에 오른 뒤였다.[27] 스페인공산당PCE 산하의 노동자위원회CCOO가 스페인 전역에서 노동운동의 전위대 역할을 했다. 공산당이 강하지 않던 바스크에서는 바스크 분리주의 단체 에타ETA가 노동자위원회의 발전에 추진력을 제공했다. 바스크에서는 이처럼 노동자들의 의식 계발과 노동자 단체의 재조직이 에타와 관련된 정치문화 운동과 나란히 전개되었다.[28] 따라서 바스크의 정치 분위기를 이해하기 위해서는 에타의 움직임을 살펴보아야 한다.

빌바오 소재 데우스토대학교 학생들이 1950년대에 설립한 바스크 민족단체 에킨Ekin에 연원을 둔 에타는 1959년에 단체 이름을 바스크 조국과 자유를 의미하는 에타로 바꾸고 바스크민족당PNV의 민족주의와 차별성을 부각시키면서 출범했다. 그들은 맹목적 민족주의를 비난하고 자신들의 사회경제적 지위를 바스크민족당 민족주의자들의 보수주의와 구별했다. 나아가 "혁명가"를 자처하고 행동주의를 강조했다. 그들은 바스크의 평등주의를 지향한다면서도 자신들의 정체성이 마르크스주의는 아니라고 했다. 하지만 1963년 제2차 대회에서 "바스크 사회주의 승리"라는 구호를 사용하기 시작하더니 이듬해인 1964년에는 계획경제와 기간산업 국유화를 옹호하는 「바스크 지식인들에게 보내는 공개서한」을 간행하면서 마르크스주의로 기울기 시작했고, 1966년과 1967년 사이에 마르크스주의를 공식 이데올로기로 확립한 뒤 1967년 5차 대회에서는 자신들의 단체가 사회주의 단체라고 밝혔다.[29] 바스크 노동 계급을 바스크 민족해방의 주역으로 삼은 그들은 "민중적"이거나 "혁명적"인 바스크 중산 계급을 정치적 동맹세력으로 간주했다.

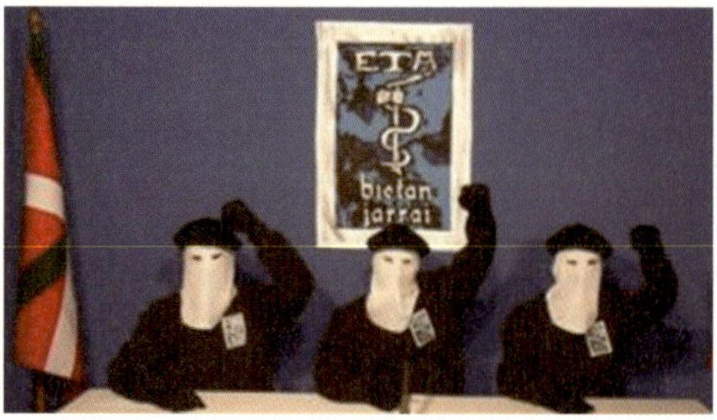

<7-3> 에타 요원들

하지만 5차 대회 이후 에타 내부에는 파벌이 생겨나기 시작했다. 1967년 정치선전국 소속 요원이 추방을 당하면서 에타-베리ETA-berri라는 이름의 단체를 만들고 에타 민족주의의 소부르주아적 성격과 계급성 약화 문제를 비난했다. 종족 민족주의는 노동 인민을 분열시킬 뿐이기 때문에 혁명적 투쟁의 초점을 계급에 두어야 한다며 에타-베리는 1971년에 스페인공산주의운동에 가입했다. 그리고 모든 민족주의를 단호하게 거부했다.[30] 이에 민족주의 입장을 견지한 기존 에타는 에타-베리를 "스페인파"라고 조소했다.

1968년 6차 대회에서 당내 다수파로 부상한 트로츠키파 또한 민족주의 세력을 경시하고 바스크 노동자들의 동맹세력은 바스크 중산계급이 아니라 스페인 노동자들이라고 주장했다. 1973년에 스페인 트로츠키 정당인 혁명적공산주의연맹LCR에 가입하고 제4 인터내셔널에도 참여한 이들 에타-섹스타ETA-sexta[31]도 "스페인파"라는 비난을 받았다.[32]

이처럼 에타-섹스타가 에타의 역사적 목적 및 바스크인들의 정서에서 멀어지자 5차 대회의 입장을 고수하는 에타-킨타ETA-quinta[33]는 민족주의를 지향하며 바스크 노동 계급과 중산 계급의 연대를 재확인했다.[34] 1974년에는 군사행동과 정치적 조처 사이에 어느 것을 선호하느냐에 따라 에타가 전자를 선호하는 에타밀리타르와 후자를 선호하는 에타폴리티코-밀리타르로 나뉘었다.[35] 오늘날 에타는 에타-킨타와 에타 밀리타르의 후손이다.

앞서 여성 파업자들이 마르크스주의 비밀강연에 참석하고 일부는 스페인공산주의운동에 가입하기도 했다고 했는데 그들이 에타-베리와 모종의 관련을 맺고 있었던 것으로 보인다.[36] 카스미르의 인터뷰에 응한 당시 파업 주동자 하이오네가 경영진이 자신들을 공산주의자들이자 스페인주의자라고 불렀다고 했는데[37] 이는 아마도 이러한 맥락에서일 것이다.

바스크 신흥 좌파인 에타가 파업 참가자들에게 미친 영향은 좀 더 오래된 것으로 보인다. 그들은 이미 1965년부터 몬드라곤협동조합 운동이 바스크를 배신하고 노동자 계급을 배신했다고 비난했다.[38] 그들은 협동조합 운동이 바스크의 범계급 운동과 민족주의 운동에 적절하지 않다고 생각했다. 이후 1970년대 들어 협동조합 운동을 비판한 주류는 마오쩌둥주의 혹은 중국 문화혁명의 물결의 영향을 받은 에타이다. 이들은 생산수단을 집단 소유로 하면 계급 적대감이 해소된다는 고전적 마르크스주의를 비판하고 생산수단이 집단 소유인 사회에서도 계급투쟁이 일어난다고 주장했다. 관료 계급이라 불리는 "새로운 계급"이 지배 집단이 된다는 이유에서였다.[39]

이러한 마오쩌둥주의의 영향을 받은 에타-베리는 1971년에 파업을 금한 협동조합 내규를 출간하고 협동조합 노동자들에게 "자신들을 조직할 적절한 행동계획을 세워보라"고 주문했다. 몇 개월 뒤에는 자본주의 생산양식에서는 노사가 협력할 가능성이 없으며 협동조합 기업이 점차 세계 시장에 진출하면서 계약노동자의 수를 늘리지 않을 수 없고 노동자-소유자가 "공장 내의 귀족"이 된다고 주장했다. 이러한 시장 주도의 환경에서는 노동자의 자주관리 가능성이 사라지고 그것이 새로운 기술관료 계급에게 넘어간다고 주장했다.[40]

1972년에는 협동조합 기업이 노동과 스포츠, 교육, 시청 등 몬드라곤의 공공 생활을 장악하고 있고, 그것이 노동자 계급의 이익을 위한 것이 아니라 "단순한 기업 실험"을 하고 있는 것에 불과하다고 에타는 비판했다.[41] 1973년에는 에타-섹스타가 한 팸플릿을 통해 민중들에게 조합평의회를 대신할 조직을 만들고 경영진에 맞서 투쟁을 전개하며 다른 기업체의 노동자들과 동맹할 것을 요구했다.[42] 파업이 일어나기 직전인 1974년 2월에는 아리스멘디와 협동조합 운동을 비난하는 글을 몬드라곤에 유포했다. 에타는 이 팸플릿에서 노동자의 행복을 증진하고 자본주의를 대체할 새로운 발전 모델을 수립한다는 협동조합 운동의 목적은 애초부터 실현 불가능한 것이었다고 했다. 노동자 계급이 자본주의와 부르주아 국가를 타도할 주역이라는 점을 부정했다는 사실을 그 이유로 내세웠다. 더 나아가 "협동조합 관료제도가 레니스 계곡의 부르주아 질서를 옹호하고 노동자 계급에 맞서 자본가의 소유를 옹호하고 있"고 아리스멘디를 비롯한 협동조합 지도자들이 그 관료라고 비난했다.[43]

아리스멘디에 따르면 몬드라곤협동조합을 비판하지 않은 에타는 에타-킨타가 유일했다.[44] 에타-킨타는 대중의 지지를 제일 많이 받던 분파였다. 에타-킨타는 오히려 1975년에 파업 참가자들을 비난하는 기사를 냈다. 그들이 중앙집권적인 스페인 정부 및 독점 자본에 맞서 싸우고 있는 협동조합 기업에 반기를 들었다는 것이다. 더 나아가 파업 주동자들의 해고를 지지하며 협동조합 경영진과 노동자의 연대에 박수를 보냈다. 그들은 협동조합 기업이 바스크의 경제적 자치와 민족주의 프로젝트를 대변한다고 보았다.

이러한 맥락에서 카스미르는 협동조합 기업의 고위직에 실제로 에타 요원들과 급진적 민족주의자들이 있었다며 몬드라곤 경영진의 민족주의적 입장을 강조했고 더 나아가 경영진에게만 초점을 맞춘 연구가 협동조합 운동을 지나치게 긍정적인 것으로 평가하게 만든다는 사실을 지적했다.[45] 그녀는 이를 뒷받침하기 위해 하이오네의 증언을 제시했다. 몬드라곤 경영진이 그들이 "바스크를 사랑하지 않고" "협동조합 체제를 파괴하려" 한다고 파업 참가자들을 비난했다는 내용이다.[46] 요컨대 파업 주동자들이 협동조합 기업의 민족적 순수성을 해치려 한 반면에 경영진은 그것을 지키려 했다는 것이다. 바스크 민족의 형성을 연구한 헤이베르크도 이 점을 강조한다. 그녀는 협동조합 기업이 바스크의 도덕 질서에 부합하기 때문에 그에 도전하는 것은 반바스크적이라고 주장했다. 그녀는 좀 더 직설적으로 "몬드라곤협동조합 기업이 정치적 영감과 이념적 응집력을 얻기 위해 언제나 바스크 민족주의에 기댔다"고 말했다.[47] 카스미르는 한걸음 더 나아가 그렇기 때문에 울고르 파업 이후 몬드라곤협동조합은 나머지 노동자 계급과의 연대에 관심을 표시하지 않았다고 정리했다.[48]

하지만 바스크 민족주의와 몬드라곤협동조합의 관계를 얘기할 때는 주의가 필요하다. 당시 몬드라곤 경영진들이 바스크 민족주의를 어떻게 생각했는지는 별도의 연구를 통해 따져보아야 할 사안이지만 아리스멘디 신부의 민족관이 흔히 얘기하는 그것과 매우 다르기 때문이다. 그는 바스크민족을 언어나 문화가 아니라 노동을 중심으로 정립했다. 바스크민족을 노동자공동체로 파악한 것이다. 사람들의 노동으로 바스크가 이루어지는 것이고 정신적이고 문화적인 가치도 이 노동을 중심으로 생겨난다고 보았다. 따라서 바스크 조국을 건설한다는 것이 그에게는 정치적 의미가 아니라 경제적 의미였다. 그것은 곧 인간 중심의 경제를 건설한다는 의미였다.[49] 아리스멘디의 지도력이 아직 약화되지 않은 1970년대 초에 경영진이 과연 그의 이러한 입장을 도외시했을까? 요컨대 몬드라곤협동조합 운동을 민족주의 운동의 일환으로 보는 시각에는 무리가 있다. 그것은 아리스멘디 특유의 민족관을 제대로 이해하지 못한 데서 비롯된 것이다.

아무튼 파업을 정리하는 데는 상당한 시간이 걸렸다. 그 해 11월 23일에 열린 임시조합원총회에서 해고 결정의 재고를 위한 투표가 진행되었다. 그 결과는 앞서 언급한 대로 부정적인 것으로 나왔다. 1977년 3월 26일에 열린 연례총회에서는 해고자를 구제하기 위한 청원이 제기되었다. 하지만 939명이 구제에 찬성한 반면에 61퍼센트에 달하는 1,505명이 그것에 반대했다. 해고자 복직 문제는 결국 이사회가 복직을 지지하면서 마무리 되었다. 1978년 4월 1일 연례총회에서 이사회가 해고자 복직 문제를 의제에 포함시켰고 67퍼센트에 달하는 1,587명이 복직에 찬성표를 던졌다. 이사회는 청원자들이 재심을 요구한 방식을 높이 샀다. 이사회가 요구한 합법적인 절차에 따라 재심을 청구했기 때문이다. 이로써 복직을 신청한 해고자들이 복직되었다. 파업이 발생한지 무려 4년만이었다.

이렇게 일단락 된 울고르 파업은 몇 가지 이유에서 매우 중요한 사건이었다. 첫째로, 조합원들과 일반 시민들이 협동조합 내부의 권력 관계와 조직의 변화에 관심을 보이기 시작했다. 에타-섹스타는 파업 주동자들이 해고된 직후에 그들을 해고한 이사회의 조처를 비난하는 성명을 냈다. 그들은 대규모 자본주의 기업을 타도하는 동력이 노동자 계급에 있는데 협동조합이 이를 부정하고 있다고 했다. 또한 진정한 노동자 자주관리를 이루려면 자본주의 질서와 완전히 결별할 필요가 있다고 보았다. 반면에 에타-킨타는 협동조합 운동에 대해 긍정적인 입장을 제시했다. 그들은 "몬드라곤협동조합 운동은 지난 15년 동안 세계에서 제일 규모가 커졌고 … 사회주의 국가들과 비교해볼 때 사회 계급 간의 차이도 최소화되었다"며 "레니스 계곡 협동조합 운동은 공상적 사회주의 가운데 가장 발전된 형태"라는 결론을 내렸다. 요컨대 에타-섹스타는 협동조합 운동을 자본주의 기업으로 보고 그것을 파괴해야 한다고 주장한 반면에 에타-킨타[50]는 기존의 조직들을 더욱 민주화해야 한다고 주장했다.[51]

가톨릭교회 또한 성명을 냈는데 그들의 입장은 놀랍게도 기대와 달리 급진 좌파의 그것과 같았다. "협동조합 운동 내부의 갈등"이란 제목의 비토리아 교구 사회국 성명서는 협동조합 운동 일반을 비난했다. 특히 파업권을 금지한 몬드라곤협동조합에 초점을 맞추면서 "협동조합 지도자들의 악의와 오만함이 … 자본주의 기업을 능가할 정도"라고 했다. 노동자를 지배구조에 개입하지 못하게 하는 경영 엘리트주의를 비난한 것이다.[52] 도파소와 무히카라는 이름의 필자들은 문화잡지에 실은 글에서 자본주의 체제 내의 협동조합 기업은 중립적일 수 없고 계급 모순을 나타낸다고 지적했다.[53]

이러한 비판에 대해 협동조합 설립자 가운데 한 사람인 헤수스 라라냐가와 1990년대에 몬드라곤협동조합기업MCC의 이사장이 되는 하비에르 몽헬로스는 공동 성명서를 통해 협동조합이 민주적인 구조를 지니고 있는데 노동자들이 적절한 절차를 밟지 않았다며 자신들의 입장을 옹호했다. 아리스멘디는 침묵을 지키면서도 "어떠한 조직 체계도 그것이 일정한 규모에 도달해 관료적이고 기능적인 사고가 만연하게 되면 가공할 폐단이 생겨나 그 성격을 불문하고 모든 종류의 업적을 훼손시켜 버릴 수 있다"며 관료주의 문제를 안타까워하며 조합원들에게 이를 경계했다.[54] 그러면서도 그 해 11월에 쓴 「갈등에 관하여」라는 글에서는 협동조합 운동이 인간 노동과 관련한 모든 문제를 해결하는 것은 아니지만 그 가운데 가장 중요한 것 일부를 해결한다고 했다.[55] 파업을 둘러싼 이러한 논란은 협동조합 운동에 사람들의 이목을 집중시켰다.

둘째로, 몬드라곤협동조합은 파업으로 충격에 휩싸였고 내부 정책과 운영 문제를 중심으로 경영 진단과 토론에 들어갔다. 그 결과 조합원의 이익을 대변하는 조합평의회 기능을 강화하게 되었다. 이는 파업과 그 이후의 갈등이 낳은 긍정적인 결과라고 할 수 있다.

조합평의회는 1975년 2월에 자체의 결점을 분석하고 수정안을 제시하는 보고서를 제출했다. 보고서에서 조합평의회가 자신의 역할을 깨닫지 못했음을 인정했지만 그 역할이 무엇인지는 명확히 밝히지 못했다.[56] 문제가 무엇인지는 파악했지만 그것을 해결하지는 못했다. 1982년 9월에는 중앙조합평의회의 집행위원회에 해당하는 중앙상임위원회가 조합평의회의 역할 수행을 방해한 문제들을 분석한 보고서 「조합평의회의 재편」을 발표했다.[57] 이러한 노력은 일부 내용에 대한 검토를 거쳐 같은 해에 울라르코에서 조합평의회의 법적 지위를 개정하는 것으로 마무리 되었다. 경영진과 이사회의 자문기구로 설립된 조합평의회가 원래는 작업장 사고예방, 노동 안전과 건강, 사회보장, 보수 체계, 복지 사업, 개인 원조 등의 문제를 관장하는 것으로 되어있었는데 1982년 개정에서는 "조합원의 사회적 열망과 이해관계"를 대변하고 "사회노동의 성격을 띠는 모든 문제를 지도"하도록 그 활동영역을 확대했다.[58] 이렇게 하여 조합평의회가 경영진에 보다 폭넓은 문제를 조언할 수 있게 되었다. 하지만 그 구체적인 임무는 여전히 막연한 상태로 남아 있었다.[59]

셋째로, 협동조합 내 여성의 역할에 관심을 갖게 되었다. 젠더 문제는 사실 다수의 조합원들에게 매우 민감한 사안이었다. 파업 주동자 다수가 여성이었고 파업 당시부터 불평등한 직무 분류나 여성의 대표성 미흡 문제 등에 대한 불만이 제기되기도 했지만 이는 쉽게 해결될 간단한 문제가 아니었다.

우선 1960년대 말부터 여성 협동조합이 존재했다는 사실을 아는 것이 중요하다. 이 협동조합은 바스크어로 아우소-라군이라고 불렸다. "이웃 도우미"라는 뜻이다. 아리스멘디의 요청으로 1968년에 창설되었다. 협동조합 내의 여성 고용 문제를 해결하기 위함이었다.[60] 당시 협동조합 정관은 결혼 이후 여성의 가외 노동을 금지했다. 스페인 국법은 이 조항을 몇 년 전에 폐지했다. 하지만 협동조합은 이를 여전히 유지하고 있었다. 여성이 산업노동자로 일할 수 있어야 한다는 요구가 대두되는 가운데 여성 고용 문제를 해결할 합리적 대안은 여성에게 우선 임시직을 제공하는 것이었다.

아리스멘디 신부는 1960년대 초에 여성들이 가족의 생계를 보조할 필요가 있어서 시간제 근무에 관심을 가진 기혼 여성들이 늘어나고 있음을 알고 여성들과 여성의 노동시장 진출 문제를 놓고 토론했다. 그 결과 식사 제공과 단순 조립, 세탁, 청소 등의 분야에서 가정주부 여성들의 일손을 필요로 하는 수요가 있다는 사실을 발견했다.[61]

하지만 바스크 남성들은 여성의 노동시장 진출이 전통적인 가족제도를 위협한다고 반대했으며 일부 여성들도 마찬가지였다. 아리스멘디는 이에 굴하지 않고 아우소-라군 협동조합을 출범시켰다. 이 여성 협동조합은 다른 협동조합에 아웃소싱 서비스를 제공하는 임시 협동조합 같은 것이었다.[62]

아우소-라군은 더 나아가 시간제 노동력을 공급하게 되면서 탁아 문제에 직면해 1976년에 탁아소를 설치했다. 아우소-라군은 이어서 노동인민금고의 지원을 받아 체계적인 사업 프로그램을 개발해 몬드라곤 인근 공업단지에 자체 공장을 세워 규모를 확장했다. 1970년대 말 아우소-라군은 매일 1,500명의 식사를 공급하고 조합원에게 400개 이상의 일자리를 제공했다.[63]

요컨대 파업은 아우소-라군의 활동에 박차를 가하는 데 이바지했다. 하지만 여성 협동조합 중심의 활동에는 한계가 있었다. 기술과 숙련이 필요한 분야는 남성에게 맡기고 자녀양육과 미숙련 분야는 여성에게 맡기며 기혼 여성의 책임을 가정의 사적 영역에 국한시키는 성차별 문제를 다루지는 못했다.[64] 페미니스트를 제외한 대부분의 여성들은 아직 저임금이나 직무 차별에 큰 불만을 느끼지 않았던 것으로 보인다.[65] 기술 연구나 개발에 참여하는 여성들은 거의 없었다. 그러다가 1978년 3퍼센트에서 1986년 14퍼센트에 이르기까지 여성의 기술 교육 참여 비율이 갈수록 늘어났다.[66] 그나마 다행이었다.

넷째로, 조직 전반의 구조에 문제의식을 갖기 시작했다. 이 문제에 관심을 가진 우리베-에체바리아는 1981년에 펴낸 『관료제냐 참여냐』라는 책[67]에서 종업원 참여의 활력이 개별 협동조합의 규모와 조직 내에서 개인이 차지하는 역할과 작업 과정의 성격에 따라 다양하다고 지적했다. 조립라인이나 조합원의 작업이 표준화된 절차의 규제를 받는 경우 참여의 기회나 동기가 거의 없다고 보았다. 하지만 참여를 위한 조직 구조에 대한 관심은 1970년대 후반에 불어 닥친 경제위기와 1980년대 초에 가해진 시장의 압력에 묻혀버리고 말았다. 오히려 그것은 1984~1985년의 중앙집권적 "협동조합그룹" 재편으로 이어졌다. 이런 변화는 개별 협동조합의 자치를 약화시키고 더욱더 기업적인 지배구조를 허용했다.

파고르의 파산과 국제화의 한계

한편 2013년 말에는 파고르가 파산을 선언했다. 그해 10월에 사전채권자회의에 회부된 파고르는 그러고 나서 한 달 뒤인 11월에 채권자회의의 선언으로 마침내 파산을 맞이했다. 파고르의 파산 소식이 알려지면서 몬드라곤 지역과 바스크 사회는 충격에 휩싸였고 몬드라곤 기업을 노동자 소유 기업의 성공 사례로 생각하는 전 세계 협동조합 지지자들은 실망을 금치 못했다.[68]

<7-4> 몬드라곤의 파고르 공장

파고르가 왜 파산에 이르게 되었을까? 이를 살펴보기 위해서는 1990년대로 거슬러 올라가야 한다. 1990년대에 세계화가 진행되면서 한편으로는 기업의 세계적 차원이 기업 경쟁력과 생존을 유지할 핵심 요인으로 부상했다.[69] 다른 한편으로는 몬드라곤협동조합기업이 세계화의 위협에 직면한 지역사회의 안정을 지킬 최상의 수호자로 떠올랐다. 하지만 지역에 기반을 둔 협동조합의 전통적 구조는 세계를 향해 나아갈 채비가 되어 있지 않았다. 따라서 몬드라곤 그룹이 세계 시장에서 경쟁력을 갖추기 위해서는 세계 경제가 요구하는 구조조정을 단행해야 했다.

FAGOR

<7-5> 파고르 로고

몬드라곤 그룹의 일원인 파고르는 세계화가 협동조합의 고용과 지역사회의 안정을 해칠 수 있다는 사실을 알면서도 시장 경쟁력을 갖추는 길을 선택했다. 당시에는 규모 확대와 국제화가 협동조합 기업의 경쟁력 확보와 생존을 위한 유일한 대안으로 보였다. 이런 노선을 채택한 파고르는 1980년대 말과 1990년대 초부터 북아프리카와 라틴아메리카 국가들에 진출하기 시작했다. 이 전략으로 기대한 결실을 거두지 못하자 파고르는 1990년대 말부터 유럽 시장 진출에 주력했다. 먼저 독일의 다국적 기업 바이란트와 공동기업을 설립하고 폴란드의 가전제품 생산업체브로자멧, Brozamet를 인수했다. 그리고 2002년에는 프랑스의 경쟁업체 가운데 하나인 브란트Brandt를 인수했다.[70]

파고르는 이러한 국제화 과정에서 특별한 어려움을 겪지 않았다. 국제화에 필요한 인적 자원과 물적 자원의 대부분을 모체인 몬드라곤 그룹이 제공해주었기 때문이다. 파고르는 그룹의 중앙부처 덕분에 국제화라는 새로운 단계에 진입할 수 있었다. 이를테면 그룹 본부와 파고르는 1999년에 브로자멧 인수금액으로 52억 페세타를 공동 출자했으며 14억 페세타에 달하는 그룹 발전기금의 지원을 받았다.[71] 다시 말해 파고르는 국제화를 위해 상당한 규모로 그룹 본부의 지원을 받았다.

이러한 전략적 결정으로 2007년에 파고르의 종업원 수가 1만천 명을 넘어섰다. 이는 스페인의 부동산 경기가 절정에 다다르고 협동조합이 최전성기를 구가한 시대적 배경의 덕분이기도 했다.[72]

하지만 호경기는 그리 오래가지 않았다. 2012년 12월의 조합원총회에서 파고르는 다국적 전략인 2013-2016년 전략을 채택해야 할 처지에 놓였다.[73] 이 전략의 골자는 최근 들어 감소 추세를 보인 판매실적을 2016년까지 2억 유로로 늘린다는 내용이었다. 이를 위해 비용이 많이 드는 서유럽의 생산 공장을 폐쇄하고 그것을 동유럽으로 이전할 예정이었다.[74]

하지만 이러한 전략 수정에도 불구하고 사정은 나아지지 않았다. 전반적인 가전제품의 소비 감소와 신흥 저가 경쟁업체들중국, 터키, 한국의 업체들의 등장으로 파고르는 심각한 위기에 빠졌다. 일자리가 절반 이상이나 줄어들고 매출이 35퍼센트 가량 감소했다.[75] 파고르는 이제 몬드라곤 그룹이 채택하고 있는 전통적인 연대 제도에 손을 벌려야 할 처지에 놓였다. 이것은 일자리가 줄어들 경우 종업원을 해고하지 않고 재배치나 조기퇴직, 선불금과 봉급 감축으로 해결하는 제도이다. 파고르는 또한 손실을 완화하기 위해 협동조합 간의 협력 제도에 호소해야 했다. 결국 2013년 5월 몬드라곤 그룹회의에 참석한 조합원들은 이러한 연대와 협력의 원칙에 따라 파고르를 지원하기 위하여 7천만 유로에 달하는 조합재건고용기금FRES을 신설하자는 데 만장일치로 합의했다. 이 기금의 절반은 조합연대기금FSC으로 충당하고 나머지 절반은 몬드라곤 그룹을 이루는 협동조합 기업들이 출연하기로 했다.

<7-6> 파고르의 순 이익 감소

그러나 이러한 유동자금 투입으로 파고르 사태가 해결되지는 않았다. 2013년 10월에 파고르는 사전채권자회의를 열고 그룹에 생존계획, 곧 1억7천만 유로에 달하는 추가 재정 지원을 다시 요청하기에 이르렀

다. 하지만 그 해 10월 30일 몬드라곤 그룹 총평의회Consejo General는 파고르가 제출한 생존계획의 승인을 거부했다. 그 계획으로는 끝없이 이어지는 시장의 요구를 해결할 수 없고 기업의 미래를 보장할 수 없다는 판단에서였다.[76] 파고르는 결국 파산하고 말았다.

다국적 기업의 등장과 경제의 세계화는 20세기 후반에 나타난 경제 현상 가운데 제일 중요한 현상이라고 볼 수 있다.[77] 상당수의 협동조합 기업을 포함하는 중소기업들도 경쟁력을 유지하기 위하여 국제적 성장전략을 선택할 수밖에 없었다. 한때 국제화를 선택지로 고려하지 않아온 기업도 이제는 증대하는 압력에 못 이겨 국제화의 길을 걷고 있다.[78] 게다가 최근에 발생한 금융위기로 국제화의 중요성은 더욱 높아졌다. 노동자 협동조합들도 이러한 국제화 현상을 피해갈 수 없었다고 판단했을 것이다. 그들은 이런 판단을 내리고서 자국 내는 물론이고 외국으로 사업 규모를 확장하려 들었다.

몬드라곤 그룹은 역사상 제일 탁월한 노동자 협동조합이다. 1960년대 초부터 국내적 팽창을 거듭했고 1990년대부터 국제적 팽창을 도모해왔다. 2008년에 몬드라곤 팀아카데미Mondragon Team Academy를 창설하게 되는 호세 마리 루사라가의 말을 빌면 몬드라곤 협동조합은 전통적인 자본주의 기업들과 달리 다지역multi-location 전략을 추구했다.[79] 다시 말해 몬드라곤 협동조합은 지역 생산 공장을 바스크 지방에 국한하지 않았다. 그들은 국제화 추세와 수요자의 요구를 좇아서 세계 시장으로 생산시설을 확대했다. 그 결과 오늘날 국제화 과정은 실제 현실이 되었다. 2012년 현재 몬드라곤 협동조합들은 유럽에 59개, 아메리카 대륙에 20개, 아시아에 23개, 아프리카에 2개, 오스트레일리아에 1개 등 외국에 105개의 자회사를 두고 있다.

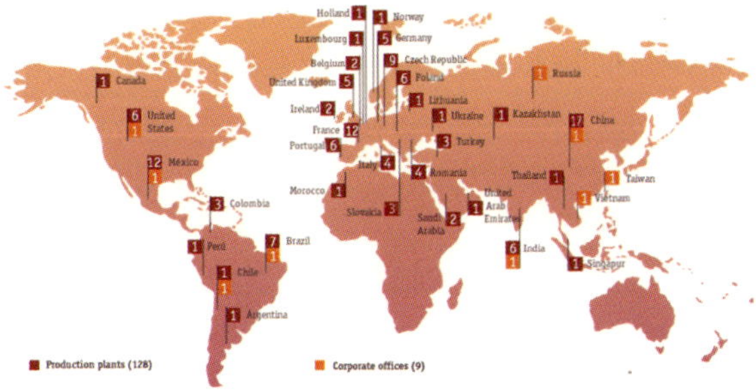

<7-7> 몬드라곤 그룹의 생산 공장 지도

루사라가는 이 대목에서 몬드라곤 협동조합들이 자본주의 기업이 택하는 전략을 추구하면서도 지역사회와 외국에서 고용을 창출하고 유지하며 협동조합 가치를 실현하기 위해 노력해왔다고 강조했다.[80] 그는 또한 몬드라곤 협동조합이 "사람 중심의 세계화를 위한 협동조합 혁신의 사례로 국제 다지역 생산전략을 추구한다"고 지적하면서 노동자들의 이익배당과 소유권 참여, 지역사회에 대한 기여 등을 그 사례로 들었다.[81] 앙헬 마리 에라스티를 비롯한 다른 연구자들도 이와 마찬가지 입장을 보였다.[82]

과연 그랬을까? 몬드라곤 협동조합이 취한 국제화 전략에 이렇듯 밝은 면만 있었을까? 어두운 면은 없었을까? 국제화 전략의 한계는 없었을까?

몬드라곤의 국제화를 연구한 크리스티나 클램프는 루사라가의 주장과 달리 몬드라곤 협동조합의 국제적 팽창이 자본주의 전략을 추구하면서 협동조합 가치와 상반되는 비조합원 고용을 증대시켰다고 주장했다.[83] 사이오아 아란도를 비롯한 연구자들도 이러한 모순을 인정했다.[84] 사실 외국 자회사의 노동력은 대개 비조합원 노동자들로 구성되었다.[85] 일부 연구자들은 이를 근거로 몬드라곤 협동조합 기업이 퇴행적 행태를 보인 것이라고 주장하고 있다. 이를테면 몬드라곤이 "임금이 싼 나라에 공장을 설립하는 전통적인 자본주의 방식을 추구하는 고용

주로 변신했다"고 티모디 위에는 주장한다.[86]

카스미르는 여기서 한걸음 더 나아가 몬드라곤 그룹의 노동자들이 세 층위로 구성되어 있다고 주장했다. 협동조합의 조합원들과 임시노동자들, 임금노동자들이 그들이다.[87] 조합원들은 대개 바스크 지방의 사업체에 속해 있었고, 임시노동자들단기계약 노동자들은 바스크 지방과 스페인 국내 업체에 소속되어 있었으며, 임금노동자들은 외국의 자회사에 속해 있었다. 몬드라곤 그룹 전체에서 조합원들은 피고용인들의 3분의 1에 불과한 실정이었다. 카스미르는 여기서 이 노동자들의 대우가 층위에 따라 달랐다는 점을 강조했다. 이를테면 파고르가 파산하면서 그 영향을 받게 된 노동자 5,600명에 대한 처우가 달랐다는 것이다. 몬드라곤과 인근 마을에 거주하는 파고르 조합원들은 조기퇴직을 하거나 다른 협동조합으로 이동할 때까지 사회복지조합 라군 아로Lagun Aro의 지원을 받은 반면에, 외국에 있는 파고르 자회사에 고용된 단기계약 비정규 노동자들과 3,500명에 달하는 피고용자들은 이러한 지원을 받지 못했다.

다음으로 일부 연구자들이 기대한 것과 달리 몬드라곤 그룹이 지향하는 협동조합 모델 또는 협동조합 가치가 자회사에 제대로 이식되지 않았다. 파고르가 프랑스 가전회사 브란트[88]를 인수할 당시 프랑스의 노조와 노동자들은 모회사가 협동조합적 성격을 지니고 있었기 때문에 종전보다 경영관계가 나아지리라고 기대했다. 하지만 파고르가 브란트를 인수하면서 제시한 조정안은 브란트 노동자들의 이러한 기대를 저버렸다. 프랑스노동총동맹의 리옹 지부 대표는 "아무것도 바뀌지 않았다"고 지적했다. 파고르-브란트는 다른 업체들과 동일한 규칙으로 지배되는데 그것은 바로 오직 이윤이라고 했다.[89]

이에 대해 파고르-브란트의 경영진도 할 말은 있었다. 파고르-브란트의 이사장 하비에르 레테기는 협동조합이 "모든 것을 문제 삼는 강력한 노조에 직면하게 됐다"고 털어놓았다. 전통적으로 노조에 상당한 협상력을 제공해준 프랑스의 노동 법률과 프랑스의 해묵은 노조문화 덕분에 그곳 노동자들이 회사 내에서 상당한 영향력을 행사하고 있다고 했다. 더욱이 기업의 탈바꿈과 구조조정을 수차례 목격해온 노동자들과 노조원들의 태도는 강경했다. 이런 까닭에 자회사의 노조와 모회사의 관계는 갈수록 불편하게 되었다.[90] 파고르-브란트의 생산 공장들에서 조업중단과 파업들이 단행된 것은 이런 배경에서였다.

<7-8> 파고르 브란트 노동자의 시위

폴란드에 설립된 파고르-마스터쿡Fagor-Mastercook[91]에서도 경영진과 노조의 관계가 좋지 않기는 마찬가지였다. 파고르의 인사관리 부장이자 파고르-마스터쿡의 이사장인 사비에르 벵고에체아가 "노조가 이사회에 참여하면서 어려운 시기에도 노동자들과의 관계가 원활하게 된다"며 양측의 관계를 긍정적으로 보았다. 이를테면 회사를 인수하고 구조조정을 할 때 일자리 1천 개를 정리했지만 그 절차를 노조와 상호 합의하에 진행했다고 강조했다. 이사회에 참여하는 노조 대표 렉 박Lech Back도 "노조의 참여가 또 다른 회사 경영 방식을 반영한다. 우리는 근처에 있는 경쟁업체인 월풀 자회사 노동자들보다 더 많은 정보와 더 큰 목소리를 지니고 있다"고 말했다.[92]

<7-9> 파고르 마스터 쿡 (브로자멧) 공장

하지만 이와 달리 파고르-마스터쿡 경영진과 '시에르펜 80'이라는 노조 사이에 벌어진 노동 쟁의는 그 후 양측의 관계가 그렇게 조화롭지는 않았다는 사실을 보여준다. 파고르가 위기에 직면한 2009년에 경영진은 임금 삭감과 노동력 감축을 포함하는 조정안을 제시했다. 정상적인 퇴직과 가계약으로 일자리를 200개나 줄였다. 회사 내에서 소수 노조였던 '시에르펜 80'은 이를 '과대착취' 조치라고 규정하고 파업 소집으로 대응했다. 하지만 노조 지도자의 회상에 따르면 사측은 이 파업을 강력히 탄압했다. 노조 지도자 한 명이 체포되고 노조원 두 명이 해고되었던 것이다. 그러나 사측의 입장은 이와 달랐다. 당시 파고르-마스터쿡의 인사관리를 맡고 있던 아나 피툴렉은 "노동자들이 파업에 참가하기 위해 작업장을 떠났기" 때문에 그것은 정당한 해고였다고 말했다.[93]

이처럼 협동조합의 모델이나 가치가 제대로 실현되지 않고 있고 상당한 도전에 직면해 있다. 협동조합 운동에 헌신하고 협동조합의 가치를 계속 유지하려고 시도한 파고르의 노력은 높이 사야할 것이다. 하지만 아시아와 아프리카의 자회사에는 물론이고 유럽의 자회사들에게 협동조합 모델을 확장하는 방안은 현실적으로 실현하기 어려웠던 것으로 보인다. 파고르 모회사의 조합원들은 물론이고 자회사인 파고르-브란트와 파고르-마스터쿡의 노동자들이나 노조원들도 이런 방식의 협동조합 모델을 바랐던 것 같지는 않다. 폴란드와 프랑스에 있는 자회사의 노조는 이런 방안을 실현 가능한 것으로 보지도 않았으며 그것을 진지하게 제안한 사람도 없었다. 어떤 면에서는 모회사나 자회사의 통제권을 계속 유지하고 싶어 하던 바스크 지방의 최고 경영진과 노동자들도 이를 그렇게 달가워하지 않았던 것으로 보인다. 파고르의 한 조합원은 파고르-브란트와 파고르-마스터쿡의 노동자들이 다수를 차지하게 되면 그들이 몬드라곤 공장의 폐쇄를 결정하게 될지도 모른다고 우려했다.[94] 우리는 그의 우려에서 희미하게나마 그 까닭을 짐작해볼 수 있다.

협동조합 기업의 역설과 대안 모색 |

우리는 울고르 파업과 파고르의 파산에서 협동조합 기업의 역설을 보게 된다. 폴란드 학자 알렉산드라 블라바트가 지적한대로 협동조합은 그것이 번성하면 번성할수록 운영하기가 더욱 어려워진다는 사실이다.[95] 조직 서열이 더욱 복잡해지고 개인 관계는 힘을 잃게 된다. 조직의 결정에 더 큰 영향을 미치는 사람들이 더 많은 권력을 갖게 된다. 민주적 조직도 어떤 지점에 도달하게 되면 통치 엘리트의 지배를 받게 된다.[96] 규모와 내부의 관계 문제는 협동조합 종업원들도 인정했다. 그들은 종업원 수가 몇 십 명에 불과하던 시기와 현재를 비교하면서 "그때는 동료들이 친밀한 관계를 유지했지만 지금은 그냥 각자 제 길을 간다"고 늘어놓았다.[97]

이러한 내부의 압력과 더불어 외부의 자유 시장 환경도 협동조합의 민주적 지배구조 원칙을 유지하기 어렵게 만드는 요인이다. 최근 스페인 전국에 불어 닥친 경제 위기는 몬드라곤 그룹에 강력한 외부 압력으로 작용했다. 생존의 길을 모색하던 몬드라곤 그룹은 바스크 지방과 스페인의 외부로 진출하는 팽창의 길을 선택했다. 이 길은 생존을 위한 길이 될 수도 있겠지만 협동조합 정신을 약화시키는 길이 될 수도 있다.

사실 몬드라곤 그룹의 모든 종업원이 협동조합 정신을 충실하게 따르고 있는 것은 아니라고 알려져 있다. 종업원이 일을 하면서 조직 문화의 영향을 받아 진정한 협동조합원이 될 수도 있다. 하지만 협동조합 문화를 거부하는 이들도 존재한다. 한 조합원의 말이 의미심장하게 다가온다. "우리는 전반적으로 가치의 위기에 직면해있는 것 같다. 우리는 협동조합 가치의 상실을 목도하고 있다. 요즘 프로젝트를 수행하면서 이를 확인하게 된다. … 사람들은 정규직에 만족할 뿐 그 이상의 다른 무엇에 헌신하려 들지 않는다."[98]

요컨대 협동조합 기업은 협동조합의 기본원칙과 이념을 고수해야 할지, 아니면 시장의 요구에 따라야 할지 양자택일의 기로에 놓여있다. 시장의 요구에 따라 국제화의 길을 선택한 파고르는 파산했다. 하지만 위기는 기회가 될 수도 있다. 파고르의 파산이 몬드라곤 그룹을 위한 기회가 될 수도 있다. 몬드라곤 그룹 내의 다국적 협동조합 기업들이[99] 세계 시장의 경쟁에 참여하여 경제 위기를 극복하는 데 상당한 성공을 거두었다. 파산에 이른 파고르도 따지고 보면 여타 자본주의 기업들보다 훨씬 더 오래 생존했다. 그것은 몬드라곤 그룹 내에 존재하는 연대와 협력의 원칙 덕분이었다. 파고르의 위기는 협동조합의 모델을 새로운 시대에 맞게 재설정하도록 성찰할 기회를 제공해준 것이라고 볼 수 있다. 요즘 들어 사람 중심을 경제 활동의 알파와 오메가로 삼고 공정 경제의 길을 모색하는 이들이 생겨나는 이유가 여기에 있는지도 모르겠다.

몬드라곤 기업은 아리스멘디 신부의 말마따나 유토피아가 아니다. 몬드라곤 기업은 문제를 지니고 있다. 시장 경쟁과 세계화라는 장애물에 직면하여 지난 수십 년간 변신을 거듭해왔다. 몬드라곤 기업은 내부의 변화를 겪고 외부의 압력을 받으면서 참여와 연대와 협력 같은 협동조합의 기본 가치와 씨름해왔다. 몬드라곤 기업이 전 세계에서 작업장 민주주의를 보여준 유명한 사례로 찬사를 받고 있는 이유는 아마도 이러한 씨름에 있을 것이다.

제8장 독일

나치정권과 폭스바겐Volkswagen

김건우(경북대학교 사학과 교수)
도상윤(영남대학교 역사학과 대학원)

<8-1> 볼프스부르크(wolfsburg)의 폭스바겐 공장
출처: https://de.wikipedia.org/wiki/Volkswagen_AG

오늘날 세계적인 자동차 그룹으로 자리 잡고 있는 '폭스바겐 주식회사Volkswagen AG'는 과거 2차 대전 이후 패전국 서독의 눈부신 경제발전을 상징하는 '라인강의 기적'을 창조한 핵심기업이자 현재는 세계 자동차 회사로는 일본의 도요타Toyota Motor에 이어 두 번째 규모의 글로벌 대기업이다.[1] 최근 들어 디젤 자동차 배기가스 조작파문으로 인하여 전 세계 국가들로부터 벌금과 제제조치를 받고 있는 상황이지만, 기업내부에서 스스로 자구책을 강구하고 있어 비록 시간이 걸리겠지만 다시 예전의 모습으로 돌아갈 것이다.

폭스바겐은 양차 대전 사이 독일 제3제국 시대에 설립되었고, 전시에는 군수생산에 관여하였다. 전쟁이 끝난 이후에는 배상금 문제로 공장이 해체될 뻔한 위기도 처했지만, 영국군정 아래 국가기업에서 민간 기업으로의 전환과 함께 전문경영인 하인리히 노르트호프Heinrich Nordhoff 등장으로 서독 경제기적의 상징으로 자리 잡을 수 있었다. 그리고 1950년대에는 '비틀Beetle'[2]과, 1970년대 후반에는 '골프Golf' 모델을 생산하면서 세계적인 기업으로 부상했다. 이 독일 최대의 자동차그룹은 현재 산하에 폭스바겐Volkswagen, 아우디Audi, 벤틀리Bently Motors, 부가 티Bugatti, 세아트Seat, 람보르기니Lamborghini, 포르쉐Porsche, 만Man, 스카니아Scania 등을 거느리고 있다.

본 연구는 세계적인 독일기업이자 자동차 기업인 폭스바겐의 탄생과 이에 배경이 된 나치정권과의 유착관계와 그에 따른 결과를 밝히고자 한다. 히틀러는 1933년 집권 이후 꾸준히 자동차산업의 육성에 대해서 관심과 함께 대중화를 추구하고자 노력했다. 여기에는 국민들에게 자동차를 쉽게 가질 수 있는 '물건'으로 만들고, 이를 통해 대량생산을 기반으로 하는 자동차 산업은 바이마르 시대부터 내려왔던 실업문제를 해결할 수 있는 좋은 기회로 이용할 수 있기 때문이었다. 이러한 히틀러의 계획은 자동차의 대중화를 위한 저가 모델 개발과 함께 새로운 '고속도로Autobahn' 건설사업과 함께 현실화되어 갔다. 하지만 국민을 위한 자동차대중화 모델 개발과 함께 공장건설의 재정을 담당한 '제국자동차협회RDA: Reichsverband der Deutschen Automobilindustrie'가 이 사업에서 다양한 부정적인 이유를 제시하면서 결국 물러나게 되고, 협회가 포기한 자리에 나치당NSDAP: Nationalsozialistische Deutsche Arbeitspartei의 조직이었던 '독일노동전선DAF'이 맡게 된다. 이때부터 나치정권은 '국민차' 개발을 단순히 경제발전 및 기술개발 그리고 일자리 창출이라는 목적보다는 오히려 그들이 내세우는 '민족공동체Volksgemeinschaft'강화와 같은 정치적인 목적과 대중선동에 이용하기 위한 도구로 이용하게 된다. 이는 뒤에, 폭스바겐 회사가 창설되고, 공장건설의 자금을 조달하기 위해 '독일노동전선'의 하부조직이었던 '기쁨을 통한 힘KdF'을 통해 '국민자동차 저축프로그램'을 만들어 대대적인 홍보와 함께 막대한 자금을 모집한 것으로 증명될 수 있다. 이와 더불어 1938년 9월 '팔레스레벤Fallersleben'[3]에 새워진 폭스바겐 공장에는 1939년 9월 2차 대전이 발발한 이후 전쟁에 필요한 군수물자 생산을 위해 강제노동자들이 일을 함으로서 철저히 기업과 전체주의 국가권력 간의 관계를 대변해주고 있다.

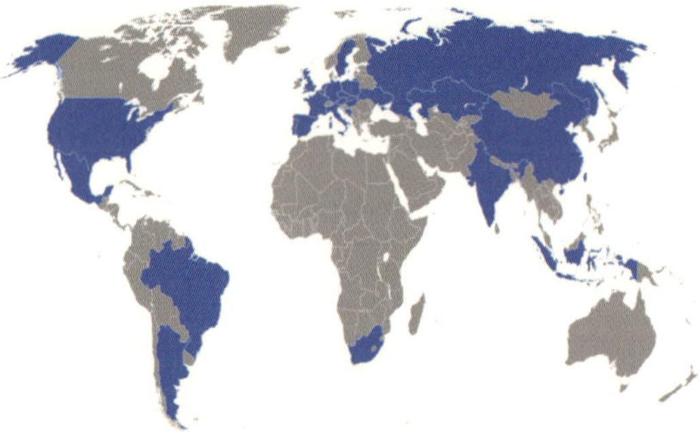

<8-2> 세계의 폭스바겐 공장
출처: https://de.wikipedia.org/wiki/Volkswagen_AG

세계적 대기업인 폭스바겐의 명성에 비해 회사의 설립과정과 기업의 경영정책에 대한 전문적인 연구는 의외로 많지 않다. 기존의 연구 성과는 대부분 폭스바겐 자동차의 기술의 변천사 또는 페르디난트 포르쉐Ferdinand Porsche의 개인 전기에 집중되어져 있다. 다행스럽게도 파울 클루케Paul Kluke의 연구 「히틀러와 폭스바겐 프로젝트Hitler und das Volkswagen-projekt」와 한스 몸젠Hans Mommsen이 1997년 출간한 『제3제국 시대의 폭스바겐 공장과 노동자Das Volkswagenwerke und seine Arbeiter im Dritten Reich』를 통하여 공장의 설립과정에 대한 귀중한 자료와 연구결과를 제공하고 있다. 그리고 폭스바겐 기업에 관한 문제는 히틀러와 나치의 경제, 군수 또는 사회정책에 관한 연구에서 언급된다. 예를 들면 리차드 오버리 R. J. Overy는 나치의 경제정책에 대한 연구를 통해 폭스바겐을 중요한 주제로 다루고 있다. 또한 폭스바겐이 나치당NSDAP의 조직이었던 '독일노동전선DAF: Deutsche Arbeitsfront' 산하의 노동여가조직이었던 '기쁨을 통한 힘KdF: Kraft durch Freude'을 통하여 추진되었기 때문에 이와 관련된 연구과정에 폭스바겐이 함께 언급되고 있다. 그 외에도 당시 독일노동전선DAF의 우두머리였던 로버트 라이Robert Ley 전기에서도 일부 나타난다. 국내연구로는 나치시대의 근대화론과 연관되어 그 당시 독일자동차 산업의 역할을 조명한 김학이 「나치 경제정책과 자동차 산업」에서 초기 폭스바겐에 대한 이야기가 언급되고 있다.

본 연구는 이러한 '폭스바겐 자동차회사'가 과연 나치정권 속에 어떻게 탄생하게 되었는지를 밝힘으로서 기업과 국가권력 간의 '부정적인' 상 호관계를 조명하고자 한다. 그리고 한 걸음 더 나아가 과연 전체주의 나치정권이 '폭스바겐 자동차'를 어떠한 정치적 목적과 방식으로 대중선동의 도구로 이용하였으며, 대중들은 이러한 '폭스바겐'을 실제로 얼마나 이용하고, 어떻게 받아들였는지도 함께 살펴보고자 한다. 이러한 연구는 넓은 의미에서는 나치정권 아래에 일어난 자동차산업의 발전과 산업화와의 관계와 함께, 현재 세계 최고수준을 기술력과 생산력을 보유한 독일 자동차산업의 어두운 과거를 '폭스바겐'이라는 작은 창을 통해 좁게나마 들여다 볼 수 있는 계기가 될 수 있을 것이다. 아울러 기업과 전체주의 국가와의 결합은 결코 인류를 밝고 희망이 넘치는 유토피아로 이끈 것이 아니라, 패배와 강제노동을 통한 착취로 가득한 디스토피아가 종착역이 될 수도 있다는 점을 상기시키는 하나의 역사적 교훈을 남기게 될 것이다.

'국민차(Volkswagen)'의 탄생 ㅣ

1930년대 초 바이마르 시대의 독일은 정치적 혼란과 함께 사회적 분열 그리고 경제위기에 직면해 있었다. 특히 1929년 미국에서 시작된 경제 대공황의 여파가 유럽 전역을 휩쓸었을 때 독일은 다른 유럽국가와는 경제공황의 타격을 가장 심하게 받았다. 1920년대 중반 독일은 미국의 자본을 들여와, 불안했던 1차 대전 직후의 경제와 사회를 어느 정도 안정적 궤도로 이끌어 가고 있는 상황이었다. 하지만 미국 주식시장에서 시작된 심각한 경제침체는 안정적으로 독일경제를 받치고 있었던 미국자본을 회수함으로써 심각한 경제위기를 유발시켰다. 자본철수에 따른 기업의 도산과 은행의 붕괴는 수백만의 실업자를 양산시켰고, 국가적으로 재정위기와 함께 신용위기를 몰고 왔다. 특히 1928년 7%에 불과하던 실업률이 1932년에는 30.8%로 증가하였고, 이로 인하여 1932년 독일 산업 생산량은 1928년의 절반수준으로 떨어졌다.

이러한 경제위기는 히틀러와 나치에게 정치적으로 유리한 국면을 가져다주었다. 이는 선거에 그대로 나타나는데, 1929년 제국의회 선거에서 처음으로 제국의회 의원을 배출하였고, 1932 제국의회 선거에서는 37.4% 득표율을 기록하면서 그 당시 사민당을 제치고 제국의회 국회의원을 제일 많이 거느린 의회 제 1정당으로 부상하였다. 그리고 1933년 1월 30일 힌덴부르크 대통령에 의해 히틀러는 제국총리에 임명되어 제 3제국의 시작을 알리게 된다.

<8-3> 독일 제3제국의 아우토반(Autobahn)

출처: https://de.wikipedia.org/wiki/Volkswagen_AG

총리 취임 2주 만에 베를린에서 개최된 국제자동차박람회에 참석하여 연설을 통해 고속도로 프로그램인 아우토반Autobahn의 건설과 함께 자동차에 대한 세금감면, 그리고 종전까지 통합되어 있었던 도로와 철도행정을 서로 분리시켜 독립적으로 취급할 뜻을 밝혔다. 특히 히틀러는 '아우토반 건설'이라는 대규모 토목공사를 통해 당시 만연해 있었던 실업자들에게 일자리를 제공하여 고용을 창출하겠다는 것이었다.[4] 이러한 히틀러의 계획은 다음해 다시 참석한 베를린 국제자동차박람회에서 좀 더 구체화된다. "독일정부는 독일민족이 자동차 대중화에 활발한 관심을 가지길 바라고, 경제계는 독일민족에 적합한 자동차를 구상하고 제작해야만 한다는 사실에 따르길 바란다. … 소형차 모델에서부터 가장 근대적인 경주용 자동차와 트럭 그리고 오토바이에 이르는 모든 차들이 우리가 보는 새로운 길 어디서나 다릴 것이고, 진정 이 기발한 생각은 현실이 될 것이다." 연설에서 히틀러는 '국민차폭스바겐:Volkwagen' 라는 직접적인 용어를 사용하지는 않지만 많은 사람들은 그가 원하는 것이 무엇인지를 눈치 채고 있었다.

박람회가 끝난 후 『모터와 스포츠Motor und Sport』지가 "누가 국민의 차를 만들 것인가?"라는 질문을 던졌고, 라이프지히 신문 『라이프지히 새소식Leipziger Neueste Nachrichten』은 한 걸음 더 나아가, "독일국민을 위한 자동차를 만들자!"라는 표어와 함께 히틀러의 연설을 대대적으로 인용하였다. 이러한 히틀러의 계획과 여론의 긍정적인 반응은 곧 BMW, 벤츠를 위시한 굴지의 독일자동차산업계에서 '뜨거운 감자'로 떠오르게 되었다, 하지만 산업계에서는 이 계획에서 경제성이 전혀 고려되지 않았음을 지적하고 비판하면서 실현가능성을 매우 낮게 보았다.

그렇다면 왜 자동차산업계가 히틀러와 정부정책에 대하서 난색을 표명했을까? 히틀러가 언급한 폭스바겐 구상은 소형차를 통한 자동차의 대중화 정책을 의미하는 것이었다. 그리고 차량의 대중화는 곧 자동차의 대량생산이 가능한 산업화된 생산설비의 도입이 선행되어야만 가능한 것이다. 그러나 1920~30년대 독일자동차 산업계는 독자적으로 자동차 대중화 정책을 추진할 만한 상황이 아니었다. 그 이유는 다음과 같이 몇 가지 이유 때문이다. 첫째, 1차 세계대전 직후 독일이 경험한 극심한 인플레이션과 바이마르 말기에 경제침체, 특히 미국의 경제 대공황으로 인한 유럽경제 위기가 독일 자동차 산업에 막대한 손실을 야기하면서, 가격인하를 통해서만 가능한 승용차 대규모생산을 어렵게 만들었다. 두 번째, 자동차 제작방식에 있어서 숙련기술노동자에 대한 지나친 의존과 1930년대 독일 노동계의 노동가치 하락에 대한 우려로 인하여 독일 내에 대량생산방식의 도입이 지연되었다. 그래서 상대적으로 숙련노동자의 비중이 높고, 대량생산방식의 도입이 되지 않는 채 생산되는 독일 자동차의 가격은 항상 높게 형성되고 있었다. 세 번째, 기존의 잘 정비된 독일의 철도망과 말, 자전거, 오토바이 등이 여전히 국민들에게 대중적의 교통수단으로 이용되고 있었기 때문에 보급은 쉽지 않았다. 말은 귀족층에게는 근대화에 맞서 싸운 상징으로 애착의 대상이 되어 버렸고, 소농들과 상점주에게도 운송을 위한 중요한 생계수단이었다. 마지막으로 양차대전 사이 독일에서는 자동차를 사치품으로 국민들은 인식하고 있었다는 점이다.[5] 자동차는 시민사회 속에서 점차적으로 늘어나는 인기에도 불구하고 중산계층 이상만 누릴 수 있는 사치품이라는 견해는 독일 저소득층에서 더욱 뚜렷하게 나타났다.[6] 바이마르 정부 역시 자동차를 그저 사치품으로 인식하였기 때문에 취약한 독일 자동차 산업을 보호하기 위한 도로개선이나 전쟁 이전에 자동차에 부과된 가중한 세금 및 부과금을 폐지하려는 노력을 거의 하지 않았다.

그렇다면 이러한 불리한 상황에서 히틀러와 나치정권은 어떻게 극복하려 했을까? 먼저 자동차 산업계와 완전히 다른 관점에서 자동차 대중화 문제를 접근하고 있었다. 히틀러는 기존의 자동차 시장이 특권층의 전유물로 남아 있기 때문에 독일민족 내부의 지위를 차별하는 요인이 되고 있다고 생각했다. 그는 특히 그동안 자동차를 구매할 수 없었던 수백만의 예의바르고 근면한 독일 국민에게 자동차 산업계가 그러한 기회를 제공함으로써 계급구분적인 성격을 제거하기 좋은 시기가 찾아왔다고 생각했다. 즉 히틀러와 나치는 독일사회에서 자동차를 경제적 이익의 차원에서 본 것이 아니라, 사회적 배제의 도구로부터 화합의 도구로 선전함으로써 민족공동체를 위한 전체주의 실현수단이 된다고 본 것이다.

1934년 5월 히틀러 내각이 제국자동차산업협회RDA: Reichsverband der Deutschen Automobilindustrie에 전달한 '국민차계획Volkswagenprojekt'에 대한 공식적인 조건은 "자동차의 가격이 천 마르크를 넘지 않아야 하고, 차량은 킬로미터 당 6페니히의 관리비를 유지해야한다. 연비는 100킬로미터 당 4-5리터 이상을 넘지 말 것이며, 최고시속이 80km/h에 달하면서 성인과 아이를 포함해 3명의 좌석이 제공되어야 한다."였다. 하지만 이 조건에 대하여 제국자동차산업협회는 매우 난색을 표명하였다. 왜냐하면 차량과 세부사항은 물론 업무에 할당된 기간에 있어서도 히틀러와 나치는 터무니없는 요구를 했기 때문이다. 나치는 이 문제를 1년 이내 모두 해결하기를 원했지만 협의 이전부터 히틀러가 요구한 차량의 세부조건에 있어서 엔진개발에만 수년간의 연구를 필요로 하는 것이었다. 그러나 이러한 기간보다 더 곤란한 문제는 자동차의 판매가격이 천 마르크라는 점이었다. 그 당시 독일에서 일정부분 대량생산이 가능했던 오펠OPEL도 자신들의 소형차 P4를 1934년에 이천 마르크 정도에 판매하고 있었다. 따라서 제국자동차산업협회는 나치정부가 '국민차프로젝트' 정책을 추진하는데 있어 전혀 경제적인 부분을 고려하고 있지 않음을 확인하였고, 더욱이 '국민차폭스바겐'라 불리는 소형차 개발이 자신들이 확보하고 있던 기존의 자동차시장을 침해할 수 있다는 우려를 하고 있어서 어떤 수를 써서라도 이 정책에 반대하고자 했다. 그러나 히틀러 강력한 의지에 반대만을 할 수 없는 상황이었고, 결국 제국자동차산업협회는 이 문제에 대하여 논의한 끝에 최종결정을 피하면서 타협안을 제시하게 된다. 그들의 제안은 제국자동차산업협회의 소속 기업들을 중심으로 공동연구단체를 만들고, 기술적이고 계산적인 문제에 대해서는 정밀한 조사와 함께 차량 디자인을 설계사무소에 위임하는 것이었다. 이러한 과정에서 사업을 전적으로 맡아서 추진할 인물로 다임러-벤츠의 회장이었던 빌헬름 키젤Wihelm Kissel이 페르디난트 포르쉐Ferdinand Porsche를 추천하게 된다.

포르쉐는 그 당시 성격은 괴팍하고, 고집이 세며 방탕한 인물로 소문이 나 있었다. 하지만 자동차 업계에서는 기술적인 열정과 재주만큼은 명성이 자자한 인물이었다. 특히 그는 자동차 기술적인 부분에 있어서는 제국의 지도자라 할지라도 간섭받는 것을 싫어할 정도였다. 이는 그의 외손자이자 폭스바겐 주식회사Volkswagen AG 이사회 의장까지 역임하는 페르디난트 피에히Perdinand Piech가 남긴 기록에도 그 모습이 잘 드러나 있다. "오로지 기술만 알고 살았던 외골수의 외할아버지는 히틀러에게도 자유롭게 의사를 표현할 정도로 기술적인 영역만큼은 간섭받기를 싫어했다. 외할아버지는 신변의 위험에도 아랑곳하지 않고 나치제복을 입지 않겠다고 고집을 부려 주위 사람들의 가슴을 조마조마하게 만든 분이다. 하긴 외할아버지는 제국 시대에도 제복을 입지 않았던 고집스러운 분이었다."[7] 실제로도 포르쉐는 공식적인 자리에서 당의 유니폼을 입기 보다는 쓰리피스 정장을 입거나 혹은 현장에서 작업복을 입은 모습으로 나치당원들과 구별되는 면모를 보여준다. 이는 스스로가 나치로부터 멀리하려고 노력한 것으로 이해할 수 있고, 또 실제로 포르쉐는 그러한 이미지 전략에 성공하여 전적으로 기술적인 분야에 매진한 인물로 후대에 평가될 수 있었다. 그는 이미 1930년대 초에 자신이 과거에 구상한 소형차를 바탕으로 표준가격으로 이용 가능하며, 시합에서 다른 차량들과 동등하게 달릴 수 있는 자동차, 그러면서 중량은 600-650kg, 최고 26마력에 최고시속 100km/h의 차량을 폭스바겐의 초안으로 계획하고 있었다. 포르쉐는 이러한 계획을 바탕으로 히틀러의 심복이자 자동차에 관하여 조언자 역할을 하고 있었던 야콥 벨린 Jakob Werlin을 통해서 '국민차사업'의 최종결정권자인 히틀러와의 접촉을 시도했다. 정부의 지원속에서 마침내 1935년 7월 포르쉐는 제국자동차협회에 자신이 개발한 'V-1' 모델을 선보인 이후 다양한 공랭식 엔진개발에 착수했다. 그래서 포르쉐와 그의 기술팀은 기본가격에 있어서 4기통보다 2기통엔진이 힘이 좋으면서 비용이 적게 드는 것을 확신하고 엔진타입 'C'형과 'D'형 개발에 박차를 가했다. 엔진과 서스펜션의 개선 및 차체 외형의 변경을 통해서 마침내 1936년 6월에 'W-30'모델을 내 놓았다. 그리고 다음 달 히틀러의 별장이 위치한 오버잘츠부르크Obersalzburg에서 향후 폭스바겐 프로젝트의 결정적인 전환점이라고 할 수 있는 포르쉐와 히틀러의 만남이 이루어졌다. 포르쉐가 개발한 '국민차' 시제품 가운데 2대의 차량에 대한 성능시험도 함께 진행된 이 자리에서 당시 '고속도로 프로젝트' 사업의 수장이었던 프리츠 토트Fritz Todt, 공군 최고사령관 헤르만 괴링Hermann Goring 등 히틀러의 최측근들도 함께 참석해 있었다. 이날 테스트는 히틀러와 나치에게는 만족할 만한 수준에 이르렀고, 결과적으로 차량에 공식적인 가격도 990마르크로 결정되었다. 동시에 그동안 '국민차' 프로젝트에 반대하거나 적어도 기피하는 경향을 보여준 자동차산업계를 전체 프로젝트로부터 배제하기로 결정하였다. 그리고 동시에 '국민차' 생산을 위한 '전적으로 독립적인' 회사 설립에 대한 이야기가 그 자리에서 오가게 되었다. 이를 통하여 포르쉐와 히틀러 양자 사이에 제휴가 본격적으로 시작되었다.[8] 이러한 만남을 통해서 포르쉐는 향후 '국민차' 공장설립 과정에서 중요한 역할을 담당하게 되는데, 특히 1937년 5월에 설립된 '독일 폭스바겐 준비회사Gezuvor: Gesellschaft zur Vorbereitung des Deutschen Volkswagen'에서는 본인과 야콥 벨린, 독일노동자전선DAF의 대리인 보도 라퍼렌츠Bodo Lafferenz과 함께 최고 이사진을 구성하게 된다. 하지만 포르쉐의 천재적인 능력으로 기술개발은 어느 정도 성공을 거두었을지 몰라도, 그것만으로 아직까지 '국민차' 사업이 완전하게 성공했다고 표현할 수 없었다. 왜냐하면 차량생산에 필요한 대규모 시설을 가진 공장건설과 경영 그리고 대중들에게 원활한 보급은 앞서 이루었던 기술과는 전혀 별개의 문제로 남아 있었기 때문이다.

<8-4> 히틀러와 폭스바겐 자동차 모형
출처: https://de.wikipedia.org/wiki/Volkswagen_AG

'폭스바겐 회사' 건설과 나치정권 |

히틀러는 '국민차 프로젝트'를 위해 독일 자동차산업계의 공동 작업을 매우 강조했다. 하지만 히틀러의 바람과는 다르게 자동차산업계는 '국민차'정책의 구상초기에서부터 경제성을 이유로 포르쉐의 차량모델

<8-5> 폭스바겐 최초의 모형

출처: https://de.wikipedia.org/wiki/Volkswagen_AG

개발과 시험 제작과정에서 지속적으로 소극적이거나 회의적인 태도를 취해왔다. 이러한 태도는 결국 포르쉐의 기술개발에도 큰 차질을 주게 되었고, 결국 독일자동차협회와 포르쉐 사이에 깊은 갈등관계를 낳게 되었다. 하지만 포르쉐는 이러한 상황을 차량의 성능시험을 통한 히틀러와 접촉을 통해 '국민차' 생산 허가를 이끌어내게 된다. 사실 폭스바겐 정책에 대한 독일 자동차산업계의 입장은 폭스바겐 기업 설립과정에 중요한 부분을 차지한다. 나치는 처음에 '국민차 프로젝트'로 건설되는 회사에 대한 모든 경영권과 권한을 모두 독일자동차산업협회에 위임하고자 했다. 그러나 이와는 달리 1938년 9월 공식적으로 설립되는 '폭스바겐회사'의 실질적인 경영권은 제3제국의 손에 놓여있게 된다. 그러한 과정은 제3제국 시대에 국가와 기업간의 관계를 설명하는데 매우 중요한 단초를 제공한다. 실제로 독일 제3제국 연구에 있어서 경제는 전적으로 국가기능에 종속되었고, 모든 경제활동은 이른바 '민족공동체'를 위한 운동의 일부로써 격하되었다고 주장하는 학자가 있었다. 이에 기업도 국가에 종속되어 침묵하게 되었다고 보고 있으며, 나치정권은 제국의 협력자에게는 보상을 주고, 반대자에게는 불이익을 주었기 때문에 대기업은 체제에 대한 협력의 여부에 따라서 몰락하거나 번창하였다. 하지만 이러한 주장에 대해서 반론을 제시하는 학자도 등장을 하는데 특히 제3제국 초기에는 나치가 급진적인 친노동자적 경제정책으로 대부분의 기업이 나치즘에 대해서 유보적인 입장을 취했고, 기업과 국가가 완전한 예속도 협력도 아닌 갈등관계에 있었다는 연구결과도 등장하였다. 그 대표적인 사례가 바로 '국민차 프로젝트'를 두고 나타난 나치와 자동차산업계였다.

새롭게 개발한 자동차의 차량성능 시험의 성공과 히틀러의 '국민차' 생산허가 및 결정에도 불구하고, 대량생산을 위한 공장건설에 필요한 재정문제가 심각한 문제로 등장하였다. 실제로 포르쉐가 '국민차'를 연구 개발하는 과정에서 점차적으로 증가하는 재정문제와 생산에 필요한 원료부족 그리고 나치의 팽창적인 중화학중심의 경제발전으로 인하여 '국민차' 생산을 위한 공장건설은 심각한 재정위기에 직면하고 있었다. 독일 자동차산업계는 여전히 포르쉐의 '국민차'가 단기간 내에 대량생산에 들어가는 것이 불가능하다고 생각하고 있었다. 하지만 이러한 재정위기를 해결할 방안이 BMW 대표인 프란츠 요제프 포프Franz Josef Popp에 의하여 제안되었다. 그는 그 당시 '국민차' 계획을 반대하면서도 대량생산에 필요한 재정위기를 해결하는 방법으로 "첫째, 히틀러가 노동자들을 위해서 국민차를 만들려고 하기 때문에 독일노동전선DAF이야말로 '국민차' 공장 건설의 후원자가 되어야 한다. 둘째, 독일노동전선은 기족의 자동차산업과 은행에 재정적인 요청을 할 필요가 없을 만큼 공장건설에 필요한 자본을 충분히 가지고 있다. 셋째, 세금감면을 위해서 폭스바겐공장은 비영리적인 공공기업으로써 설립되어야만 할 것이다. 넷째, 다수의 유통비용을 절약하기 위하여 독일노동전선은 수많은 지부를 통해 다각도로 마케팅에 착수해야 한다."[9] 이 제안서를 받은, 히틀러는 1936년 7월 재정문제와 경제적인 이유로 '국민차' 정책에 대하여 소극적인 자동차산업계를 배제하고 국가노동조합이자 당 조직이었던 '독일노동전선'을 통하여 국가가 직접 공장을 건설할 것을 최종적으로 결정하게 된다. 그리고 한 걸음 더 나아가, 1937년 2월 독일자동차박람회 연설을 통해 히틀러는 '국민차' 생산을 위한 공장건설에 국가가 공식적인 주도자 역할을 맡게 되었음을 공식적으로 밝혔다. 그리고 이에 대한 실천방안으로 같은 해 5월에 '국민차' 계획에 권한을 보유하고 있었던 독일자동차협회는 완전히 손을 떼게 되며 동시에 새롭게 건설되는 '폭스바겐 회사'의 경영권 문제에도 전혀 관여하지 못하게 된다. 곧 이어 나치 주도로 '독일 폭스바겐 준비회사Gezuvor'이 수립되어, 마침내 국가적 차원에서 '국민차' 대량생산을 위한 자체 공장건설에 첫 걸음을 내딛게 된다.

'독일 폭스바겐 준비회사Gezuvor'는 기술 분야를 책임지고 있는 페르디난트 포르쉐, 히틀러의 연락원이면서 '국민차 프로젝트' 초기부터 조언을 해준 야콥 벨린, 독일노동자전선DAF의 대리인 보도 라퍼렌츠, 세 명의 이사진으로 구성되어 있었다. 각각의 업무는 정확하게 구분하기는 어렵지만 대략 라퍼렌츠의 경우에는 독일노동자전선이 우선적으로 담당했던 차량의 판매문제와 앞으로 건설될 '기쁨을 통한 힘의 도시KdF-Stadt'를 포함한 사회계획문제를 담당했다. 그리고 야콥 벨린의 경우에는 정치적인 임무를 담당했다. '독일 폭스바겐 준비회사Gezuvor' 운영에 필요한 자금은 먼저 '독일노동자전선' 산하 두 지주회사로였던 '독일노동전선 경영사업신탁회사TWU'에서 10만 마르크를, '독일노동전선 자산관리VV'에서 38만 마르크를 출자하면서 총 48만 마르크가 공급되었다. 이와 동시에 '국민차 프로젝트'는 공장건설에 따른 곤란한 제정문제보다 공장기공식과 함께 '민족공동체'의 상징으로 양식화하고, '국민차'를 제3제국의 사회정책의 업적으로 선전 홍보했다. 아울러 공장 건설부지는 중부운하와 국유철도 및 고속도로와 비교적 가까우면서 지정학적으로 매우 유리한 위치를 차지하는 중부독일 '팔레스레벤Fallersleben'로 결정되었다. 공장부지로 결정된 곳이 교통과 전략적면에서는 유리한 반면에 부품과 원료의 원활한 공급을 위해서는 적당한 곳은 아니었다. 이러한 부품 및 원교공급 문제는 공장 전체시설 계획에도 영향을 주었다. 전력수급과 원활한 부품조달을 위해 공장 부지에 발전소, 제철소, 주물공장, 기계작업장, 차체공장, 압축공장, 공구공장, 압연공장과 행정건물이 복합적으로 건설되어야만 했다. '독일 폭스바겐 준비회사Gezuvor'가 예상한 비용은 기계 및 컨베이어벨트와 함께 시설설립비용으로 7천6백4십만 마르크, 기계작업장 건설에 2천8백만 마르크, 압축공장 건설에 1천6백만 마르크가 필요한 것으로 추정되었다. 아울러 공장에 필요한 노동력으로 첫 단계에서는 7,500명, 두 번째 단계에서는 25,000명, 그리고 마지막 세 번째 단계에서는 21,000명으로 예상했다. 숙련 노동자의 비율에 대해서는 별다른 계획을 세우지 않았고 그 대신 자동차 생산에 필요한 수준 높은 핵심인력을 확보하기 위해 포괄적인 도제교육을 위한 '초기공장Vorwerk'의 건설이 강조되었다. 특히 '독일 폭스바겐 준비회사Gezuvor' 이사 가운데 라퍼렌츠는 이 부분을 담당하면서 '폭스바겐 공장'을 '세계최고수준'의 공장으로 만들어 내고자 세밀한 계획을 세웠다. 이를 실현하기 위해 라퍼렌츠는 독일보다 한발 앞서 자동차 대중화를 성공적으로 이끌었던 미국 포드Ford회사의 리버루지River Rouge 공장을 모델로 삼았다. 준비과정에서 '독일 폭스바겐 준비회사Gezuvor' 이사진들은 모두 미국에 건설되어져 있는 포드공장을 방문하였고, 훗날 포드공장에서 생산을 담당하는 전문가를 직접 폭스바겐 공장에 고용할 수 있었다.

최초의 '국민차'에 대한 히틀러의 구상은 '국민차 프로젝트' 사업에 대한 독일 자동차산업계의 미온적인 대처와 이로 야기된 갈등, 정책 추진과정에서 발생한 설계자 포르쉐와 '제국자동차협회'와의 갈등, 그리고 개발과정에서 협회의 재정적인 부담이 점차로 증가하게 되면서 '국민차'의 경영권이 최종적으로 독일자동차산업계에서 결국 제3제국의 나치정권으로 넘어오게 되었다. 이 과정에서 1936년 6월에 제시된 포프의 제안서는 '폭스바겐' 정책이 앞으로 '독일노동전선'의 주도아래

발전하게 되는 결정적인 계기를 마련해 주었던 것이다. 그러나 자동차 디자인의 완성과 공장건설 부지의 확보, 경영권의 결정에도 불구하고 재정문제는 여전히 '국민차 프로젝트'에 있어서 최대의 장애물로 남아 있었다. 이에 히틀러와 나치정권은 '국민차'의 대량생산에 있어서 노동자 대중의 참여와 열기를 필요로 했다. 이를 위해서 '독일노동전선'은 다시 '민족공동체'라는 슬로건 아래 여행자 프로그램, 저축 프로그램, 그리고 광고포스터를 통한 대대적인 선전 작업에 돌입하기 시작했다.

'국민차' 선전과 나치정권 ㅣ

1937년 독일은 경제 전체를 준전시경제체제로 전환하면서 극심한 외환고갈과 원자재 부족현상에 직면해 있었다. 이 와중에 히틀러는 '국민차'에 대해 1938년 2월 베를린 국제자동차박람회에서 "우리는 다가올 미래에 독일 민족을 위한 차량을 제공함으로써 자동차를 통해 기쁨과 애정을 누리지 못했던 이들을 만족시킬 것이다. 이것은 무엇보다도 자동차가 더 이상 고임금을 받는 특정계층의 상징이 아니라는 사실을 의미한다. 오히려 자동차는 점차 독일에서 만인의 일반적인 교통수단이 될 것이다. … 오늘 나는 빠른 시일 내에 우리가 가장 저렴한 자동차를 생산 할 것이라고 확신한다."라고 말했다. 히틀러와 나치는 자신들의 슬로건 '민족공동체'의 효과를 극대화하기 위해 '국민차'정책을 통하여 대중의 지지를 얻을 필요가 있었다. 그래서 이제 마지막 남아 있는 자동차의 생산을 위한 공장건설을 위해 '독일노동전선' 산하에 있는 노동여가조직 '기쁨을 통한 힘KdF'을 이용하게 된다.

나치의 '국민차' 구상을 구체적으로 실현하기 위해 '기쁨을 통한 힘KdF'은 1938년 최대의 재정적 규모를 요구하는 사업에 착수하게 된다.

그것이 바로 니더작센 주 '팔레스레벤Fallersleben'에서 추진된 '폭스바겐 자동차공장' 건설과 이와 연계된 'KdF-자동차KdF-Wagen 도시' 건설이었다. 폭스바겐 자동차공장 건설에서는 처음부터 노동자의 작업환경 개선이라는 '기쁨을 통한 힘KdF' 산하 관청 '노동의 아름다움Schoenheit der Arbeit'의 핵심적인 활동에 따라서 공장 내부에 우체국, 병원, 체육시설 및 다양한 종류의 부대오락시설과 최신식 사워실과 화장실을 함께 설치하는 것을 고려했다. '자동차도시' 건설에는 작업장의 특색을 살린 공장보다 더 일상생활에 필요한 작업이 더욱 강화되었다. 연립주택은 밝고, 바람이 잘 통하며 실용적으로 설계되었으며 무엇보다 청결을 촉진시키도록 건설되었다. 산업노동자들을 위한 주택내부 시설은 부모용 침실과 12세 이상의 어린이를 위한 침실을 분리하는 설계까지 포함하고 있다. 이러한 설계는 지배민족으로서 독일민족의 자격에 적합한 '창조적인' 독일 노동자들에게 걸맞는 주택을 구상했고, 그 구상에는 건강한 민족공동체의 핵심으로써 독일인의 가정이라는 선전이 포함되어 있었다.

폭스바겐 공장 건설을 위한 재정마련을 위해 '기쁨을 통한 힘KdF의 저축프로그램'이 등장한다. 폭스바겐 공장 기공식이 행해진 1938년 5월 26일 히틀러와 나치정권의 지도부들은 5만명의 시민 앞에서 기념행사를 가졌다. 이 행사의 연설에서 히틀러는 "많은 이들이 국민차에 대한 아이디어를 불가능하고 무시했지만, 나는 '불가능'이라는 단어를 싫어한다. 이 자리에 우리 민족을 위한 자동차가 있기까지 KdF는 수많은 노력을 해왔다. 그러므로 폭스바겐은 나치 민족공동체의 상징으로 빛날 것이다. 또한 이 차량의 이름은 그간의 노고를 치하하는 의미에서 '기쁨을 통한 힘의 자동차KdF-Wagen'라고 불릴 것이다."[10] 히틀러의 연설 이후 '기쁨을 통한 힘'과 라페렌츠는 폭스바겐 공장 건설을 위한 재정문제를 해결하기 위해 대대적인 선전활동에 들어가게 된다.

먼저 '기쁨을 통한 힘'의 저축프로그램이 등장했다. 여기서 주목해야 될 점은 폭스바겐을 구매할 수 있는 조건을 '독일노동전선'회원에 한정하자는 포프의 주장도 있었지만, 히틀러는 최종적으로 자신의 의견대로 독일의 모든 완전무결한 민족이 구매할 수 있도록 회원이외의 사람도 구매 가능하도록 하였다. 그리고 자동차의 기본 판매가격을 기본 모델은 990마르크, 컨버터블-리무진 차량은 1,050마르크로 정하고, '독일노동전선' 관청, 독일노동은행과 드레스덴은행의 각 지점에서 발행하는 주당 5마르크짜리 저축우표 형태로 자금을 조달하기로 했다. 저축계약은 양도는 불가능했지만 유증은 가능했다. 중도해약이 원칙상 불가능했지만 특별한 예외의 경우에는 저축액의 20%를 행정비용으로 공제하고 환불이 이루어졌다. 이를 통해 '독일노동전선' 자동차 저축제도는 전반적으로 위험부담이 없는 '생산 전 자금조달Produktvorfinanzierung'을 보증했고, 생산단계에서 발생하는 불가피한 손해를 일시적으로 해결하는데 결정적인 도움을 주었다.

하지만 이러한 폭스바겐 판매를 위한 '기쁨을 통한 힘'의 프로그램은 몇 가지 문제점을 가지고 있었다. 무엇보다 폭스바겐을 위한 '기쁨을 통한 힘KdF의 저축프로그램'은 "노동자들이 국민차를 살 수 있도록 만들겠다."는 선전에도 불구하고 노동자의 참여가 크게 제한적이었다. 특히 1942년에 제출한 저축제도에 대한 결과보고서를 분석한 연구에 따르면 저축자들의 사회구성이 대부분이 중산층 출신이었고, 매월 평균 300-360마르크의 수입이 보장되는 계층이었다. 이에 비해 독일 노동자의 평균수입은 중산층의 3분의 1수준에 불과했다. 그리하여 저축프로그램의 참여자 중 노동자계급은 많아야 5%선을 넘지 못하고 있었다. 당시 임금노동자의 평균 주당소득이 세금포함 26.50마르크였기 때문에 5마르크라는 폭스바겐을 위한 저축액은 노동자의 살림살이로는 거의 조달하기가 어려웠고, 대부분의 주급은 생활비와 관리비를 위해서 충당될 수밖에 없었다. 따라서 '국민차'를 앞세운 대대적인 선전과는 달리 '노동자들을 위한 폭스바겐'의 판매라는 나치의 슬로건은 환상에 지나지 않은 것이었다.

이러한 문제점에도 불구하고 대중들은 '국민차'에 대해 열정적인 관심을 보였다. 한 노동자의 아들은 자동차 발표에 대한 그의 열정적인 반응을 다음과 같이 표현했다. "나는 완전히 반해버렸다. 너도 알겠지만 그 모든 사람들, 그 모든 가족들이 시간이 지남에 따라서 차를 살 수 있게 되었단다. 그들의 계획하고 있는 것은 놀라운 것이었지"[11] 나치 탄압을 피해 프라하로 망명했던 독일 사민당 망명조직의 비밀보고서에서도 '국민차'에 대한 독일사회의 인기를 엿볼 수 있다. "독일사회는 'KdF-Wagen'정신병에 빠졌다. … 오랫동안 KdF의 자동차는 독일의 모든 주민들 사이에서 중요한 대화주제가 되었다." 저축제도와 함께 폭스바겐 차량 판매를 위한 대대적인 홍보도 함께 진행하였다. 차량의 시험주행을 위해서 기자들을 초청하고, 시제품을 사무실, 공장, 전시장, 연회모임 그리고 자동차 대회에 전시하였다. 나치당 역시 폭스바겐에 대해서 세계적인 관심을 끌어들이기 위해 계속해서 노력을 했다.

<8-6> '기쁨을 통한 힘(kdf)'의 국민차 포스터 광고 1

출처: https://de.wikipedia.org/wiki/Volkswagen_AG

저축제도와 함께 '기쁨을 통한 힘'이 차량의 홍보를 위해서 사용했던 강력한 수단이 바로 광고포스터였다. '기쁨을 통한 힘'은 1938년 자가용 자동차에 대한 여러 개의 홍보포스터를 만들었으며, 이 포스터 기존의 나치정당의 정치선전 포스터와는 달리 화려하고 평화롭고 여유로운 모습을 담고 있다. 악스터-호이틀라스Werner von Axster-Heudtlass가 제작한 두 장의 포스터에는 모두 독일인들의 여행용 자동차인 'KdF-자동차'가 주제였다. 한 포스터에는 3명의 아이들과 함께 등장하는 젊은 부부는 자가용 자동차로 목적지를 찾아가는 중 휴식을 즐기고 있다. 이러한 분위기는 선전과 홍보에 가족의 이미지를 자주 이용하는 나치 선전포스터의 전형이었다. 또 다른 포스터에는 겨울 산을 배경으로 하여 폭스바겐의 딱정벌레 모양의 자동차와 이를 위한 할부청약통장, 그리고 이미 할부금을 지불하여 반 이상 채워진 스티커가 부각되고 있다. 이 포스터들은 폭스바겐을 타고 휴가를 떠나는 환상을 담보하여 절약과 저축을 강조하고 있다. 또한 포스터는 보는 이로 하여금 조만간 자동차를 구입하여 휴가지로 타고 갈 수 있다는 환상을 갖게끔 만드는 것이었다.[12]

<8-7> '기쁨을 통한 힘(kdf)'의 국민차 포스터 광고 2

출처: https://de.wikipedia.org/wiki/Volkswagen_AG

결과적으로 나치의 대대적인 선전과 홍보에 힘입어 'KdF-저축프로그램'은 노동자 평균 7개월 동안 월급에 해당하는 폭스바겐을 구입하기 위하여 전쟁발발 이전까지 약 336,668명이 매주 적금 스티커를 구매하면서 총액 2억3천6백만 마르크라는 어마어마한 액수에 도달했다. 이로써 나치는 '기쁨을 통한 힘'을 통하여 폭스바겐에 대한 대대적인 선전광고와 함께 차량 생산 작업에 필요한 재정을 확보하는데 성공할 수 있었던 것이다.

나치정권과 폭스바겐의 명암 |

독일의 대표적인 기업이자 세계적인 자동차 제조회사인 폭스바겐 Volkswagen AG의 탄생에는 히틀러와 나치정권의 '국민차Volkwagen 프로젝트'가 직접적인 원인이었다. 그 당시 자동차는 여전히 값비싼 사치품으로 생각하고 있었던 독일국민들에게 히틀러는 '노동자'도 가질 수 있는 저렴하고 성능 좋은 자동차 개발을 통해 국민들을 정치적인 목적으로 '민족공동체Volksgemeinschaft'의 강화를 위한 하나의 선전도구로 이용했다. 표면적으로 제3제국 정부는 경제발전과 기술개발 그리고 한걸음 더 나아가 당시 가장 큰 문제였던 실업률 해결을 위한 일자리 창출이 사업의 주된 목적이라고 주장했지만 결국에는 '국민차' 사업계획을 주도적으로 이끌어 갈 자동차 민간 기업들의 의견을 무시한 채, 전체주의식 사고방식과 행동양식으로 밀어붙여 '불가능은 없다'라는 구호와 함께 국가주도형 기업으로 마침내 탄생한 것이다.

그는 처음부터 국가가 주도하는 폭스바겐 회사의 설립을 계획하지 않았다. 최초의 생각은 오직 독일자동차 산업계와의 협업을 통해 자신의 정책이 실현될 것이라고 예상했다. 그러나 '국민차' 사업의 초기부터 독일 자동차회사의 모임인 '제국자동차산업협회RDA'는 이 사업이 경제성이 결여되었다는 이유로 협업을 거부했다. 대신 협회는 나치체제의 적으로 몰려 정치적 보복을 당할 수 있다는 두려움 때문에 이 사업에 대한 히틀러의 의지에 대해 적극적인 저항보다는 회피나 비협조적인 태도로 일관했다. 이는 그 당시 히틀러의 사업을 기술적으로 실현시키기 위해 노력한 자동차 기술자이자 발명가인 '페르디난트 포르쉐'와 협회간의 갈등에서도 확인할 수 있다. 이처럼 '국민차' 정책의 초기 수립단계에서 히틀러와 나치정권의 기대와는 달리 국가와 민간기업의 협업관계는 성사되지 못했다.

폭스바겐 회사설립 및 공장건설 과정에서 민간기업 단체인 '제국자동차산업협회RDA'와의 협업이 결렬되자 나치당NSDAP산하 국가노동조직인 '독일노동전선DAF'이 문제해결을 위해 등장한다. '독일노동전선'의 등장에는 협회의 제안도 있었지만 나치당 내부에서 자신들의 입지를 강화하기 위한 목적으로 '국민차' 정책에 개입했음을 알 수 있다. 하지만 가장 중요한 원인은 '국민차' 사업의 완성을 위해 재정규모가 엄청나게 크게 늘어나자 바이마르 시기 노동조합의 재산을 관리하고 있었던 '독일노동전선'이 재정적인 면에서 본다면 가장 적합한 조직이었다. 그래서 '국민차' 공장설립에 필요한 재정문제를 '독일노동전선'이 맡게 되고, 이를 바탕으로 '독일노동전선'의 수뇌부는 '폭스바겐 회사'의 초기 경영권까지 인수하기에 이르렀다. 이리하여 폭스바겐 공장 설립계획은 다시 활력을 되찾을 수 있었던 것이다.

'폭스바겐 회사'의 건설계획이 실현되는 데에 있어 히틀러와 나치가 지속적으로 주장한 '민족공동체' 건설이라는 주장이 중요하게 작용했다. 독일 노동자들이 구입 가능한 자동차, 국민과 민족을 위한 자동차 개발이 결국 '폭스바겐 자동차 회사' 설립까지 연결되는 것이다. '독일노동전선'은 국가노조 설립 당시 노동자, 사무직 종사자뿐만 아니라 기업가들까지 포함한 '생산하는 모든 독일인의 공동체' 정신을 강조했는데 이러한 점도 나치정권이 주장한 '민족공동체'를 위한 폭스바겐 선전에 극적인 효과가 있었다.

'국민차' 계획의 실현을 위해서 독일 국민의 자동차에 대한 대중적 관심과 열기가 크게 가세했음을 지적할 수 있다. 특히 폭스바겐 회사의 경영을 맡게 된 '독일노동전선'은 대중들의 관심과 열기를 고조시키기 위해 대대적인 선전과 여행 프로그램을 운영하였다. 나치정권은 노동자들의 지지를 확보하기 위해 '기쁨을 통한 힘KdF'을 창설하여 공장 내 각종 오락, 여행, 환경개선작업 등을 추진하고 있었는데, 여기에 폭스바겐 차량 구매를 위한 저축프로그램과 홍보포스터를 활용하였다. '기쁨을 통한 힘KdF'의 여러 여행프로그램은 노조의 파괴적인 행위로부터 노동자들을 나치가 구상하는 '민족공동체'에 포함시키고 계급분열을 종식시키는데 에도 이용되었다. 그리고 '기쁨을 통한 힘KdF'은 공장의 환경개선, 체육프로그램 도입 등 다양한 심미화 프로젝트를 통하여 공장의 생산성 증대, 노동윤리의 회복, 인종적 위계질서를 강조했다. 이러한 '기쁨을 통한 힘KdF'의 여러 프로그램 가운데에서 폭스바겐 생산공장 건설과 이와 연계된 'KdF-자동차도시' 건설 사업은 가장 중요한 업적이 되었다. 특히 나치정권은 '저축프로그램'과 차량판매를 위한 광고 및 홍보용 포스터를 통해 2차 세계대전이 일어나기 전까지 약 33만 7천여 명이 참가하면서 총 2억 3천 6백만 마르크라는 금액을 모았고, '폭스바겐' 자동차에 대한 대중의 폭팔적인 관심과 열기를 일으키는데 성공했다.

그러나 히틀러와 나치정권은 '민족공동체'라는 슬로건 아래 '국민차' 정책을 통해 노동자 대중의 열기와 관심을 모으는 데에는 성공했지만 과연 독일 노동자들이 '국민차' 정책의 최대 수혜자였는가에 대해서는 많은 문제가 있음을 지적할 수 있다. 왜냐하면 '폭스바겐 저축 프로그램' 참여자들의 사회적 구성은 나치의 선전과는 달리 참여자의 95%가 중산층이었던 반면에, 노동자계층의 참여율은 불과 5%에 지나지 않기 때문이다. 당시 노동자들이 받는 임금은 생활비를 충당하기에도 벅찬 것이었다. 그러므로 '저축 프로그램'에 대한 나치의 주당 5마르크 선전은 당시 독일에서 폭스바겐과 함께 대중의 관심을 유도하는데 성공했을지 모르나 독일 노동자들의 실제적 참여를 이끌어내는 데에는 큰 한계가 있음을 보여준다. 이는 히틀러의 원래 계획이었던 노동자도 구입할 수 있는 대중적인 이른바 '국민차'가 된 것이 아니라, 사회의 중산층과 나치당과 간부들과 장교들만 타는 '간부차'가 되어 버린 것이다. 그리고 2차 대전이 발발한 이후에는 대부분 군수물자와 차량을 제작생산하게 되면서 원래 취지를 무색하게 만들었다.

이와 같이 '폭스바겐 회사'의 설립과정에는 히틀러의 개인적인 관심과 '국민차' 구상뿐만 아니라 기업의 이해관계, '독일노동전선' 및 나치 당원들의 정치적인 욕망, 포르쉐를 위시한 자동차 기술자 집단의 능력, '국민차' 소비에 대한 대중들의 열망, 특히 소형차에 대한 환상과 집착 등이 복합적으로 어우러졌음을 알 수 있다. 이 모든 접점에는 바로 히틀러와 나치 정권이 지속적으로 주장했던 전체주의식 '민족공동체'가 가장 핵심적인 연결고리로 작용했다. 그래서 '폭스바겐 자동차' 회사의 탄생에 나치정권의 전체주의적 의도가 중요한 배경이 되었음을 부인할 수 없다. 기업과 전체주의 국가와의 결합은 결국 인류를 유토피아로 이끈 것이 아니라 막대한 물적 인적자원을 파멸로 몰고 간 전쟁과 전쟁 중 '강제 노동자'를 동원한 노동력 착취와 희생자 유발로 인간의 권리마저 잃어버린 디스토피아에 도달하게 된다는 점에서 절대로 잊어서는 안 되는 역사적 교훈을 남긴다.

제9장 러시아

'피의 일요일' 이후 러시아 기업가의 정치적 실험과 대 좌절

이정희(영남대학교 역사학과 교수)

'피의 일요일'의 비극 |

20세기 초, 네바 강변의 상뜨 뻬쩨르부르크는 제국 시대 러시아의 우아한 궁정과 아름다운 건축물, 유럽의 과학과 예술 그리고 부와 고급 교육을 추구하는 부유한 귀족과 교양사회, 상인들로 가득 찬 도시였다. 그러나 동시에 이 도시 뒷면에는 45만 명에 이르는 극빈 층 산업 노동자들과 갈수록 어두운 미래만을 가진 빈농들이 집중되어 있었다. 러시아는 1880년대부터 빠른 산업화와 경제력의 팽창에도 불구하고 공장에서의 임금수탈과 열악한 환경, 심화되는 민중의 빈곤과 불평등, 비참하고도 열악한 주거 환경, 정치적 탄압 등으로 다가 올 위기와 디스토피아 세계를 암시하고 있었다.[1]

<9-1> 20세기 초 러시아 수도 도시 빈민의 모습

1905년 1월 9일[2]은 세계사에서 <피의 일요일>로 알려진 비극적 사건으로 러시아의 역사와 미래를 송두리 채 바꾸는 날이었다.[3] 이날 아침 상뜨 뻬쩨르부르크의 공장 노동자들은 가퐁 신부의 영도아래 대규모 집회와 시위 행렬로 궁정광장으로 향했는데, 처음에는 황제에게 노동자들의 공장 내에서의 노동 조건의 향상을 호소하는 청원서를 제출하려는 것으로 시작되었다. 도로 양쪽의 경찰의 제재에도 불구하고 시

위행렬이 궁정 광장에 도착하자 정부의 궁정 경비대는 급기야 총을 쏘아 대었다. 이 폭력적 탄압은 급기야 130명의 사망자와 500여명의 피투성이 부상자들을 내고 말았다. 이러한 정부의 대응은 노동자들에게는 전혀 예상하지 못한 것이었다. 이 무모한 대량 학살은 순식간에 상뜨 뻬쩨르부르크의 전 도시 공장 노동자들에게 절망과 분노 그리고 저항을 불러 일으키게 되었다. 이후 러시아는 1905년 내내 전국의 산업 공장 곳곳에 폭력과 약탈이 번져 가면서 대혼란의 파국으로 치달았다. 1905년 4월에 파업은 이제 정치적 반란으로 변해 갔고, 농촌에는 농민 반란, 6월에는 흑해 연안 전함 포 킨 호 해군 수병들의 군사 반란으로 확대되었다. 이러한 대파국은 마침내 러시아 역사상 최초의 노동자들의 한 총 파업으로 이어졌다. 10월 총 파업 참가자 수는 그전까지 년 평균 4만 3천명이었던 것에 비해 열배가 넘는 43만 명으로 증가하였다. 1905년 한해 전국의 총 파업의 참가자수는 280만 명으로 추정되었다.[4] 정부 탄압에도 불구하고 공장 노동자들 사이에서는 자생적으로 각종 저항적 노동조직이 발생하였으며 10월에는 반 정부적 저항이 절정에 달하여 노동자들의 최초의 정치적 자치 조직으로서 소비에트가 탄생하였다. 러시아에서 산업화 이후 계급의 대립을 갖고 온 디스토피아의 세계는 이렇게 시작되었다.

<9-2> 1905년 1월 상뜨 뻬쩨르부르크의 피의 일요일 사건

1905년 노동자 계급이 보인 급진적 행동주의는 당시대 유럽 각국의 어느 노동자들보다도 더 전면적일 뿐만 아니라 전투적이었다. 오늘날 역사가들은 이 호전성이 단지 러일 전쟁의 패배와 희생에 따른 일시적인 고통이나 분노에 의한 폭동이 아니라, 1870년대 러시아의 산업화 이후 30여 년 동안 누적되어 온 수탈과 억압에 대항한 지하 노동자들의 집단 행동의 연속적인 결과였음을 증명하였다.[5]

1861년 농노 해방령과 대 개혁은 불철저한 내용으로 인하여 미미한 성과 밖에 거두지 못하고 오히려 불평등한 토지 배분과 농민수탈로 인하여 농민층이 격심하게 궁핍해지면서 빈농으로 전락하기 시작했다. 빈농들은 생계를 위하여 토지를 떠나 대규모 도시로 흘러 들어왔다. 농업 개혁의 실패에 분노한 지식인, 청년·대학생들은 목숨 걸고 민중들에게 혁명적 봉기를 역설하는 인민주의 운동을 지하에서 벌이기 시작했다.[6] 갑자기 도시로 몰려온 빈농은 곧 빈곤한 산업 프롤레타리아로 변화했다. 노동자들은 열악하고 모순된 노동환경 때문에 인민주의자들의 혁명적 선전과 선동에 금방 흡수되는 모습을 띠었다. 1881년 혁명적 인민주의자들에 의하여 황제 알렉산더 2세가 암살되었다. 이 사건은 산업노동자들이나 도시 빈민층에게도 반란과 저항을 자극 시키는데 크게 기여하였다. 인민주의자들의 행동주의와 선전의 영향 아래 북부 뻬쩨르부르크와 남부 오뎃샤 지역에서 각각 노동자 동맹들이 조직되었다.[7] 특히 북부러시아노동자 동맹이 작성한 연설문을 보면 급진적 저항의 노선이 일찍부터 나타난다.[8]

노동자들이여! 이제 우리들은 여러분을 부릅니다. 우리는 여러분의 양심과 의식에 호소합니다. 서구의 노동자들처럼 단결하여 해방의 기치아래 모여들어야 합니다. 노동자들이여! 위대한 과제가 여러분의 앞에 놓여 있습니다. 그리스도의 위대한 말씀에 가장 먼저 응한 자들이 누구였습니까? 바로 여러분처럼 순수한 민중이었습니다. 우리는 정부에 대항하여 말할 것입니다. "세계를 부패시키는 것은 바로 그들이며 그들이야말로 악의 근원이다"라고. 이제 농촌과 도시에 가서 복음을 전해야 합니다. 여러분의 성공은 도덕적 힘에 기초한 것입니다......세계와 러시아에서의 혁명은 바로 여러분에 의해서 이루어질 것입니다.

1905년에 앞서 이미 1885년 1월에 러시아의 최대의 사적 기업인 모스크바 주 블라디미르의 찌모페이 모로죠프 공장에서 러시아 역사상 최초의 대 파업과 폭력 저항이 발생하였다. 이어 인근의 도시의 면직물 공장에서도 격렬한 파업이 전개되었다. 1891년 극심한 대기근은 더욱 더 많은 농촌 인구가 수도로 몰려 들게 하는 원인이 되었다. 1895년 11월 다시 러시아 역사상 두 번째의 대규모의 파업이 쌍뜨 뻬쩨르부르크 손튼 면직물 공장, 라페르노 공장, 메카닉 신발 공장, 케닝 방적 공장, 푸틸로프 금속공장, 보로닌 방적 공장 등지에서 발생하였다. 노동자들의 가장 큰 요구 사항은 최저 임금인상 이외에도 1일 노동시간의 단축과 무단 해고된 동료 노동자들의 복직 문제였다. 이 파업은 곧 두 번째 수도인 모스크바에도 동조를 일으켜 이바노보 보즈네센스크의 공장의 폭력 파업으로 이어졌다. 특히 상뜨 뻬쩨르부르크 손톤 공장의 대 파업으로 인하여 놀란 정부는 노동자의 1일 노동시간을 11.5시간으로 규정하는 법을 통과시켜 무마하고자 하였다. 그러나 이것은 현장에서는 제대로 지켜지지 않았다. 다시 위떼 수상의 산업화 정책이 본격적으로 시행되자 농촌과 수도의 빈민들의 이주 물결은 더욱 커져갔으며 산업 도시 러시아의 주거환경은 최악의 수준으로 하락하였다. 농촌의 원초적 반란의 행동주의적 성향을 지닌 산업 프롤레타리아는 지하에서 직업적 혁명가 지식인들과 빈번하게 접촉하면서 혁명 사상에 물들어가고 있었다.[9]

20세기 초, 러시아는 중공업 위주의 급격한 산업화로 인하여 자주 대규모 실업과 산업위기에 빠져들었다. 모스크바, 니즈니 노보고로드, 오뎃샤, 사라토프, 탐보프, 티플리스 등지의 잦은 파업은 주위 빈농들에게 농촌 반란의 자극을 주곤 하였다. 러시아는 점진적인 수공업 단계나 매뉴팩쳐를 거치지 않고 곧장 기계화가 도입되면서 미숙련 산업노동자의 수가 갑자기 두 배로 증가하여 170만 명에 이르렀다. 상뜨 빼쩨르부르크와 모스크바 도시는 노동자들과 가족을 포함한 빈민이 밀집한 그야말로 반란의 화약고 같은 구조로 변하고 있었다. 1903년에는 심지어 수도에서 멀리 떨어진 바쿠 유전지대에서 폭동이 일어났다. 이미 1903년부터 상뜨 빼쩨르부르크의 대규모 푸틸로프 금속 공장의 노동자들은 지속되는 임금하락에 저항하여 최선두적 지위에서 파업을 주동하기 시작했다.[10] 또 한편에서는 정부의 검열과 정치 탄압, 체포와 시베리아 유형 물결에 아랑곳하지 않은 인민주의적 혁명가들과 급진적 학생들의 정치적 저항과 테러활동도 심화되고 있었다.[11]

1905년 피의 일요일과 총 파업이 확산되자, 온건한 성향의 자유주의적인 여론 사회나 공적 자문기구 그리고 사적 기업가들조차도 정부로부터 등을 돌리고 정치, 사회개혁을 요구하는 성명서를 내면서 정부를 압박하기 시작했다. 결국 사면초가에 놓인 전제정부는 굴복하였다. 짜르 니콜라이 2세는 정치적 붕괴를 막기 위해서라도 <10월 선언>을 택하여 선거제에 의한 의회 기관으로서 국가 두마를 약속할 수밖에 없었다.[12] 이로서 러시아에서는 최초로 자유주의적 체제를 가능하게 해줄 변화가 시작되었다. 역사에서는 이 과정을 1905년 혁명이라고 부르게 된 것이다. 그러나 혁명의 목적의 실현은 새로운 문제였다.

1905년 총파업에서 기업가들의 입장 |

1905년 총파업과 혁명의 폭발을 둘러싸고 러시아 사적 기업가들의 입장을 검토해 보는 것은 매우 흥미롭다. 경제적 유토피아를 내세우면서 팽창해 왔던 사적 기업가들의 사회적 영향력의 한계는 결국 기업 내 노동 분규에서 나타났다. 1885년 이후부터 격렬해져 간 노동 분규는 친슬라브주의 애국심에 의거한 사적 기업가들의 경제적 유토피아의 한계를 극명하게 드러낸 국면이었다. 러시아 산업화는 국가주도의 산업화였고 이 때문에 국영기업이 2/3 이상을 차지하였으며 실제 사적 기업가들은 소수였다. 사적 기업가들은 대체로 가족 중심적 기업에서 출발하여 노동자들에 대해서 가부장적이며 온정주의적 경영방법을 적용하고 있었기 때문에 자신들이 수탈하고 있다고 전혀 생각하지 않았고 노동자들이 권위에 복종하는 것이 당연하다고 여겼다. 이로서 그들의 강국 러시아를 건설한다는 친 슬라브주의적 경제적 유토피아의 낭만적 명분은 파업을 위시하여 어떤 형태이든 노동자들의 저항을 전혀 이해하려 들지 않았고 쉽게 국가와 경찰 및 군대의 개입을 호소하는 방법을 선택하였다. 그 대가로 사적 기업가들은 이후 국내에서 발생한 모든 정치적 문제에서 독립적 목소리를 낼 수 없는 취약한 입지에 놓여 있었다. 따라서 20세기에 들면서 사적 기업가들은 사회적 분열 앞에 새로운 딜레마에 직면하게 되었다.

1905년 1월 총파업의 물결이 확산되던 모스크바 주 최대의 면직물 기업인 블라디미르시의 니콜스크 공장에서 기업가의 입장을 한 사례로 살펴 보자. 2월 14일 공장 노동자들은 수도의 파업에 동조하여 임금 인상을 요구하면서 파업에 돌진하였다. 이것은 이미 20년 전에 일어났던 1885년 이바노보 보즈네센스크 공장의 파업을 반복하는 듯했다. 그러나 니콜스크 공장은 이미 끔찍했던 과거를 경험한 바 있었기 때문에 그 후 매년 임금을 인상하여 남자 숙련공 임금이 연 평균 200루블에서 450루블까지 인상된 터였다. 이것은 다른 기업에 비해 평균 23% 높은 수준이었다. 처음에 파업 가담자는 겨우 10여 명에 지나지 않았다. 당시 경기의 어려움 때문에 기업 이윤이 40%까지 하락했으므로 상여금의 요구는 받아들일 수 없었다. 경영진에서는 이 사실을 노동자들에게 공개적으로 설명했고 파업은 비교적 평화적인 모습으로 진행되었다. 경영진의 대표였던 사바 모로죠프는 군대동원 요청에 대해서는 극히 자제하고 반대했다. 그러나 현장에서는 이런 사실에서도 불구하고 수도에서 나온 과장된 소문과 두려움에 찬 비방들이 전해오면서 니콜스크 공장의 노동자들은 다시 술렁거리기 시작했다. 그 당시의 회고를 들어보자.[13]

2월 25일 갑자기 평화로운 파업 노선이 깨어지면서 공장의 창고를 부수고 약탈하는 움직임이 시작되었다. 결국 니콜스크 공장의 경영진들은 두려움 속에서 열띤 논쟁 이후 군대 파견을 요청하였다. 곧 주 방어군의 예비 총성이 시작되었다. 그럼에도 불구하고 노동자들은 물러 서지 않고 공장 안으로 진입을 하였다. 연속된 총탄 사례에 의해 4명이 곧 넘어졌고 그 가운데에서는 12살 어린이가 한 명 있었다. 파업을 꺼려하던 다른 노동자들에게 이 소식이 전해지자 3월 1일 곧 1400명의 노동자들은 기계 앞에서 일어나 공장 밖으로 나오면서 전면적인 파업사태가 발생하였다. 서로의 무작위적인 폭력과 충돌 속에서 쓰러진 8명이 병원으로 이송되었다. 이 파업으로 공장은 28만 5천 루블의 손실을 잃었다.

이 소식을 전해들은 사민당의 볼셰비키들은 니콜스크 공장 노동자들의 행동주의를 대대적으로 환영하고 집중적 관심을 갖으면서 특히 무장투쟁을 강조했다. 무장 투쟁을 호소하는 글은 공장의 경영주 사바에게도 전해졌다. 사바는 이때부터 사민당에 대한 환상을 완전히 깨게 되었다. 지금까지 그는 개인적으로 고리끼와 크라신 등 사민당 몇몇 인물과 매우 가까운 사이를 유지한 기업가였다. 비밀리에 그는 여러 번 후원금을 전달했고 1905년 1월에 정부로부터 체포된 고리끼의 석방을 위해 그는 경찰에 1만 루블의 보석금을 내기도 했다. 이런 행동은 그가 속한 기업의 경영진이나 정부로부터 사민당이나 혁명세력과 제휴한 것이 아닌가라는 심한 의혹과 경계의 눈초리를 받았다. 그러나 사바는 결코 사회주의자는 아니었다. 성공한 기업가로서 사바는 기업에서 생산성을 향상시키고 손실을 일으키는 행동을 방지하기 위해서 최선을 다했으며 이를 위해서 기업의 단기적 이익의 희생을 감수하더라도 노동자와 공장의 이익을 옹호하기 위해 노력해 왔다. 그러나 1월의 이후 발발한 폭력 파업은 이제 더 이상 자신 개인이 막을 수 있는 상황이 아니었다. 니콜스크 공장의 총수와 고위 경영진은 사바를 맹렬히 비판하였다. 이것은 사바를 궁지에 몰아넣게 되었고 폭력적 파업은 그에게 절망적인 환멸과 혼돈을 느끼게 하였다.[14]

결국, 1905년 1월 이후의 폭력적 파업으로 인해 국민경제를 위한 역할에 강한 신념을 가졌던 대부분의 러시아 사적 상인·기업가들은 노동자들의 반란과 사회의 적대적인 비판 사이에서 심한 딜레마에 빠지게 되었다. 이런 진퇴양난의 갈등 속에서 자신들이 정치적으로 사회적으로 얼마나 취약한 처지에 놓여 있는가를 절감하였다. 이런 순간에 1905년 10월 황제가 예상을 뒤엎고 갑자기 러시아 역사상 최초로 선거제에 의한 의회인 두마의 수립을 약속하는 <10월 선언문>을 발표하였다. 지금껏 노동자뿐만 아니라 기업가 조직조차도 억압해왔던 전제적 황제의 이 태도 변화에 기업가들은 매우 놀랐다. 그러나 한편으로는 사적 기업가 역시도 자유주의적 의회 체제에 비상한 희망을 가지게 되었다. 상인·기업가 엘리트는 황제의 <10월 선언> 이후 지금까지 눌려 있던 지위에서 벗어나 처음으로 전통 토지귀족이나 인텔리겐찌야와 대등한 발언권을 갖고 정치무대에 나설 수 있는 최초의 실험 기회를 갖게 되었다.[15]

역사가들은 러시아에서 1905년 국가두마 도입 이후 과연 러시아에서 입헌체제로의 전환의 가능하였을까라는 쟁점을 둘러싸고 많은 논쟁을 벌여 왔다.[16] 국내에서 조호연이 지주귀족 젠트리층에 의한 젬스뜨보 운동이나 자유주의적 인텔리겐찌야의 정당 세력에 관한 귀중한 연구를 하여 우리에게 소개해 준 바 있다. 그는 국가두마 도입 이후 보인 러시아 자유주의적 정당이 가진 결정적인 한계는 그들이 사회경제적 기반이 취약한 지식인들의 정당이었다고 지적했다.[17] 그러나 최근까지 1905년 혁명 이후 국가두마 내에서 특히 부르주아적 상인· 기업가 세력의 활동에 관한 연구는 노동자 민중의 혁명 운동의 그늘에 가려져 매우 소홀하게 다루어졌다. 그 이유는 부르주아적 상인·기업가 세력은 '역사에서 완전한 패배자'로 낙인찍힌 탓이었다. 그리하여 그들의 의미있는 정치 활동, 정체성이나 영향력에 관한 이야기는 역사 속에 완전히 파묻혀 버린 주제였던 것이다.[18]

소비에트 시대에 1905년 혁명기 러시아 부르주아 계급에 관한 대표적인 연구는 S. 셰프, R. 베를린, Ye 체르멘스끼에 의해서 이루어졌다.[19] 그러나 이들의 연구는 자본을 축적한 사회 계급으로서의 모습과 노동자의 수탈자로서의 모습에 집중되어 있다. 이런 입장에서 서술한 공산 소비에트 시대의 대표적 저술들은 M. 로지안꼬, V. 꼬즈바넨꼬, 로꼬뜨, 시젤리니꼬프, 슬레쁘꼬프의 연구를 들 수 있다.[20]

한편 서구에서도 특히 제 3차 두마의 입법 활동과 전제정부와의 갈등에 관한 객관적 연구가 W. 월시, B. 핀추크, G. 호스킹에 의해 이루어졌다. 월시는 제 2차, 제 3차 두마의 구성원들의 직업에 관한 계량적 연구를 시도하였다.[21] 그러나 아직도 정작 국가두마 선거와 선거인단을 구성하기 위한 예비선거에서 상인·기업가들 자체의 선거운동 조직, 전략, 투표 성향과 태도나 의식에 대한 심층적 연구는 이루어지지 못하고 있다. 그러다가 1970년대 이후 모스끄바의 상인·기업가 가족들이 남긴 회고록과 일차 문서를 통해 서구의 사가들은 자유주의적 상인·기업가들의 조직 활동에 관한 연구를 본격적으로 시작했다. 특히 L. 메나쉬는 10월 동맹당의 창당과정에서 기업가 가문 출신이자 상인·기업가들의 세계관을 대변한 A. 구치꼬프의 정치 역정을 연구하여 러시아의 상인·기업가들의 정치 무대 등장의 사례를 분석하였다. 또 R. 루자는 산업가 세력들의 연대와 전국적 규모의 기업가협회 설립을 통해 계급적 정체성을 세우려는 노력을 분석했다.[22] 이들의 연구에 이어 W. 제임스는 제 3차 두마에서 젊은 세대의 상인·기업가들의 정치의식이 급성장하면서 독자적 부르주아 정당이나 정파를 탄생시키기 위해 엄청난 의식적 노력을 했다고 주장하였다. 또 기업사가인 R. 오웬은 전제정부의 보호 하에 성장한 빼쩨르부르크의 대기업주와 달리 자생적이고도 독립적인 경제 주체로서 성장한 모스끄바의 상인·기업가들이 관세법, 영업 자율권을 획득하기 위해 정부에 대항하여 집단적 연대를 성장시킨 과정을 분석하여 상인·기업가들의 정체성 연구에 새 지평선을 열었다.[23]

1991년 공산 체제가 붕괴한 후, 최근 자유 의회주의 러시아에서 과거 최초의 두마 정당정치에 대해 비상한 관심을 쏟기 시작하였다. V. 셀로하예프나 K. 샤찔로는 국가두마의 구성원과 선거 과정에 관한 새로운 사료들을 토대로 입헌민주당, 10월 동맹당을 포함한 여러 자유주의적 정당들의 구성원, 전략, 목표 그리고 한계점을 분석하였다.[24] 특히 셀레즈뇨프, 꾸브쉬네프, 빠뜨리께예바를 위시한 최근 젊은 세대 러시아 사가들은 1906년 이후 양극화된 사회 분열 속에서도 국가두마 내 정치

세력들의 사회성분, 복합적인 관계, 부르주아 집단 내에서의 지역별, 계층별로 다른 정치적 목표, 전략, 투표 성향의 분석을 통해 시민사회를 향한 새로운 조류를 밝혀내려는 연구를 시도하였다.[25]

<9-3> 1905년 수도의 부유한 상인·기업가 가족의 모습

러시아 전체 인구에서 상인·기업가들의 수적 비율을 일별하면, 산업화가 시작된 1880년 러시아 상인의 숫자는 총인구 9,200만 중, 대략 80만으로 등록되어 총 인구의 1%도 되지 않았다. 이들 중 모스끄바 상인·기업가들은 2만 2,900명이었고, 일반 상인 신분보다 훨씬 높은 등급을 의미하는 명예시민 칭호를 획득한 자들은 9,200명이었다. 이로서 모스끄바 경우 인구 75만 3천 중, 상인과 명예시민으로 등록된 자들은 4.3%에 해당된다.[26] 이것은 도시 지도부에서 모스크바 상인·기업가의 비중이 커다는 것을 의미한다. 1902년 경 모스끄바 상인들의 부의 수준을 조사하면, 중층 이상의 1만 6,600명의 사적 상인·기업가들은 1,400여명의 기업주, 7900여명의 상업시설의 소유주, 나머지 7,300여명은 상업 가게 임대주로 구분되는데, 대 기업주 1,400여명의 평균 년 소득은 5만 루블에 이르고, 그 가운데 최상층 300여명은 년 소득이 평균 24만 루블에 이른다.[27]

부리쉬낀의 설명에 의하면 당대 모스크바의 엘리트 계층에는 30여 개 대 상인·기업가 가문이 속한다.[28] 최정상에 위치한 인물들은 상업과 산업 생산에서 최고의 성공을 거두고, 상인협회, 기업가협회, 모스끄바 주식거래소와 상업은행 운영에 개입하며, 정부기관 산하의 산업자문기구에서 활동하던 인물들이다. 대표적인 가문들은 T. 모로죠프, 바흐루쉰, 나이제노프, P. 뜨레쨔고프, 시츄낀, 쁘로호로브, 알렉세예프, 꾸마닌, 솔다쩬꼬, 야꾸니치꼬프 등이었다. 두 번째 집단은 이와 달리 기업 활동보다도 정치가나 공적 활동, 도시 두마대표, 시 행정가, 금융가 및 은행조직가로서 명성을 얻은 상인들인데 A. 구치꼬프, 끄레스또브니꼬프, A. 꼬노발로프, 비쉬냐꼬프Vishniakov, 루까비쉬니꼬프Rukavishnikov 가문이 이에 속한다. 마지막 부류는 기업 분야 이외에 사회 문화적 활동, 저술 작업, 자선이나 기부활동, 예술후원 등으로 명성을 얻은 집안으로서 랴부신스끼Riabushinskii, 끄라실르시취꼬프Krasil'shchikov, 우쉬꼬프Ushkov, 쉬베쪼프Shvetsov, 브또로프Vtorov, 따라소프Tarasov, 꼬꼬레프Kokorev 구보닌Gubonin, 부리쉬낀Buryshkin 가문을 들 수 있다. 모스끄바공장주협회의 지도자였던 유리 구죵Yurii Guzhon은 후일 뻬쩨르부르크 기업가 조직이 발의하여 조직한 <전러산업상업대표자회의, Совет Съездов промышленнлсти и торговли в Петробурге, 이하 CC>의 모스끄바 측 대표로 선출되었다. 전러산업상업대표자회의는 전국적 규모의 기업가들의 기구였지만 모스끄바기업가협회의 협조 없이는 실질적인 세력을 행사할 수 없었다.

모스끄바 상인·기업가 엘리트는 스스로 '근대적 집단'으로서 자부심을 갖기 위해 도시 두마에서 공적 활동에 봉사를 하거나 기부활동, 예술 후원사업 등으로 자신들의 위상을 높이기 위해 엄청난 노력을 하였다.[29] 그러나 1890년대 국가 주도의 본격적 산업화 이후 경기변동이 수시로 일어나면서 그들의 경제적 이해는 항상 위협을 받았고 노동위기의 주범으로서 사회의 비난과 정부의 감시감독을 감수해야 했다. 또한 축적한 재산규모에도 불구하고 전통 토지 귀족들이나 지식층들로부터 항상 비천한 계층으로서 멸시받았다. 이들은 러시아 정치와 사회무대에서 영향력을 발휘할 공적 기회를 거의 갖지 못한 채 그야 말로 무대 뒤에 선 주변적 사회집단이었던 것이다.[30]

1905년 총파업이 전국으로 확산되자 상인·기업가 집단은 젬스뜨보 젠트리층이나 급진적 인텔리겐찌야보다 매우 뒤늦게 정치그룹을 형성하는데 착수하였다.[31] 주로 증권거래위원회나 시 두마에서만 공적 활동을 해왔던 상인·기업가들에게는 <10월 선언> 그 자체는 놀라운 충격으로 와 닿았다. 이를 계기로 상인·기업가들은 자신들만의 정치적 조직을 만들 수 있다는 가능성에 흥분하였다. 이를 위하여 1905년 11월 12일 상인·기업가들은 <상인·산업가협회>이라는 명칭 하에 처음으로 부르주아지의 정치 모임을 결성하였다.[32] 모스끄바의 상인·기업가들은 <모스끄바의 목소리>Голос Москвы를 창간하고 후원하였다.[33] 그러나 이것은 아직 정당이라고 부를 수 있을 정도의 규모나 조직, 강령을 구비한 상태는 아니었고 지방적 조직을 갖춘 것도 아니었다. 이들은 두마 선거에 참여하고 싶었지만 아직은 단독으로 입후보하여 당선되거나 아니면 단일한 정당을 구성할 힘을 갖지 못했다. 자연히 다른 파당이나 정당 속으로 침투하거나 혹은 제휴하는 방법을 택해야 했다.

두마 선거와 제 정당의 구성 |

1905년 <10월 선언>으로 러시아에서 처음으로 선거에 의한 의회제 도입이 선포되자 폭력적 총파업과 파국은 일시 주춤하였다. 1906~1914년 각 사회계층의 엘리트들은 정치경쟁에 뜨겁게 돌입하였다. 상인·기업가 엘리트들의 정치 참여 활동을 살펴보기 전에 본격적으로 출범한 국가두마 내의 정치 세력들의 분포와 성분이나 태도들을 먼저 검토해 보자. 1906년 이후 1917년 2월까지 두마는 4차에 걸쳐서 구성되었는데, 그 중에서 임기 5년을 채운 것은 유일하게 제 3차 두마뿐이었다.[34] 그러나 황제는 제 1차 두마가 모이기 바로 며칠 전, 두마와 사전 협의조차 없이 일방적으로 자신의 최고권을 규정짓는 <근본법>을 공표하였다. 이것은 의회가 가져야 할 근본 권한에 대해 황제가 한계를 지우는 것으로 매우 불길하였다. 황제는 행정각료 임명권, 군대, 외교정책, 왕위계승, 황실의 영지, 교회 문제의 결정권, 긴급예산권, 차관 도입권 등을 여전히 완전 장악했다. 또 그는 전제군주, 즉 짜르의 칭호를 계속 간직하여 입헌군주정의 개념을 무색하게 만들면서 두마의 정치 세력에게 막대한 장애를 예고하였다.[35]

<10월 선언>이후 첫 두마가 소집될 때까지 러시아에서는 극우 귀족층에서 하층 농민에게 이르기까지 총 29개 정당과 52개 연합과 협회가 우후죽순 격으로 등장했다. 그러나 황제가 기선을 제압하기 위해 공표했던 <10월 선언>은 내용상 많은 부분에서 애매모호함에도 불구하고, 혁명 세력을 포함한 모든 야권세력의 공조를 단번에 분쇄하는 효과를 내었다. 러시아의 전통적 정치문화의 습성 탓으로 여러 사회세력은 황제의 개혁의지를 쉽게 믿는 태도를 취하였던 것이다. 이 분열적 효과는 자유주의 세력 자체에도 그대로 나타났다. 1905년 말 온건 자유주의적 세력은 <10월 선언>으로 인하여 다시 황제와의 화해의 가능성, 혁명의 진압, 질서의 회복에 큰 기대감을 갖고서 보수화의 방향으로 돌아섰다. 주로 이들이 10월 동맹당의 중심 세력이 되었다. 예들 들면, 젬스뜨보 지도자였던 쉬뽀프는 심지어 '정당'이라는 말 자체도 싫어하여 <10월 17일 동맹>으로 부르자고 주장했으며 상인·기업가 집단과 제휴하는 것도 꺼려할 정도였다. 이처럼 자유주의자들이 우파이든 좌파이든 다

산업 자본가나 부르주아 계층에게 적대적이라는 사실은 러시아 자유주의적 세력들의 중요한 특성이었다.

한편, 제 1차 두마의 선거는 재산자격, 지역별 제약, 직업별 차등 구분 등에 따른 선거인단 구성이나 간접적 선거 등의 복잡한 제한 요소에도 불구하고 러시아 제국을 하룻밤 사이에 이론상으로 거의 모든 성년 남성들이 두마에 참여할 수 있도록 만들었다. 놀랍게도 제 1차 두마에서 입헌민주당이 다수당이 되자 전제정부는 쓰라림을 맛보게 되었다.[36] 그만큼 러시아 사회는 개혁의 욕구가 정점을 치닫고 있었던 것이다. 제 1차 두마에서 상인·기업가 엘리트는 결코 입헌 민주주의자들과 입장을 같이 하지 않았다.[37] 그들은 온건개혁파인 10월 동맹당과 여러 갈래의 입헌주의자들 속에 퍼져 있었다. 10월 동맹당은 황제의 <10월 선언>의 정신을 존중하고 전제정 질서의 준수를 기대하는 보수적 자유주의자들이었다. 단지 전제군주의 존재를 인정한다는 점에서 극우적 집단과 임시 연합하기는 했으나 결코 극우적인 반동집단은 아니었다. 제 1차 두마에서 뻬쩨르부르크와 모스끄바의 상인·기업가 엘리트의 정치적 시각은 바로 10월 동맹당과 거의 일치하였다. 그러므로 이들 상인·기업가들은 결코 극우적인 반동세력이라고 볼 수 없다. 두 수도는 산업과 금융의 중심지였기 때문에 상인·기업가들은 경제활동의 팽창을 위해서 관료들과 인적 유대를 맺거나 정부 보조금을 받아 내거나 국가의 각종 사업의 입찰계약을 수주하기 위해서 자주 모여들었다. 자연히 이들은 10월 동맹당을 통하여 경제 정책의 방향을 결정하거나 이해관계를 전달할 수 있는 통로를 갖기를 열망하였다. 당시 아직도 대다수 상인·기업가 엘리트는 <10월 선언> 자체에 감동하여 황제의 개혁 의지나 능력을 믿으려고 하였다. 이들에게 두마나 정당 정치를 통한 개혁에 대한 믿음은 아직은 귀족에 대한 오랜 적대의식 탓으로 확고하지는 못했다. 이들은 단지 '자비로운 군주'에게 책임지는 강한 정부가 필요하다고 생각할 뿐, 의회에 책임지는 정부가 존재한다는 것은 믿지 않았다. 이러한 멘탈리티는 은혜로운 군주로서의 짜르 이미지에 대한 러시아인들의 전통적 믿음이나 습관이 강하게 작용한 탓이었다. 입헌적 군주로서 황제에 대한 상인·기업가들의 환상적 희망은 만연해 가는 인민주의들의 폭력이나 혁명에 대한 두려움 탓으로 더욱 강화되었다. 상인·기업가들이 지지한 10월 동맹당은 아직 제 1차 두마에서 소수였고, 정치적 개혁 프로그램을 만들어 낼 만큼의 세력이나 조직력을 갖지 못했다. 이처럼 제 1차 두마에서 상인·기업가 세력은 여전히 의회주의 정치의 본질을 잘 파악하지 못한 채 주변세력에 속하고 있었다.

184석을 차지한 입헌민주주의자들 속에 극소수 상인·기업가 엘리트가 참여하고 있었다. 이 당은 처음에는 인민 해방당으로 불리기도 했는데 여기에는 온건파에서 급진파에 이르는 극히 다양한 인물들이 뒤섞여 있었다. 입헌민주주의자들의 가장 큰 관심은 정치적 개혁이었다. 물론 입헌민주주의자들은 사회개혁에도 상당한 관심과 계획을 수립했으나 무엇보다도 그들은 두마를 영국의 하원과 유사한 강력한 민중대표 기구로 만들고 싶어 했다. 당의 핵심 위원들은 구성성분으로 볼 때, P. 밀류꼬프, 네끄라소프, 마끌라꼬프를 위시하여 대부분 높은 교육수준을 받고 급진개혁을 추구하는 인텔리겐찌야 출신들이었다. 한편 '좌파 정당들'로 분류되는 집단은 하급관리들이 많이 참여한 '근로자당'Trudoviki과 마르크스주의자와 인민주의자들로 분류되는 사회주의자들의 느슨한 연합으로 이루어졌다. 두말할 것도 없이 상인, 기업가들은 이 정당에는 전혀 참여하지 않았다.

1907년 제 2차 두마에 대해서는 1940년대에 A. 레빈이 연구한 이후 50여 년간 거의 되지 못하다가 최근 V. 꼬즈바넨꼬와 V. 데민이 각 정파에 대하여 새로운 사실을 밝혀내었다.[38] 제 2차 두마에서는 제 1차 두마의원 중 31명만 재선되었고 나머지는 전부 교체되어 지도력이 제

1차 두마보다 크게 약화되었다. 그러나 제 2차 두마는 성향이 다른 모든 정당들이 대거 등장하였고 의원 숫자 면에서 모두 대표를 내세운 독특한 두마였다. 이것은 전제정부의 방해와 제재에도 불구하고 러시아 사회가 아직도 두마에 많은 기대를 모으고 있음을 나타낸다.[39] 제 2차 두마 구성원은 제 1차 두마와 비교했을 때 입헌민주주의자의 수가 줄어들고 좌, 우익 진영이 크게 증가하여 양극으로 변화하는 것을 볼 수 있다.[40] '근로자당'이나 '사회혁명당'의 의원의 직업분석을 한 W. 월시에 의하면 이들은 전연 토지와 관련 없는 전문직종인들이거나 관직소유자들이었다. 사회민주노동당의 경우에도 39%만이 노동자였고 나머지는 중층지주이거나 전문직종 종사자들이라는 것이다.[41] 이로서 자유주의적 정당들 대부분은 경제적 이해를 대변하기 보다는 체제 비판적 지식인출신이 다수였음을 보여준다.

최근 F. 셀레즈뇨프는 제 1차, 제 2차 두마 선거에서 예비선거선거인단 선거에 관한 통계 연구에서 중층 이상의 기업가 부르주아지의 정치 성향을 분석하였다. 44~45%가 10월 동맹당에게, 15~16%가 입헌민주당에게 투표하였다고 분석하였다. 그에 의하면 소상인이나 소농민들이 오히려 극우파에게 다수표를 던졌다.[42] 이 점은 매우 의미 있는 사실이다. 중앙정부나 관료와 밀접한 관계가 있는 빼쩨르부르크의 기업가들과 달리 모스끄바의 대 기업가들 중 많은 수가 자유주의적 정당에 투표하거나 지지를 보냈으며, 또 소상인이나 하급 관리들이 이들 기업가 집단보다 더 보수적인 성향을 띠고 있었다. 즉, 20세기 초보다 모스끄바 상인·기업가 엘리트의 정치의식은 더 진화하고 있었던 것이다. 10월 동맹당은 개혁을 지지하지만 결코 더 이상의 혁명은 원하지 않는 온건 자유주의자에 속했다. 만약 황제가 <10월 정신>을 그대로 실천한다면 이들은 황제에게 충성과 큰 지지를 보낼 성향이 다분했다.

한편, 1907년 황제는 스똘리삔으로 하여금 정부에 비협조적인 두마를 또 다시 강제 해산하고 친 정부적인 두마를 만들기 위해 반동적인 <6월 3일 선거법>을 선포하였다. 제 3차, 제 4차 두마의 구성 성분에서 보수 반동적 세력에게 유리하도록 만들었고 이것은 거의 1914년까지 이어졌다. 우선 첫째로 노동자, 농민 출신 의원은 반 이상이 감소되었고 대신 귀족과 지주들이 증가하여 거의 50%를 차지하여 유산자에게 압도적으로 유리한 두마가 되었다. 이것은 양극화 현상을 더욱 심화시키는데 이바지하였다. 그럼에도 불구하고 자세히 분석해 보면 극우 및 우파로 과반수를 확보하려고 했던 정부와 황제의 계획은 아직도 전혀 성사되지 못하였다. 제 3차 두마 의원의 98%는 그 이후 제 4차 두마의 1차 회기의 96%와 거의 동일한 인물들이었다. 이들 중 과반수는 부유한 지주와 자산자층이었다.[43] 이 수는 제 2차 두마와 비교하면 두 배가 넘는 숫자였다.

한편, 제 3차 두마에서 입헌민주당의 비율은 55여 석으로 감소하였는데, 이들은 지식인 출신이 다수였는데 경제적 배경에 상관 없이 사상적으로 사회개혁 문제에 매우 급진적 성향을 띠었다. 입헌민주당은 상인·기업가 계층에 대해서는 여전히 적대적이었다. 심지어 입헌민주당은 10월 동맹당이나 상인·기업가 부르주아 계층을 견제하는 <反-10월 동맹당>을 만들기 위해 극우파와도 연대를 맺는 부정적 전술을 택하였다. 이 현상은 상인·기업가 계층의 입장에서 보면 정말로 쓰라린 상황이었다. 제 3차 두마에서 가장 중요한 변화는 10월 동맹당의 부상이었다.[44] 10월 동맹당은 정당들 중에서 재산 상 가장 부유한 집단들에 속하였으며 젠트리 층이 제 3차 두마에서는 66%, 제 4차 두마에서는 72%를 차지하였다.[45] 만일 10월 동맹당이 민족주의자들이나 진보파 연합 세력들과 연립할 수 있다면 이것은 거의 불가능한 일이었지만 러시아의 정치적 통합이나 실질적 개혁을 향한 강력한 세력으로 변화할 수 있을 것이었다. 이 상황에서 상인·기업가 엘리트는 두마 내에서 정치적 영향력을 갖기 위해 필사적인 노력을 하였다. 10월 동맹당에게 집중적 지지를 보냈던 상인·기업가 엘리트들의 정치적 입장을 좀 더 자세히 살펴 보자.

'10월 동맹당'에서 상인·기업가의 정치참여 열망 |

상인·기업가 엘리트는 <10월 선언>을 계기로 그들의 인식 상에 어떤 변화가 일어났을까? 이들은 오직 '법치' '산업경제의 강화' 원칙을 최우선시하였다. 자연이 이들이 가장 합류하고 싶은 정당은 10월 동맹당이었다.[46] 제 3차 두마에서 많은 수의 상인·기업가들이 10월 동맹당에 대거 합류함으로서 정치적 세력화를 위한 집단 정신은 상당히 성장하였다.[47] 20세기 상인의 가족이나 자녀들은 전적으로 상업을 계승하기 보다는 공직생활, 자유 직종, 또는 다양한 지식인 업종에 종사하는 수가 늘어났기 때문에 점차 상업적 이해관계 보다는 정치적 사안에 관심을 갖거나 이에 따라 행동하는 경우가 많아 졌다.

두마 내에서 활약하던 두 대립적 인물은 구세대에 속하는 나이제노프와 신세대에 속하는 랴부신스끼였다. 랴부신스끼는 진보적인 성향을 가진 상인들과 함께 입헌 민주당원들과 매우 친분이 두터운 사람들이 있었다. 10월 동맹당의 당수로서 선출된 이는 부유한 부르주아 기업가 출신에 속하는 A. 구치꼬프였다. 부르주아적 상인·기업가들은 그들이 직접 참여하고 주도하는 그들만의 '부르주아적 정당'을 세울 정도의 숫적 규모나 지방 조직을 갖지 못했기 때문에 10월 동맹당의 당수가 된 A. 구치꼬프를 통해 그들의 정치적인 조직력이나 영향력을 키우려고 했다.[48]

10월 동맹당 지도부의 인물은 크게 두 갈래에서 나왔다.[49] 한 사람은 젠트리 출신으로서 모스끄바 주 젬스뜨보 활동가였던 D. 쉬뽀프이고 다른 한사람은 부르주아적 상인·기업가 엘리트를 대변하는 A. 구치꼬프였다.[50] 양자는 공통으로 러시아가 강력한 국가의 힘와 위신을 회복할 수 있다고 보고 입헌군주정 체제를 지지하였다. D. 쉬뽀프는 신 슬라브주의적 철학을 지지하면서 황제의 온정적 미덕을 믿는 입장이었다. 신슬라브주의자들은 서구 형태의 입헌체제를 단지 경쟁적 이익 단체의 정치라고 보고 경멸하였다. 그는 서구적 개인주의 세계관을 믿지 않았고 대신 종교적, 도덕적 이상과 지방 자치주의를 원했다. 이들에 비해 상인·기업가 가문 출신인 A. 구치꼬프, G. 끄레스또브니꼬프, P. 체스짜꼬프는 뒤늦게 합류하여 아직 10월 동맹당 내에서는 주변적 역할에 머물렀다.[51] 기업가 출신인 구치꼬프의 연설을 보자.[52]

> '러시아의 위대함은 만주에서 큰 오점을 남겼다. 이것은 회복되어야 한다. 이를 위해 법치적이면서도 강력한 군주정의 원칙이 중요한 역할을 해야 한다. 과격주의 교리나 인민 대표제를 요구하는 그 어느 정당보다도 10월 동맹당이야말로 진정으로 인민에게 더 가까이 있다.

허친슨은 구치꼬프의 강력한 군사력과 국가주의적인 사상이 제국주의적 성향이라고 분석하지만 이것은 너무 단선적인 시각이다.[53] 구치꼬프의 강한 국가주의와 민족주의적 경향은 모스끄바 상인·기업가들의 문화적 전통과 깊은 관련이 있다. 상인·기업가 엘리트가 민족주의적 기치를 내세우게 된 것은 그들의 자생적 경제 활동의 전통에서 비롯되었다.[54] 19세기 후반 모스끄바 상인들은 항상 황제가 있는 수도 뻬쩨르부르크의 외국출신 기업가와 외자, 그리고 외국산 상품과 힘겹게 경쟁해야 했고 러시아 서부의 대지주들로 인하여 자주 위협을 느꼈기 때문에 대외적인 불신감이 컸다. 그러므로 이들의 민족주의 성향은 정부의 공식적 관제 민족주의나 소수 민족에 대하여 제국의 지상 권력을 추구하는 제국주의와는 다른 것이다. 구치꼬프의 연설문을 보자.[55]

> 우리는 과거 구 러시아가 창조했던 무수한 일들을 부정적으로 말해서는 안 된다. 만주에서 치욕을 겪은 러시아의 위대성과 영광은 회복되어야 하고, 신 러시아에서 재현되어야 한다... 러시아인들의 삶에서 격리된 극단파들의 교조주의를 우리는 믿을 수 없다.

그러나 10월 동맹당이 젠트리과 지주 귀족의 이익을 최우선시하자 상인·기업가 엘리트는 점차 내부적으로 반감을 가졌다. 기업가는 기술의 발달, 교육의 확대, 노동자들의 이해가 산업발달이나 기술문제에 종속되어야 한다는 원칙, 합리적 공정과세, 노조나 파업은 인정하지만 특히 국가적 중요성을 띠는 산업에서 노동의 권리는 제한되어야 한다고 보는 주장을 펼쳤다. 또한 상인·기업가 엘리트는 농촌 꼼뮨의 해체나 농민의 토지상환금 폐지에 절대 찬성하는 입장을 취함으로서 농업 지주층과 대립하였다. 농촌 꼼뮨 해체 문제에 대해서 10월 동맹당은 심한 내분이 일어나 결국 이 의제는 합의를 이루지 못하고 연기되어야만 했다.

<9-4> 1905년 12월 모스크바의 폭동

1906년 초 제 2차 10월 동맹당 대회가 소집되었을 때, 제국 전체에 78개 지부가 존재했는데 그 중 25개가 수도 뻬쩨르부르크와 모스끄바에서 조직되었다. 이것은 예상외로 10월 동맹당의 세력이 산업지대로 차츰 옮겨가고 있음을 말한다. 체르멘스끼는 10월 동맹당 의원의 성분 분석을 통해 당의 중앙위원회 회원 중 젠트리가 10.7%, 상인·기업가가 40.4%, 정부 공무원이 20.2%, 전문직종 종사자가 19.1%라고 설명했다.[56] 확실히 10월 동맹당은 대중적 정당은 아니었다. 10월 동맹당은 처음 창당할 때와 달리 서서히 젠트리 층의 주도권이 밀려나는 모습을 보였다.

10월 동맹당 내에서 젠트리층과 상인·기업가들 사이에 또 다른 대립을 가져 온 최대의 사안은 종교적 의제와 군비 증강 의제였다. 1909년 5월 구치꼬프는 모스크바 상인·기업가 엘리트 중에 구교도 출신이 많았기 때문에 이들의 종교적 자치를 허용하고 구교도의 법적 제약 철폐, 성직을 떠난 이들에게 시민적 제약을 철폐하자는 법안을 두마에 상정하고자 하였다.[57] 그러나 10월 동맹당 당내 우파와 중도파는 결사 반대하였다. 그들은 정교회의 권위는 러시아 질서의 기초적 축이라고 보고 구교도들의 자치권은 전제권력의 약화로 이어진다고 보면서 상인·기업가들의 의안을 거부하였다. 정부와 국무회의 역시 구교도 공동체를 위한 그 어떤 법률도 비준하지 않았다. 종교적 자치권에 관한 한 우파는 대대적인 승리를 거두었다. 이 사건 이후 구치꼬프는 10월 동맹당 내에서 구교 출신의 상인·기업가들로부터 신임을 상실하여 더 이상 어떤 공식노선을 제안할 수 없을 정도로 지도력에 큰 타격을 받았다. 그는 우파의 보수적 성향에 다음과 같이 탄식하였다.[58]

10월 동맹당 내에서는 10월 선언의 정신을 거부하는 자들이 있다.

10월 동맹당 내에서 가장 뜨거운 사안은 '노동 입법' 의제였다.[59] 상인·기업가 엘리트들은 의무적인 상해보험이나 병원기금 법안이 두마에서 상정될 때, 단결하여 의안 채택을 지연시키는 데 성공하였다. 그 때마다 정부의 관료들은 두마 내에서 활동하는 기업가 협회의 응집력에 대해 놀랐다. 그러나 국무회의 산하 자문기구에서는 상인·기업가 엘리트의 수가 소수였으므로 보수파들의 반격에 밀려났다. 당시 상인·기업가 대표를 맡은 의원 주꼽스끼는 당내의 젠트리와 인텔리겐찌야에게 분노하여 다음처럼 비판했다.[60]

> 지식인들은 교조적일 뿐만 아니라 독단적이다. 그들의 어설픈 아마추어리즘으로는 나라를 구하지 못할 것이다. 농업세력은 좁은 계급적 이익에 빠진 이기적 집단일 뿐이다

한편, 입헌민주당은 10월 동맹당을 지나치게 감상주의적이며 비논리적이라고 비판하면서, 그저 황제와의 화해를 추구하고 황제에게만 의존하는 당일 뿐이며 근본개혁은 이룰 수 없으리라고 멸시하였다. 1907년 6월 제 2차 두마 마지막 회기에서 사회민주당계 의원들의 체포 및 기소, 정치범의 면책특권의 해제 문제와 징집안을 둘러싸고 두마내 우파 정파들, 10월 동맹당, 입헌민주당은 서로 크게 대립하였다. 이 사안에서 우파 정파들이나 10월 동맹 소속 당원 일부는 입헌민주당원들 다수가 혁명 세력과 떨어질 수 없는 관계라고 보고 탈당하여 극우파로 돌아서는 사태가 일어났다.[61] 놀랍게도 극우파의 주된 목적은 두마 자체를 무산시키는 것이었다. 두마 내에서 입헌민주당은 10월 동맹당과 합의를 도출하기보다는 언제나 상대를 불신하고 경쟁적으로 대적하면서 연합하기보다는 찢어지는 전술을 택함으로서 두마 내에서 안정적인 다수파를 형성할 기회를 노쳐 버렸다. 만일 이 지점에서 입헌민주당이나

상인·기업가 엘리트가 자신들의 좁은 시각을 벗어나서 장기적으로 상호 연합하는 전술을 택할 수 있다면 정치적으로 강력한 다수파를 형성할 수 있었을 것이다. 그러나 이것은 끝내 이루어지지 못하였다. 자유주의적 입헌민주당이 상인·기업가엘리트와 협력을 거부한 것은 러시아의 자유주의자들이 중산층의 경제적 세력의 기초를 가지지 않은 채 오직 도덕이나 사상적으로만 자유주의를 부르짖는 유약한 정당으로 남는 결과를 가져왔다.

제 3차 두마 시기 10월 동맹당이 끝없이 내분을 반복하고 있는 동안, 황제는 서서히 무제한 권력을 다시 복원할 수 있었다. 1908~1911년 사이 검열과 탄압이 재개되었으며 지방 정부 곳곳에서 비상 계엄령과 군대 동원이 시행되었다. 두마는 관료들의 권력 남용에 대해 항의하였으나 황제는 궁정 인물이나 내각, 주 지사들, 사법부, 경찰들 중 그 어떤 인물도 경질시키지 않았다. 지방에서 경찰과 사법부는 혁명세력을 색출하는데 혈안이 되었다. <10월 선언>을 요구했던 많은 인물들이 여러 가지 이유로 유형이나 재판에 처해지거나 반동 정책에 희생되었다. 동시에 흑색 백인조가 조직되어 반동세력의 핵심으로 맹위를 떨치면서 좌파 테러리스트와의 싸움은 거의 내전을 방불케 할 정도로 진행되어 양극화는 다시 심화되어 갔다.[62] 10월 동맹당의 쉬들로프스키와 구치꼬프는 지방 정부와 경찰의 혁명세력에 대한 과잉 사법권에 대해 항의했지만, 급진적 사회주의 혁명을 막아야 한다는 입장 때문에 사실상 딜레마에 빠졌다. 그저 유일한 방법은 제 3차 두마에 우호적이던 스똘리삔을 통해서 전제정부에게 비난의 소리를 전달하는 것이었다. 그러나 10월 동맹당이나 우파로부터 받은 환영에도 불구하고 스똘리삔은 황제로부터 전면 지지를 받는 인물은 아니었다. 체제를 개선한다는 황제의 <10월 선언>의 약속은 점차 무용지물로 변화하였다.

두마가 분열을 거듭하고, 기근과 경제적 불안이 도래하자 하층 농민과 노동자들은 두마에게 실망하고 돌아서는 태도를 취하기 시작했다. 이거은 두마가 사회적 통합을 달성할 수 있는 능력을 상실함을 의미했다. 마침내 1911년 토지상환금의 폐지와 개혁을 추진하던 스똘리삔이 암살 당하는 불길한 사건이 발생하였다. 개혁을 거부하던 정부는 그의 죽음에도 냉냉한 태도를 보였다. 이로서 10월 동맹당과 전제정부 사이 소통의 유일한 끈이 사라지게 되었다. 혁명의 두려움을 억압하면서 궁정에서는 다시 과거의 '책임감 없는 어두운 집단'irresponsible and dark forces이 세력을 회복하였다. 구치꼬프는 황제 측실들을 '황실 척족, 늙어빠진 전직 고관들, 궁정패거리'라고 불렀다. 그에 의하면 이들은 황제를 에워 싸고 주변조직으로 모임을 결성하여 민중과 황제를 차단시키며 무대 뒤에서 '책임감 없이' 무소불위의 막강한 영향력을 행사했다. 이들은 오직 황제 개인에 의해 임명된 측실들로서 일인 군주와 전제정에 절대 복종하는 자들이었다. 이들의 개인적 유착 관계가 정부의 모든 정치 의안을 결정했고, 이들의 세력과 영향력은 두마나 국무회의보다 더 컸다. 이들은 스똘리삔의 모든 개혁안을 무효로 돌리는 작업에 착수하면서, '제 3차 두마'를 위험한 선동집단으로 황제에게 고자질하였다. 만일 두마가 해군 군비증강 안을 기각하면 이들은 해외 차관을 도입해서라도 군비를 증강하였다. 황제는 자신이 제출하는 법안은 어떤 것이라도 두마내 여러 세력을 제압해서 통과시켰다. 두마 내에서 정치 연합을 성사시키는 데 실패할 때마다 10월 동맹당은 서로 비난하면서 분열하였다. 양대 수도의 상인·기업가 세력들도 자주 서로 대립하였다. 이 결과 많은 이들이 10월 동맹당을 떠나거나 이동하였다. 점차 국가두마는 전제정부를 제약을 가할 아무런 수단도 조직도 일치된 정신도 갖지 못하고 무력해져 갔다. 심지어 <근본법>은 오히려 황제의 어떤 결정에도 완벽한 법적 정당성을 주는 것으로 활용되었다. 예를 들면 긴급법, 철도자금, 군비자금, 정부차관의 이자 상환용, 특별기금법, 극비상황의 자금법 등은 두마 권한을 벗어 난 항목으로서 황제 일인의 요구대로 합법적으로 빠져 나갔다. 마침내 1911년 9월 황제와 측실들은 스똘리삔의 개혁안을 완전히 폐기하는 데 성공하였다. 두마 내에서 극우파인 푸리쉬케비치, 마르꼬프, 자묘슬로브스키는 두마의 무용성을 강조하면서 두마를 분열시키는 끈임 없는 음모를 벌였다. 극우파는 마침내 지도력을 상실한 10월 동맹당의 호미아꼬프와 구치꼬프를 해임시켰다.[63] 이로서 제 3차 두마에서 구치꼬프의 추락은 10월 동맹당을 통해 정치적 영향력을 키우고자 했던 상인· 기업가들의 노력이 좌절되고 말았다.

'진보 블럭'의 상인·기업가의 '부르주아 정당' 창당의 시도

10월 동맹당이 다수당의 지위를 상실하자, 두마 내의 온건 자유주의자들의 입지는 크게 약화되었다. 이로서 10월 동맹당의 상당수는 당을 떠나 우파 정당에 합류하였다. 구치꼬프는 사임하였다. 그를 통해 독일 비스마르크 시대의 부르주아지처럼 러시아 '근대화'에서 중심 역할을 하고자 했던 상인·기업가 엘리트 내에서도 노선 상 분열이 일어났다. J. 화이트는 뻬쩨르부르크 기업가들과 모스끄바 기업가들의 분열이 근본적 이유였다고 보았는데 양대 도시는 속성과 세계관이 아주 달랐고, 이미 제 3차 두마 말기에 양 세력은 완전히 분열하여 서로 다른 노선을 택하였다고 분석한 바 있다.[64] 그에 의하면 뻬쩨르부르크 기업가들은 본래부터 전제정부와 밀착되어 있었으며 적극적 정치 참여를 꺼려했다는 것이다. 이 때문에 늘 양쪽 기업가들 사이에는 깊은 불신이 존재했다.

화이트는 10월 동맹당의 분해 이후에 모스끄바 상인·기업가들은 '부르주아적 정당'을 결성하려는 시도를 한 바 있었음을 지적하고 깊은 연구를 한 바 있다. 이 사실은 기업가들의 역사적 역할을 재조명할 수 있는 하나의 단서를 제공하는 사건이기도 하다. 제 3차 두마가 끝날 무렵, 1909년 랴부신스끼를 중심으로 모스끄바의 젊은 기업가 엘리트들은 은밀히 모이기 시작하였다. 이들은 실용적 노선을 공개적으로 선언하고 젠트리층의 주도권으로부터 벗어나 독자적 영향력을 갖고자 했다. 이들은 소위 '랴부신스끼-꼬노발로프 서클'Рябушинский-Коновалов группа로 불리었다.[65] 이들은 연령상 젊은 층이었으며, 출신 배경은 모스끄바 중심의 직물기업, 경공업 산업가들로서 상당수가 구교도 배경을 가진 자들이었다.[66] 이들은 1840년대부터 국가나 토지 귀족층의 구속에서 벗어나 자생적으로 독립자본을 형성하여 종교적으로 경건주의와 친슬라브주의적 애국주의 성향을 가지면서 성장한 상인 집단의 제 3세대 후손들이었다. 따라서 이들은 뻬쩨르부르크의 황실의 비호나 특혜 하에 성장한 기업가나 상인들과 달리 지방에서 자생적으로 성장했기 때문에 스스로를 러시아를 '근대화'시킬 수 있는 주된 집단이라는 자부심이 매우 컸다. 그들은 농촌을 근대화하기 위해 토지를 매입하고 새로운 기술을 도입하여 생산성을 높이고, 공장을 세워 일자리를 만들어 농촌의 빈곤한 인구를 흡수하며 이들에게 복지정책을 시행한다고 자부했다. 또한 사회적 명망과 위신을 얻기 위해서 빈곤층과 기근이나 전쟁 희생자들에게 엄청난 액수의 기부금을 제공하고 자선사업을 행하여 교양사회를 놀라게 하곤 하였다.

'랴부신스끼-꼬노발로프 서클'은 스스로를 전통적 인텔리켄치야들의 '사상가들의 세계'와는 구분짓고, 대신 경제적 민족주의와 민중 복지에 부합하는 대 원칙을 표명하였다. 이들은 과학자, 경제학자, 공학자들을 초청하여 지적인 기초를 얻으면서 이미지를 바꾸려고 필사적인 노력을 하였다. 1909년 랴부신스끼는 빈번하게 모스끄바 대학교 경제학 교수인 P. 스뜨루베, 입헌민주당 내 우파의원을 그의 사저에 초대하여 <경제학토론회>Economic Discussion를 개최하고 사상을 나누면서 진보파 형성에 적극 활동을 벌였다. 일련의 모임을 통해 '랴부신스끼-꼬노발로프 서클'은 두마 내에서 <진보블럭>으로 불리며 여러 인물을 규합하였다. 이 움직임은 모스끄바 상인·기업가들의 '근대화'를 향한 선봉적 활동으로서 당시대 새 문화 조류인 'Silver Age'에 합류할 만한 계몽활동이었다. 이 토론회 이후 '랴부신스끼-꼬노발로프 서클'은 자신들의 신문 『러시아의 아침』Утро России을 발간하고 다음과 같은 내용을 게재하였다.[67]

> 러시아 자유주의 운명과 국가의 운명은 부르주아지에게 달려 있다. 러시아의 자유주의는 젠트리나 인텔리겐찌야에 의해서는 이루어질 수 없다. 그들은 현재 상황을 다룰 수 없다........새로운 러시아와 새로운 원칙 그리고 새 지도부는 계급의식적인 부르주아지에게 있으며 이들이 열쇠를 갖고 있다.

당시 『러시아의 아침』Утро России은 사설에서 국가의 경제 발전은 현존하는 전제정 체제로서는 도저히 불가능하며, 전제정의 권력구조야말로 진보의 최대 장애물이라고 공개 비판하여 정부로부터 심한 검열 목록에 올랐다. 전제정은 오직 과거로부터 물려 받은 권력의 유지에만 집착하며, 두마 내에 어떠한 권력 분배에 동의하지 않고, 필요할 때만 임시방편으로 양보할 뿐이며 오직 강제력에 의해서만 통치하는 정부라고 비판하였다.

> 전제정은 더 이상 스스로 개혁할 수 있는 체제가 아니며 결국 러시아에는 진정으로 강력한 국가가 존재할 수 없다. 스똘리삔은 결코 비스마르크가 될 수 없다.[68]

이런 논조의 글은 당시의 상황에서는 매우 과감하며 공격적인 것이었다. 확실히 이제 이들 젊은 세대 기업가 엘리트는 과거 전근대적 상인의 모습에서 완전히 벗어나 '부르주아'의 자아 의식적 입장을 공공연히 표현하는 것이었다. 이들은 젠트리나 인텔리겐찌야들이 도저히 취할 수 없는 입장을 보이면서 전통적 인텔리겐찌야의 취약점인 '대중과의 괴리' 현상을 메꾸고 실질적인 힘을 과시하고자 했다.

'랴부신스끼-꼬노발로프 서클'은 황제나 정부는 측실관료와 아부배에 둘러 싸여 고질적인 일인 지배 이념에서 벗어나지 못하며 스스로 개혁 능력을 상실하였다고 서슴없이 공개적으로 비난했다. 이들은 오직 부르주아의 주도 하에서만 나라의 경제 발전이 가속화되고 생산성 확대가 이루어지며 민중을 빈곤의 족쇄로부터 해방시키고 교육의 기회를 넓히고 삶의 질을 개선할 수 있다고 주장했다.[69] 이들 진보파의 근본적 이념은 입헌주의 체제, 자유주의적 민족주의, 유산자 층의 이해 보호 그리고 산업경제 발전의 추구였다. 또 이들은 대중의 지지를 모으기 위해 특히 슬라브주의적 문화와 전통에 대한 숭배, 뿌리 깊은 애국주의, 종교적 경건주의를 유지할 것을 호소했다. 자연스럽게도 이들의 강한 애국적 성향은 강력한 대러시아 민족주의 사상과 결합되는 전술로 나아갔다.[70]

> 전통 관료 귀족들은 특권과 권력에 의존하면서 모든 정부기구에 영향력을 행사한다....러시아 경제는 바로 이 무능하며 악명 높고 비효율적인 관료귀족에 의해 족쇄에 묶어 있다. 이들 전통 귀족은 오직 상속받은 혈통상의 권리에만 의거할 뿐이며....농업적 이데올로기에 집착하면서 몽매하고 퇴행적이다. 스똘리삔의 죽음은 이 퇴행적인 귀족들이 갖고 온 파멸적 결과였다.

상인·기업가 엘리트의 민족주의적 정서는 19세기 초 모스끄바 상인들의 친 슬라브주의 조류와 서구 지향적인 뻬쩨르부르크에 대한 반발심에 기인하였으나 19세기 말 이후 제국주의 물결 속에서 점증하는 범게르만주의에 대한 두려움에서 더욱 강화되었다. 그들에 의하면 러시아 서부 지역에 접해있는 독일의 군사적, 경제적 위력은 러시아에 비해 점점 강력해지고 있으나 전제정부는 이 위협을 과소평가하고 있었다. 러시아 기업가들은 독일의 산업경제의 위력에 큰 두려움을 느껴 더욱 쉽게 러시아 중심의 민족주의 운동에 합류하였다.[71]

또 '랴부신스끼-꼬노발로프 서클'의 중심이었던 꼬노발로프는 후원하던 언론의 간행물을 통해서 <모스끄바상인협의회>Московское Купеческое Общество, <금융은행가협회>Финансовое общество가 선봉에 나서서 전국 기업가들을 반드시 단일한 기구로 조직해야 한다고 강조했다. 또 그는 정부와 상인· 기업가들이 정부와 소통하는 기구로서 정부 관료의 간섭이나 임명권을 배제하고 상인·기업가들이 직접 선출한 대표들로 구성된 <상공청>Палат промышленности и торговли을 설립하고 전국 각 지방에 지부를 세울 것을 요구하였다.[72] 이들이 보기에 이 기구는 젠트리가 주도하는 젬스뜨보 기구에 대항할 수 있는 유일한 기구는 상인· 기업가들의 지방의회나 자치적 기구였던 것이다. 꼬노발로프는 유럽의 부르주아지와 기업가들의 자치 조직을 배우기 위해 영국, 독일과 오스트리아를 여행하기도 하였다.

1911년 2월 전제정이 대학과 지식인을 탄압하는 정책을 시행하자,[73] 마침내 이 진보파 기업가들은 곧 정부를 비판하고 새 질서를 요구하는 내용의 '66인의 저항'의 성명서를 발표하였다. 여기에 가담한 인물들은 대부분 기업가들로서 부리쉬낀을 위시하여 P. 랴부신스끼형제, M. 모로죠프, A. 꼬노발로프, S. 체뜨베리꼬프, S. 쉬쵸낀, N. 쩨르빈예프, N. 게라시모프 등 당대의 유명한 기업가 엘리트였다. 또 이들은 호소문을 1912년 4월 『러시아의 소식』Русские Ведомости에 게재하고 전 기업계에 유포했다.[74] 이러한 신속한 행동은 온건 성향의 평화개혁당 인물뿐만 아니라 입헌민주당의 인물들을 깜짝 놀라게 하였다. 그러나 늙은 세대의 기업가이자 뻬쩨르부르크 관료와 밀접한 거래를 하던 나이졔노프와 끄레스또브니꼬프는 『모스끄바의 목소리』Голос Москвы에서 이들을 맹비난 했다.[75]

> 젊은 기업가들의 발표는 10월 동맹당의 공식적 입장이 아니다.... 이들의 행동은 매우 부적절한 것이다....무책임하고 어리석고 감상적인 행동이며....이것은 혁명 세력에 자극을 주어 정부권위를 파괴하게 될 것이다...

한편, 러시아에서 두마 체제 실험의 마지막 선거였던 제 4차 두마 선거가 임박한 1912년 봄 뻬쩨르부르크 대학 교수인 예프레모브느는 10월 동맹당 좌파인 까뿌스찐, 뻬뜨로보-슬로비에프, 쉬쁠로브스끼, 입헌민주당 우파인 스뜨루베와 마끌라꼬프, 평화개혁당의 르보프 등은 <진보당>을 창당하였다. 이로서 두마에서는 10월 동맹당에 이어 입헌민주당과 별개의 두 번째의 온건 자유주의 정당이 탄생하였다. 진보당은 10월 동맹당보다는 좌파적이며 입헌민주당보다는 우파적이었다. 의장직에는 자유주의적 법학자로 유럽에도 명성이 높았던 꼬발렙스끼가 선출되었다.[76] 이들은 동맹세력으로 상인·기업가 엘리트 포함시키는 것이 유리하다고 보았다. 물론 진보당의 핵심 속에 젊은 세대의 모스끄바 상인·기업가 엘리트인 체뜨베르꼬프, A. 꼬노발로프, 뜨레쨔고프, P. 리야부신스끼, 쁘레치스쩬스끄, Ia. 모로죠프, 부리쉬낀 등이 참여하였다. 이 모임에서 모스끄바 지역의 대표로서는 자연스럽게 랴부신스끼와 꼬노발로프가 선출되었다.[77] 진보당에서 이들을 포함한 가장 큰 이유는 우파정당에 대항하기 위해서는 상인·기업가들의 도움이 반드시 필요했고, 또 도시 두마대표선거에서는 항상 상인·기업가들이 선출되었기 때문이다. 이 과정에서 '랴부신스끼-꼬노발로프 서클'의 활동이 크게 작용하였다. 러시아의 부르주아지가 비로소 온건 자유주의 연합에서 대등한 지위로 합류하는데 성공한 순간이었다.[78] 1912년 4월 진보당은 내분을 막기 위해 가급적 초정당적 조직이 되고자 했고 공식 선언문 채택은 정부를 자극할 것으로 보고 자제하기로 하였다.[79] 진보당의 공식 목표는 무엇보다 먼저 반동적 우파에 대결하기 위해 궁극적으로 자유주의자들의 연합을 창출하는 것이었다. 따라서 이들은 전술상 여타 정당들의 의심이나 적대감을 야기하지 않도록 지나치게 정치이념 지향적인 의제보다는 전 러시아인의 법 앞에서의 평등, 법률에 의한 통치, 양심의 자유 등 근본적 대 전제만 내세우기로 하였다. 결국 <10월 선언>의 기본 약속이 지켜진다면 러시아에서는 아직은 온건 성향의 정당에 의해 정치적 통합이 성사될 가능성이 있었다.

『러시아의 소식』Русские Ведомости은 1912년 7월 제 4차 두마에 진보파의 인물을 보내기 위해 선거 캠페인을 벌였다. 그 결과 진보당은 47석을 획득하였다. 제 4차 두마에서 진보당은 5번째 야당으로 등장하였다. 이것은 당내 10%에 해당되는 놀라운 성공이었다. 이에 비해 입헌민주당은 4석이 증가한 57석을 차지했다. 10월 동맹당은 산산조각이 나면서 여러 우파 정당 속으로 분해되었다. 진보당은 10월 동맹당과 입헌민주당 우파의 중간에 위치하였다. 당연히 모스끄바의 상인·기업가 엘리트는 이 승리에 열광하였다. 이들에게 진보당은 이제 독립적일 뿐만 아니라 전술적으로도 좌우 양측으로부터 불만을 가진 인물들을 흡수할 수 있는 유연성을 발휘하여 장차 부르주아지들의 정당으로 성장할 수 있을 것 같은 가능성을 보였기 때문이었다. 기민한 정치 감각을 가진 레닌조차도 진보당의 성과에 대해 놀라 깊은 경계심을 표현하였다.[80]

1908~1912년 사이 자유주의 운동에서 가장 독특한 현상은 '진보적' 세력의 운동이며, 자유주의적 자본 그 자체가 특별한 정당을 형성한 점이다.

마지막 좌절과 어두운 미래 |

그러나 문제는 황제와 전제정부의 태도였다. 1912년 9월 제 4차 두마가 소집된 이후에도 황제는 여전히 <10월 선언> 약속을 지킬 의사가 전혀 없었다. 궁정과 상층 귀족들은 두마자체를 폐지하려는 수구반동적 태도로 돌아가고 있었다. 이런 혼란스런 분위기에서 관료층이나 지방정부는 목적의식을 상실한 채 표류하고 있었다.[81] 이 상황 하에서 진보당 의원들이 다시 민주 연합을 통해 러시아의 정치적 통합을 시도한 것은 붕괴해 가는 러시아 정치와 사회에서 마지막 불꽃같은 현상이라고 볼 수 있다.

제 4차 두마에서 꼬노발노프는 무엇보다도 경제 문제에 집중하였는데, 특히 정부의 예산운용과 경제 정책의 실패를 본격적으로 비판하는 연설로 두마 내 모두를 긴장시켰다. 그는 정부의 낙관적 보고서와 달리 중공업 분야조차 실제 전망이 위태로우며, 정부 경제정책은 장기적 국민경제 발달을 진지하게 다루고 있지 못하며 무능한 것으로 비판했다.[82]

거대한 군수산업과 철도부설 사업이 전부일 뿐, 섬유산업은 이미 쇠퇴하고 있으며 민중의 복지는 땅에 떨어졌다. 모든 중공업은 농업과 긴밀한 관계가 있지만, 농업은 이미 1911년 흉작으로 경기하락과 이윤율 하락의 원인으로 작용하고 있다. 농업경영의 영세성과 저투자로 농민생활은 더 이상 견딜 수 없을 만큼 과중한 부담으로 압살될 정도였다. 정부는 농업 교육과 기술을 자랑하고 있지만 그 투자액은 일인당 겨우 14 꼬뻬이까일 뿐이다. 1890년 프러시아와 헝가리조차도 일인당 1.30~2.30루블을 쓰고 있다.

또 그는 산업경제 면에서 기업가들의 활동을 제약하고 경제 혁신을 가로 막는 주된 장애는 바로 정부라고 비판하였다.[83]

러시아의 경제생활을 포괄하는 법률은 절망적으로 후진적이다. 회사법은 1836년대의 것, 농촌 수공업 공장법은 캐더린 여제시대의 것에 머물러 있다. 정부야말로 진보의 가장 큰 장애이다. 정부는 모든 삶을 오직 경찰의 관점에서만 보고 있다.

꼬노발로프의 연이은 비판들은 곧 두마 내에 우파들에게 대소동을 야기했다. 전제 정부는 그를 두마에서 퇴출시키라는 명령을 내렸다. 극우파는 그를 탄압하였고, 결국 꼬노발로프는 두마 지도부에 사임서를 제출하였다. 그런데 당시 두마 내 여타 야당 지도부들은 이 결과에 대해서조차 공조하지 못하고 서로를 비난하며 분열하고 있었다.

1913~14년 사이 진보당은 두마 내 좀 더 광범위한 온건 자유주의 세력을 규합하기 위한 여러 노력을 했으나 끝내 성공하지 못했다. 모스끄바 상인·기업가 엘리트는 단합하여 진보당을 통해 부르주아지의 독자적인 정파를 만들고자 했으나 많은 장애에 부딪혔다. 무엇보다 먼저 뻬쩨르부르크 출신 기업가들은 모스끄바 기업가협회를 심하게 견제했다. 동시에 모스끄바 측의 상인·기업가들은 <전러기업가협회>가 여러 가지 면에서 지방 자치전통이나 모스끄바의 이해를 손상시킨다고 보고 뻬쩨르부르크 협회에 협조하기를 꺼려했다. 양 수도 기업가들이 쉽게 공조하지 못하는 상황은 결국에는 러시아 부르주아지의 세력을 약하게

만드는 근본 원인 중 하나가 되었다.

이외에도 진보당은 10월 동맹당의 잔류 세력들과 공조하기 위한 교섭을 수차례 시도했으나 10월 동맹당 내의 우파는 진보당이 전제정에 대해 분열을 획책한다고 공격하면서 좌파 유령이 다시 도래할 것이라고 위협했다.[84] 입헌민주당이나 10월 동맹당 내의 좌파에 속하는 젠트리나 지식인들 역시 부르주아지와의 연합을 거부했다. 부르주아적 정당을 만들려는 희망을 품었던 모스끄바 상인·기업가들의 시도는 현실의 벽을 도저히 뛰어 넘을 수 없었다.[85]

1914년 봄 진보당은 마지막으로 입헌민주당 내 좌파와 연합을 시도했으나 공조의 가능성은 깨어졌다.[86] 제 4차 두마는 역대 어느 두마보다도 더욱 심하게 파편화된 두마가 되었다. 제 3차 두마에서는 비록 10월 동맹당이 한때나마 민족주의자들과 연합하여 다수파를 형성하여 스똘리삔과 공조하여 정부에 압력을 행사한 경우도 있었지만, 제 4차 두마에서 자유주의자들은 정부에 압력을 행사할 어떤 공조도, 연합도, 타협안도 제시하지 못하고 정부와의 소통의 길이 막혀 있었다. 두마 정치에서 이 모든 실패는 결국 두마를 처음부터 불신하고 약화시키려했던 전제정부에게 가장 유리한 국면을 가져다 주었다. 곧 황제는 지금까지의 개혁 선언을 완전히 취소한다는 입장을 표명하였다. 두마에게는 단지 <내각장관 질의권>, 일부< 예산검토권>밖에 남지 않았다. 다시 정부는 이마져 거부하였다. 두마 내 극우파는 즉시 이것을 가결시켰다. 이로서 '피의 일요일' 이후 러시아의 입헌주의 실험은 완전히 실패로 끝나고 말았다.

마침내 1914년 전제정부의 두마 해산령과 함께 산업화와 강한 국민경제를 토대로 하는 국가를 건설하고, 부르주아 정당을 창당하려던 상인·기업가들의 시도는 영원히 좌절되었다. 이들의 노력이 좌절된 데에는 많은 요인이 작용한다. 두마에서 젠트리층이나 인텔리겐찌야는 끝까지 상인·기업가 부르주아지의 호소나 정치적 세력 형성에 공조하거나 연합하려고 하지 않았다는 점이다. 제 1차 대전 발발 시기에도 러시아의 여론 사회는 여전히 이 같은 반자본주의적, 반산업화의 세계관에서 벗어나지 못하고 있었다. 이런 세계관을 극복하는 유일한 길은 산업화가 더욱 진전되어 독립적인 경제력을 갖춘 도시 중산층이 발생하고 시민사회 저변 세력이 확대되어야 한다. 산업 세력이 농업세력을 실질적 힘에 있어서 능가하거나 주도할 수준까지 가야할 것이다. 비록 상인·기업가 엘리트는 계급 의식적 정치 파당을 조직하면서 성장해 가고 있었지만 그 힘과 세력은 아직 실질적인 수준까지는 도달하지 못했다. 러시아의 산업화의 역사는 아직 매우 짧았고 대기업의 다수는 황제와 전제 정부의 수중에서 통제되고 있는 구조였다. 농업 젠트리 세력은 기업가들을 경계했고 심지어 궁정 세력들조차 산업가들을 경시하려고 했다. 이 같은 분위기는 온건 자유주의 세력의 실제적 성장에 더욱 불리한 결과를 가져다 주었다.

두마와 전제정부 사이에 소통이 단절되고 정치적으로 교착 상태에 빠져 있는 동안, 궁정의 어두운 세력의 권한은 더욱 극대화되었다. 이들은 만 가지 악의 근원이었다. 황제는 여전히 왜 두마와 권력을 분배해야 하는지, 입헌제가 어떻게 도움이 되는지 등등 시대상의 의미를 결코 파악하지 못하고 있었다. 급기야 1915년 6월 황제는 대러시아 민족주의 정책을 빌미로 두마 내 반정부적인 세력을 색출하라는 명령을 내렸다. 그러나 상황은 매우 역설적이었다. 왜냐하면 이 무렵 서서히 민중의 반란의 조짐이 다시 일어났기 때문이다.

1912년 제 2 산업화의 붐이 일시적으로 일어나자 공장노동자의 숫자는 179만에서 갑자기 240만으로 증가하였다. 이 들 대다수는 농촌에서 갓 올라온 미숙련공들이었다.[87] 이들은 농촌의 토지부족을 오랜 빈곤으로 시달려 온 빈농들로서 도시 급진적 혁명 세력에게 금방 동요되거나 행동주의로 쉽게 움직일 심적 상태를 가진 집단이었다. 도시 미숙련공 증가로 임금이 다시 60%로 하락하였고 노동조건과 주거환경은 최악에 달하였다. 러시아 산업화가 낳은 디스토피아 세계는 전혀 개선되지 못하는 상황에서 민중들은 두마의 무능함에 모든 기대를 포기하고 등을 돌렸다.

1912년부터 각지에서 대규모 공장지대와 우랄 광산 등지에서 다시 1905년과 같은 폭력적 파업이 서서히 나타나기 시작하였다. 레나 광산에서 5만 명의 광부들의 파업과 500명에 이르는 대 학살은 외양상 전제 정부가 통제력을 회복한 것처럼 보였지만 실은 치명적인 실책이었다.[88] 디스토피아 세계는 다시 고개를 들기 시작하였다. 이제 노동자들은 10년 전과 달리 더욱 호전적이며 무장투쟁의 방법을 서슴없이 선택하기 시작했다. 동시에 사민당 내에서 멘셰비키는 노동조합에서 급속히 지지를 상실하였고 그 대신 볼셰비키가 노조에서 다수파를 얻는 사례가 속출하였다.[89] 볼셰비키는 '멘셰비키는 자유주의자들처럼 지식인을 위한 정당이며 볼셰비키는 노동자를 위한 당'이라는 이미지로 선전하였다. 제 1차 대전이 발발할 무렵 1914년 7월부터 노동자들은 마침내 볼셰비키가 오랫 동안 선전해 왔던 폭력에 의한 무장투쟁의 방법을 선택하였다. 이로서 러시아 역사상 처음으로 시도하였던 두마와 자유의 회주의 실험과 기업가들의 정당 정치참여의 열망은 완전히 실패로 끝나고 말았다.

주(注)

제1장 서론

1. 이정희 외, 『기업가와 유토피아: 기업가는 무엇을 꿈꾸는가』 (영남대학교출판부, 2016).
2. Thomas M. Doerflinger, *A Vigorous Spirit of Enterprise: Merchants and Economic Development in Revolutionary Philadelphia* (New York and London: W. W. Norton & Company, 1987), pp. 157-164.
3. Sandro Trento, *Il Capitalismo italiano* (Bologna: Mulino, 2012), pp. 14-15. 강조는 인용자의 것.
4. 요셉 슘페터, 『경제발전의 이론: 기업가 이윤, 자본, 신용, 이자, 경기순환에 관한 연구』, 박영호 역 (박영률 출판사, 2005), pp. 132-133.
5. 토마스 만, 『부덴브로크 가의 사람들 2』, 홍성광 역 (민음사, 2001), pp. 351, 353.
6. 헤테로토피아에 대해서는 미셸 푸코, 『헤테로토피아』, 이상길 역 (문학과지성사, 2014)를 보라. 또한 푸코의 헤테로토피아에 대한 비판적 소개를 위해서는 마거릿 콘, 『래디컬 스페이스: 협동조합, 민중회관, 노동회의소』, 장문석 역 (삼천리, 2013), pp. 152-156을 참조하라.
7. Geoffrey Jones and Mary Rose, "Family Capitalism," *Family Capitalism*, eds. Jones and Rose (New York: Routledge, 2012), p. 12.

제2장 미국

1. Thomas G. Andrews, *Killing for Kill: America's Deadliest Labor War* (Cambridge, Massachusetts: Harvard University Press, 2008),p.6. George McGovern and Leonard F. Guttridge, *The Great Coalfield War* (Houghton Mifflin Company, Boston, 1972). 그는 그의 책에서 파업 희생자보다 두 배의 진압자들이 죽었고, 이것은 매우 잘 조직된 광부들의 파업력이라고 주장했다. Scott Martelle, *Blood Passion: The Ludlow's Massacre and Class War in the American West* (New Brunswick, N.J.: Rutgers University Press, 2007),pp.4-5. 러들로 광산 파업과 회사의 대응에 대해 아주 상세한 묘사가 앤드류스와 마르텔의 책에서 나타나고 있다. Howard Zinn, *A People's History of United States*

(New York: Harper Peren, 1995). 이 사건이 이후 노사관계가 호전되고 노조가 법적으로 인정되고 노동자의 처우개선이 이루어지는 중요한 'turning point' 라고 한다.

2. Anthony R. DeStefanis, "The Road to Ludlow: Breaking the 1913-1914 Southern Colorado Coal Strike," *The Journal of the Historical Society*, 12 Sep. 2012. 밑의 주 4번의 저자들이 대부분 그런 견해를 보인다.
3. Ida M. Tarbell, *The History of the Standard Oil Company* (New York, N.Y.: McClure, Phillips & Company, 1904), p.127. 록펠러는 어떻게 보면, 그가 좋아했던 작가를 알 수 없는 시의 한 구절처럼 "가장 좋은 것에도 약간의 악이 있으며, 가장 악한 것에도 약간의 선이 있다." 세계대기업가전집편찬회, 『석유왕 록펠러』 3권 문우사, 1973, 20쪽. 록펠러보다 600여 년 전에 이탈리아 프라토의 대상인 프란체스카 다티니(Francesco M. Datini)는 "신과 이윤의 이름으로" 장사하여 거부가 되었다. 600여 년 전의 상인이나 록펠러나 "이 세상에서는 이윤을 추구하고 종국에는 삶의 공과를 심판받으려 한 것"이 공통점이다. 이리스 오리고(Iris Origo) 남종국역, 『프라트의 중세 상인』 앨피, 2009, 34쪽.
4. 많은 전기류의 책들이 그렇다. 예를 들면, 그랜트 시걸, 전은지역, 『세계 최고의 부자 록펠러』, 베다니 출판사, 2001. Ron Chernow, *Titan: The Life of John D. Rockefeller, Sr* (New York: Random House, 1998). 론 처노, 안진환외 1명 역, 『부의 제국 록펠러』 2, 20세기 북스, 2010. Allan Nevins, *Study in Power: John D. Rockefeller, Industrialist and Philanthropist* (New York: Charles Scribner's Sons), 1953.
5. Ron Chernow, Titan, passim. Ida Tarbell, *The History of Standard oil Company, passim.*
6. Allan Nevins, Study in Power, passim.
7. Herbert D. Donald, Lincoln (Simon & Schuster, New York, 1995), p.325, 1862년 전쟁장관인 사이먼 카메런(Simon Cameron) 사퇴 이유에 대해 "우리 국민은 그를 전적으로 신뢰할 수 없습니다. 그는 여러 종류의 군수품 횡령과 유용에 연루되어 있습니다. 전쟁장관이 군인들에게 면이 반만 섞이고 무게를 줄인 담요를 어떻게 사고팔았는지 우리는 알고 있습니다."라고 에이브러햄 링컨은 말했다. 이 말을 유추하자면, 윗물인 전쟁장관이 썩어서 밑은 말할 필요가 없다는 것이다.
8. 초기에 록펠러는 포도주통이나 위스키 통에 등유를 담아 철도를 통해 수송했다. 그러나 이렇게 하는 것보다는 철제컨테이너에 담아 철도로 운송하는 것이 훨씬 경제적이라는 사실을 곧 깨닫고 그것을 실행에 옮겼다.
9. 다니엘 그로스, 『미국을 만든 비즈니스 영웅』, 세종서적, 1998년.
10. Henry D. Lloyd, "The Story of a Great Monopoly," *Atlantic Monthly, March,* 1881, http://www.theatlantic.com/doc/188103/monopoly. 그리고 할인액의 10% 정도를 환

불(rebate)받았다.

11. 록펠러에게 우호적인 역사가 앨런 네빈스는 이 회사 합병을 우호적으로 표현했다. "산업과 상업에 있어 남북전쟁부터 제1차세계대전까지 기록한 자료를 보면, 당시 경제 변화는 최고조에 달했다. 작은 기업을 무너뜨리고 흡수 합병하지 않고는 위대한 기업이 된 사례는 없다. 와해된 쪽의 처지는 악적 자본가 손아귀에서 일어난 변화로 생각할 수 있지만, 장기적인 관점에서 건설적인 측면을 중요하게 다루어야 한다. 록펠러는 이것을 'Our Plan'이라고 표현했다. Allan Nevins, *Study in Power: John D. Rockefeller, Industrialist and Philanthropist*, p.132.
12. 스티브 와인버거 신윤쥬,이호은역, 『아이다 미네르바 타벨』, 생각비행, 2010, 126-127.
13. John D. Rockefeller, *John D. Rockefeller: The Autography of an Oil Titan and Philanthropist,* Unpublished manuscript, 1909, 20.
14. 록펠러는 16살에 휴이트 & 터털(Hewitt & Tuttle)사의 경리로 처음 사회에 발을 내디뎠다. 당시 그는 하루에 12시간 이상 근무하면서 박봉(월 15 $)을 받아 불만이 많았다, 그 이유로 4년 후 독립을 하였다.
15. Ida Tarbell, *The History of the Standard Oil Company* (New York, N.Y.: McClure, Phillips & Company, 1904), p.127.
16. 허현회, 『그들은 어떻게 권력이 되었는가: 부의 제국 록펠러 재단의 진실』 시대의 창, 2012 p,38
17. Ida Tarbell, *The History of the Standard Oil*, pp.36-37.
18. Glenn Porter, 손영호·연동원역, 『미국 기업사: 거대 주식회사의 등장과 그 영향』, 학문사, 1998, 124쪽.
19. Glenn Porter, 손영호·연동원역, 『미국 기업사』 125-126쪽.
20. 김화진, 『기업지배구조와 기업금융』. 서울: 박영사. 2004, 145쪽. 소위 말하는 지주회사의 시조 격이다. 지주회사는 다른 회사의 주식을 소유하기 위한 회사이다. 록펠러의 지주회사는 사업 지주회사로서 고유의 사업(뉴저지 스탠다드석유사)을 영위하면서 부수적으로 주식의 소유를 통해 다른 회사를 지배하려는 것을 목적으로 하는 회사를 말한다.
21. 록펠러의 재산에 총액은 사람마다 다 다르게 계산한다. 여러 가지 자료를 종합하면 대체로 3360 억 달러 정도로 계산할 수 있다. 한화로는 396 조 정도이고, 당시 미국 G.N.P.의 약 1.5%을 차지했다고 본다. 과거에서 현재까지 미국 최대 부호 1위이다.
22. 유명한 강도남작이고 철도왕인 Jay Gould의 장남. 제이 굴드와 록펠러 1세는 여러 번 동업을 했으며, 굴드가 갖고 있던 광산을 매입하도록 주선했다.
23. Henry L. Scamehorn, *Pioneer Steelmaker in the West: The Colorado Fuel and Iron*

Company, 1872-1903* (New York: Boulder, Company: Pruett), 1976. p.23.

24. 광산 막장 버팀대 설치, 철로 깔기, 다이나마이트 설치, 폐 석탄 골라내기 등 목숨이 달린 일이다.
25. 하워드 진 조선혜역, 『미국민중저항사』 일월서각, 1986, 1권, 313-314 쪽.
26. 1915년 같은 회사에서 폴란드 이민자들을 중심으로 파업이 일어났고, 러들로 파업 만큼은 아니어도 많은 희생자가 나왔다. https://en.wikipedia.org/.../Bayonne_refinery_strikes_of_1915.
27. 1901년 모르간은 앤드류 카네기의 회사를 인수하여 U.S. Steel을 만들었다.
28. 론 처노, 안진환·박아람 역, 『부의 제국 록펠러: 그 신화와 경멸의 두 얼굴』, 21세기 북스, 2010, p.422.
29. 론 처노, 『부의 제국』, p.424.
30. 1892년 펜실베이니라 주 홈스테드 철강회사 파업을 앤드루 카네기(Andrew Carnegie)의 임명을 받은 헨리 프릭이 과도한 진압을 명령하여 노동자 8명이 죽은 사건이었다.
31. 1880년에서 1914년까지 콜로라도 광산에서 약 1700 명이 사망하였다.
32. 피터 콜리어·데이빗 호로위츠 함규진역, 『록펠가의 사람들』 씨앗을 뿌리는 사람, 2004, 158-159.
33. 1913년 12월 경에 파업을 진행하는 노조에 대해서 록펠러 2세가 강경한 조치를 취하자, 아버지가 '특별히 만족한다"며 주식을 1만주 증여한 일을 의미한다.
34. 피터 콜리어, 『록펠러가의 사람들』, 173-174 쪽.
35. 하워드 진 조선혜역, 『미국민중저항사』, 2권 43.
36. Phillip S. Foner, *History of the Labor Movement in the United States: The AFL in the Progressive Era, 1910–1915*. 1980, New York, NY: International Publishers. p.198.
37. 1917년 러들로 학살 3년 후 같은 지역인 해이스팅스 광산 폭발이 일어나 121명이 죽었다. 제임스 로젠, 김한영역, 『미국의 거짓말: 미국은 역사를 어떻게 왜곡해 왔는가』? 갑인공방 2005,182.
38. Andrews, *Killing for Coal*, pp.138-139.
39. CF & I에서만 25명이 사망했다. Andrews, *Killing for Coal*, 236-237.
40. Phillip S. Foner, *History of the Labor Movement*, p.198.
41. 당시에는 관행상 일종의 도급제로 석탄을 많이 캐면 많은 임금을 주었다. 그 지급기준이 영국식 long tons였다. 이것은 1톤당 2,200파운드-화폐가 아닌 무게-로 계산하여 채탄량을 정한다. 2,000파운드로 계산하면 10% 정도 임금 상승효과가 있음.
42. Anthony R. DeStefanis, "The Road to Ludlow: Breaking the 1913-14 Southern Colorado Coal Strike," *Journal of the Historical Society*, 12 no. 2 (September 2012): p.367.

Andrews, *Killing for Coal*, p.271.

44. 이것은 일종의 양동작전으로 보인다. 여성의 이름은 모르지만 회사의 사주로 남편이 노조 측에 끌려갔다고 주장하여 노조 지도자들을 파업촌에서 끌어내어 러들로 역으로 유인하는 역할을 했다. 그러는 동안 민병들은 공격 준비를 했다.
45. 당시 UMWA 15지구(콜로라도) 노조지도자였다. https://en.wikipedia.org/wiki/John_R._Lawson.
46. 러들로에서 실질적인 파업 광부들의 지도자였다. 그는 4월 20일 오후에 민병에 의해서 총살되었다.
47. Martelle, *Blood Passion*, 163-164. "민병들이 사격 위치를 잡자, 사격명령을 내려달라고 간청하였고, 우리들은 이제 때가 되었다고 확신했다." 이것은 민병대 중위인 칼 린더펠트의 증언이다. Andrews, *Killing for Coal, p.64.* 당시는 계엄령이 내려져 있어 민병들이 군대 체제로 계급을 달고 있었다.
48. Martelle, *Blood Passion,* 164. 전시가 아닌 평화 시에 군인들이 민간인들을 상대로 전무후무하게 기관총을 사용하였다.
49. Martelle, *Blood Passion*, 171.
50. Andrews, *Blood Passion*, 272.
51. 4월 20일에 죽은 이는 총 19명이었다, 13명의 아녀자와 5명의 광부, 두 명의 회사 측 사람도 죽었는데. 한명은 회사 측 경비원인 Librado Moro(나이 모름), 또 한사람은 주방위군 소속의 Alfred Martin(30세) 이다. 1913년에서 1914년 사이에 콜로라도주 러들로 근방의 석탄 파업으로 75명이 살해되었다. Martelle, 223
52. 가수 우디 거드리(Woody Guthrie)는 "나는 우리들의 아이들을 염려했네....우리들의 아이들을 죽일 것이라고....그들은 우리들의 적은 텐트에 불을 질렀네."라고 노래했다.
53. 하워드 진, 『미국민중저항사』, 2권 77-78쪽.
54. 헌현회, 『그들은 어떻게 권력이 되었는가?』, 84-86쪽.
55. 피터 콜리어·데이빗 호로위츠, 함규진역, 『록펠러가의 사람들』 159쪽. 업튼 싱클레어는 [석유]와 [정글]이라는 대기업의 횡포를 고발하는 소설을 쓴 작가이다. '머더 존스'라는 별명의 메리 존스는 당시 탄광파업 노동자의 대모였다..

제3장 영국

1. 강종무, "남해 거품 사건을 통해 본 18세기 영국의 사회 문제," 『學林』 34 (2013), p. 77.
2. Peter M. Garber, "Famous first bubles," *Journal of economic perspectives* 4 (1990), p. 36.
3. 송병건, "남해회사 거품(South Sea Bubble)을 위한 변명," 『영국연구』 제29호 (2013), p. 344.

4. 1955년에 로버츠가 행한 강연, 즉 "1560-1660년 군사 혁명,"(The Military Revolution, 1560-1660)은 여타 부임 강연과 달리 각종 교재나 논문에 자주 인용되었다; Geoffrey Parker, "The "Military Revolution," 1560-1660 - a Myth?," *The journal of modern history* 22 (1976), p. 195.
5. 17세기 말 이래 잉글랜드는 수차 대외 전쟁을 경험했다. 9년 전쟁(1689-97년), 에스파냐 왕위 계승 전쟁(1701-14년), 오스트리아 왕위 계승 전쟁(1739-48년), 미국 독립 전쟁(1775-83년) 그리고 나폴레옹 전쟁(1796-1815년) 등이 바로 그것이다.
6. John Brewer, *The sinews of power: war, money, and the English state, 1688-1783* (New York: Knopf, 1989(1988)), p. 40.
7. 이내주, 『서양 무기의 역사』 (파주: ㈜살림출판사, 2012(2006)), p. 43
8. Brewer, *The sinews of power*, p. 30.
9. 김대륜, "18세기 영국에서 국민, 민족주의, 제국 - 주요 연구들에 대한 재검토 -," 『영국연구』 3 (1999), p. 188.
10. Charels Tilly(ed.), *The formation of national states in western Europe* (Princeton: Princeton University Press, 1975), p. 42.
11. Brewer, *The sinews of power*, p. 66.
12. 정치 산술이라는 말은 1687년에 페티(William Petty)가 처음으로 사용했다. 정치 산술가들은 통치가가 현실 세계에 대한 이해와 통제력을 강화하기 위해서는 여러 통계 자료의 수집과 그것의 분석에서 도출된 연구 결과에 바탕을 둔 정책 수행을 해야 한다고 믿었다. 정치 산술가들이 전국적 범위의 인구 통계와 각 계층별 생활 상태를 파악하고자 했던 것도 그와 같은 배경에 비롯되었던 것이다; J. Dennis Willigan and Katherine A. Lynch, *Sources and methods of historical demography* (New York: Academic Press, 1982), pp. 14-7, 김성룡, "영국 역사 인구학의 성과와 과제," 『大丘史學』 第44輯 (1992), p. 117.
13. Julian Hoppit, "Political arithmetic in eighteenth-century England," *Economic history review*, 2nd ser., 44 (1996), pp. 516-40.
14. 거의 18세기 전 기간을 통해 토지세는 잉글랜드의 주된 직접세였다; Paul Kennedy, *The rise and fall of the great powers: economic change and military conflict from 1500 to 2000* (New York: Random House, 1987), p. 79.
15. D. C. Coleman, *The economy of England 1450-1750* (Oxford: Oxford University Press, 1977), pp. 128-9, 191-4; 토지세의 인상은 곡물 가격의 하락과 더불어 당시 잉글랜드의 농업 사회 구조에 상당한 영향을 미치게 되었다. 빈부에 따른 농민의 계층 분화가 바로 그것이다; Mark Overton, *Agricultural revolution in England: the transformation of the agrarian economy 1500-1850* (Cambridge: Cambridge University

Press, 1996), p. 171. 무엇보다 토지세의 상승은 토지를 지주에게 집중되게 했다. 소규모 토지로는 농업 경영이 어려워졌기 때문이다. 17세기 말 잉글랜드의 토지 가운데 70-75%가 이미 지주의 손에 집중되었다는 사실이 그것을 뒷받침한다; F. M. L. Thompson, "The social distribution of landed property in England since the sixteenth century," *Economic history review*, 2nd ser., 19 (1966), pp. 505-17.

16. 강종무, "남해 거품 사건을 통해 본 18세기 영국의 사회 문제," p. 80.
17. 처음에는 전시의 편의를 위한 것이었다; Kennedy, *The rise and fall of the great powers*, p. 80.
18. 18세기의 경우 추가 전비의 약 3/4은 공채로 발행되었다; *ibid.*, p. 80.
19. 이영석, "18세기 영국의 국가체제와 제국 경영," 『미국학』 제28집 (2005), p. 43.
20. 당시 상인들이 국왕 찰스 1세에게 £400,000를 대출해 주는 조건으로 문제는 일단락되었다.
21. Stephen Quinn, "Goldsmith-banking: mutural acceptance and interbanker clearing restoration London," *Explorations in economic history* 34 (1997), p. 411.
22. http://www.bankofengland.co.uk/about/Pages/history/default.aspx (최종 접속일, 2017년 5월 20일).
23. 당시 잉글랜드가 주목한 네덜란드의 은행은 'the Amsterdam Wisselbank'이었다.
24. 'An act as the Government's banker and debt manager'(1694)가 그것의 근거였다; Anne Dolganos Pockers, *International Economic Indicators and Central Banks* (Hoboken: John Wiley, 2007), pp. 16-7.
25. Song Hongbin, *Currency wars*, 차혜정(옮김), 『화폐전쟁』 (서울: ㈜알에이치코리아, 2014(2008)), pp. 30-1.
26. 이영석, "18세기 영국의 국가체제와 제국 경영," p. 44.
27. 송병건, "남해회사 거품(South Sea Bubble)을 위한 변명," p. 347.
28. 흔히 남해회사로 언급되는 회사의 정식 명칭은 The governor and company of the merchants of Great Britain, trading to the South Seas and other parts of America, and for the encouragement of fishing이다.
29. 송병건, "남해회사 거품(South Sea Bubble)을 위한 변명," p. 348.
30. 강종무, "남해 거품 사건을 통해 본 18세기 영국의 사회 문제," p. 83.
31. 당시 시중에 유통되던 영국 정부의 채무는 총 £50,000,000 가량으로 잉글랜드은행이 £3,400,000, 동인도회사가 £3,200,000, 남해회사가 £11,700,000를 보유하고 있었고, 민간 투자자들이 보유한 채권이£16,50,000, 연금이 £15,000,000를 보유하고 있었고, 민간 투자자들이 보유한 채권이 £16,500,000, 연금이 £15,000,000 가량이었다.
32. 송병건, "남해회사 거품(South Sea Bubble)을 위한 변명," p. 348.

33. 유재수, 『다모클레스의 칼, 금융위기: 탐욕, 망각 그리고 몰락의 역사』 (서울: 삼성경제연구소, 2015), p. 78.
34. 송병건, "남해회사 거품(South Sea Bubble)을 위한 변명," pp. 349-50.
35. John Richardson, *Slavery and Augustan literature: Swift, Pope, Gay* (London: Routledge, 2004), p. 64.
36. Anon, *A Letter from an English merchant in Amsterdam to a friend in London, about the South Sea trade* (London, 1712), pp. 8-10.
37. Donald Stabile, *Forerunners of modern financial economics: a random walk in the history of economic thought* (Cheltenham: Edward Elagr Publishing, 2005), p. 21
38. Peter Temin and Hans-Joachin Voth, Prometheus shackled: *Goldsmith Banks and England's financial revolution after 1700* (Oxford: Oxford University Press, 2013), p. 119.
39. Timothy Knight, *Panic, prosperity, and progress: five centuries of history and the markets* (New York: John Wiley & Sons, 2014), p. 33.
40. 강종무, "남해 거품 사건을 통해 본 18세기 영국의 사회 문제," pp. 78-80.
41. Alexander Pope, "Moral essays. epistle III. - To Allen Lord Bathurst," (1732), http://www.poetrycat.com/alexander-pope/moral-essays-epistle-iii20---to-allen-lord-bathurst (최종 접속일, 2017년 5월 30일).
42. 강종무, "남해 거품 사건을 통해 본 18세기 영국의 사회 문제," pp. 78-80.
43. 송병건, "남해회사 거품(South Sea Bubble)을 위한 변명," pp. 349-50.
44. 김옥수, "스위프트와 포프의 풍자 차이," 『밀턴과 근세 영문학』 제20집 (2010), pp. 150, 160.
45. Jonathan Swift, "A pastoral dialogue between Richmond-Lodge and Marble-Hill: written June 1727, just after the news of the King's Death," http://www.online-literature.com/swift/poems-of-swift/58/ (최종 접속일, 2017년 5월 30일).
46. William Cobbet, *The parliamentary history of England, from the earliest period to the year 1803: from which last-mentioned epoch it is continued downwards in the work entitled "Hansard's parliamentary debates,"* vol. 7: *A. D. 1714-1722* (London: Printed by T. C. Hansard, Peterbourgh-court, Fleet-street, 1803), pp. 685-86.
47. 이른바 금융 피라미드로 불리는 폰지 사기는 1920년대 미국에서 대형 금융 사기를 일으킨 폰지(Charles Ponzi)의 이름에서 유래했다. 그것은 새로운 투자 자금을 가지고 기존의 투자자들에게 이익을 돌려주는 것을 말한다.

제4장 영국

1. 잉글랜드의 행정구역은 9개 지역(Region,1994년 이래), 3개주(County), 55개의 단일자치구(Unitary Authorities,1995년 이래), 326개구(District,1974년 이래)로 나뉘어져 있다. 그 중 그레이터 맨체스터는 1974년 이래 Metropolitan County(대도시 주-6개)중의 한 도시주로서 그레이터 맨체스터에는 다시 2개의 중심시(맨체스터, 샐포드)를 포함하여 Bolton, Bury, Oldham, Rochdale, Stockport, Wigan, Tameside, Trafford 등의 10개 도시들이 광역도시를 이루고 있다. 그리고 28개의 비 도시주(-Shires, 1974년이래)가 있는데, 20세기에 맨체스터는 도시 구에 편재되었으나 19세기에 맨체스터는 랭카셔 주(Lancashire)에 포함되어 설명되었다.
2. Friedrich Engels, *The Condition of the Working-Class in England in 1844* (London, 1892), p. 53.
3. Ian Douglas, Rob Hodgson, Nigel Lawson, "Industry, Environment and Health through 200 years in Manchester," *Ecological Economics* 41(2002), pp.235-55: Dr Deborah Woodman, "Commercial Life and Trading Networks in the Manchester Region during the Nineteenth Century: the economic role of the public house, the warehouse and the Manchester Exchange", pp.1-19.
   http://www.ehs.org.uk/dotAsset/af21fa34-f7bb-4f72-a2d6-889fa97ccded.pdf
4. Mervyn Busteed & Rob Hodgson, "Irish migration and settlement in early nineteenth century Manchester, with special reference to the Angel Meadow district in 1851", *Irish Geography* vol.27(no.1, 1994), pp.1-13.
5. 생활수준 논쟁은 Engels의 *The Condition of the Working Class in England* (1891, English Edition)에서 비롯되어 20세기 초까지 엥겔스의 비판론적 입장은, 경제사학자 토인비(Arnold Toynbee-분배의 불평등에 입각), 존 해먼드와 바바라 해먼드(노동자들을 부 축적 수단으로서 파악한 자본가들 비판) 주장에 반영되었고 그에 반해 클래팜(John H. Clapham)이 1926년에 낙관론적 입장(임금 통계와 생계비 지수를 분석하여 산업혁명기 도시와 농촌 노동자들의 구매능력으로 판단)을 밝히면서 논쟁은 심화되었다. 생활수준 논쟁은 임금과 물가지수 반영 과정에서의 한계 때문에 그 자체가 논쟁 초래의 여지가 있는데, 20세기 중반 이후 장기적인 추이에 집중한 경제학자들은 18세기 전반기 실질임금이 증가 추세에 있었고 1750년 이후 1820년까지는 정체 혹은 하락하였다고 파악하였다. 그런데 Lindert and Williamson은 새로운 사료를 바탕으로 1820~1850년에 실질임금이 이전 시기에 비해 2배 상승하였다고 분석함으로써 적어도 산업혁명 후기부터 물질적 생활수준이 상승하였다고 주장하였다. 또 다른 주장으로서 실질임금의 상승이 1820년이 아닌 산업혁명 초기부터 이루어져 왔다는 주장이 나타났는데 즉 Feinstein은 1770~1818년 평균 실질임금은 약 12.5% 상승하였고, 1818~1848년

에는 23.1% 상승하였음을 주장하였다. Clark와 Allen은 파인슈타인의 임금 추계가 과대 추정되었을 가능성을 제기하였지만, 그럼에도 불구하고 20세기 초기 경제사학자들의 비관론적 시각보다는 상대적으로 덜 비관적이라고 평가한다.

6. Chapman Sydney, *The Lancashire Cotton Industry: A Study in Economic Development* (Manchester: Manchester University Press, 1904); https://archive.org/details/cu31924002282758#page/n13/mode/2up
7. Ed. Glinert, The Manchester Compendium (Manchester:Allen Lane, 2008), p. xi.
8. 페르낭 브로델 저, 주경철 역, 물질문명과 자본주의 Ⅲ-2 (서울: 까치글방,1997), p.790.
9. James Butterworth, *A Complete History of the Cotton Trade: Including also, that of the silk, calico-printing, & hat manufactories* (Manchester : C. W. Leake Printer, 1823) p.2
10. Michael Nevell, Manchester : *The Hidden History* (Gloucestershire : The History press Ltd., 2008), p.198.
11. http://www.manchester.com/features/cotton/index.(December 15, 2011).
12. Edwin, Butterworth, *Historical Sketches of Oldham*(Denver: EJ Morten Publishers, 1981), pp.117-118.
13. Ed Glinert, *The Manchester Compendium: A Street-by-Street History of England's Great Industrial City* ((Manchester:Allen Lane, 2008), pp.119-193.
14. Richard Staton, Ray Ennion, Wendy Moore, *Three centuries of Changes* (London: Haper Collins Publishers Ltd., 1998), p.95: 수상 웰링턴 공을 포함하여 50,000명의 사람들이 운집하였던 그 개통식에서 정치인 윌리엄 허스키슨(William Huskisson, 1770~1830)이 진입 중이던 철도에 치여 사망하는 비극이 발생되었다.
15. http://huddled.co.uk/2014/05/6-early-industrialists-helped-build-manchester/
16. Francis, Espinasse, Lancashire Worthies (California:ulan press, 2012), p.421.
17. http://huddled.co.uk/2014/05/6-early-industrialists-helped-build-manchester/
18. Bradshaw, L. Daniele *Origins of Street Names in the City of Manchester* (Radcliffe : Neil Richardson Ltd., 1985), pp.57-58.
19. Peter Nelson Farrar, *Richard Cobden: Educationist, Economist and Statesman*, Dissertation of Ph.D(The University of Sheffield, 1987 Unpublished): 최현미, "리처드 콥던(Richard Cobden)의 자유주의 개혁", 경북대학교 박사학위논문 (2004).
20. John, Aikin, *A Description of the Country from Thirty to Forty Miles round Manchester,*(Open Library-Internet Archive : Augustus M. Kelley publisher, 1978), p.521
21. Francis Espinasse, *Lancashire Worthies*, vol.1(Lancashire : Rare Books Club, 2014), pp. 90-103.
22. Dr.Deborah Woodman, " Commercial Life and Trading in the Manchester Region

during the Nlneteenth Century: the economic role of the public house, the warehouse and the Manchester Exchange"(University of Huddersfield, 2011),p.8 :http://www.ehs.org.uk/dotAsset/af21fa34-f7bb-4f72-a2d6-889fa97ccde

23. James Butterworth, *A Complete History of the Cotton Trade: Including also, that of the silk, calico-printing, & hat manufactories*, (Manchester : C. W. Leake Printer, 1823), p.1.
24. Ian Douglas, Rob Hodgson, Nigel Lawson, "Industry, environment and health through 2oo years in Manchester", p.237.
25. Ed Glinert, *The Manchester Compendium: A Street-by-Street History of England's Great Industrial City*, pp.140-156.
26. Richard Staton, Ray Ennion, Wendy Moore, *Three centuries of Changes*(London: Haper Collins Publishers Ltd., 1998), p.104.
27. Richard Staton, Ray Ennion, Wendy Moore, *Three centuries of ehnges*, p. 108.
28. Ed Glinert, *The Manchester Compendium: A Street-by-Street History of England's Great Industrial City*, p.157.
29. Collin Matthew, *The Nineteenth century: The British Isles: 1815-1901* (Oxford: Oxford University Press, 2000), p. 62.
30. Anthony S. Wohl, (Endangered Lives: Public Health in Victorian Britain), p.211.
31. Anthony S.Wohl, (Endangered Lives: Public Health in Victorian Britain), p.208
32. Ju, Yeong-Su Kim, Dae-Sung Kang, "Development of Questionnaire for Evaluating Health Effect Associated with Air Pollution", *Journal of Preventive Medicine and Public Health* Vol.30 (No.4, 1997), pp.854-855.
33. P. F. Cooper, "Historical aspects of Wastewater treatment," *Decentralized Sanitation and Reuse : Concepts, Systems and Implementation* edited by P. Lens, G, Zeeman and G. Lettinga (Cornwall : IWA Publishing, 2001), pp.17-18.
34. Collin Matthew, *The Nineteenth century: The British Isles: 1815-1901*(Oxford: Oxford University Press, 2000), p.63.
35. Richard Staton, Ray Ennion, Wendy Moore, *Three centuries of Changes*, p.111.
36. Anthony S. Wohl, Endangered Lives: Public Health in Victorian Britain , p.205.

제5장 이탈리아

1. 이 글은『서양사연구』52 (2015. 5.)에 실린 논문을 대폭 수정 보완한 것임.
2. 존 미클스웨이트ㆍ에이드리언 울드리지,『기업의 역사』, 유경찬 역 (을유문화사, 2004), pp. 34-35.

3. ‘챈들러적’ 패러다임에 대해서는 Alfred D. Chandler, Jr., *Scale and Scope: The Dynamics of Industrial Capitalism* (Cambridge, Mass.: Harvard University Press, 1990)을 참조하라.
4. Ernest-Antoine Seillière, *Le Monde*, 30 July 2002, Harold James, *Family Capitalism: Wendels, Haniels, Falcks, and the Continental European Model* (Cambridge, Mass.: The Belknap Press of Harvard University Press, 2006), p. 1에서 재인용.
5. James, *Family Capitalism*, pp. 13-14.
6. Andrea Colli, *The History of Family Business 1850-2000* (Cambridge, Eng.: Cambridge University Press, p. 2003), pp. 8-12.
7. James, *Family Capitalism*, pp. 6, 21, 377.
8. 이에 대해서는 이정희 외, 『기업가와 유토피아: 기업가는 무엇을 꿈꾸는가』 (영남대학교출판부, 2016)을 참조하라.
9. 헤테로토피아에 대해서는 미셸 푸코, 『헤테로토피아』, 이상길 역 (문학과지성사, 2014)를 보라. 또한 푸코의 헤테로토피아에 대한 비판적 소개를 위해서는 마거릿 콘, 『래디컬 스페이스: 협동조합, 민중회관, 노동회의소』, 장문석 역 (삼천리, 2013), pp. 152-156을 참조하라.
10. 빌헬름 바이셰델, 『철학의 에스프레소: 위대한 철학자 34인의 일상과 사상』, 안인희 역 (프라하, 2014), p. 102.
11. 요셉 슘페터, 『경제발전의 이론: 기업가 이윤, 자본, 신용, 이자, 경기순환에 관한 연구』, 박영호 역 (박영률출판사, 2005), pp. 132-133.
12. 가족 기업의 강점과 약점에 대해서는 David S. Landes, *Dynasties: Fortunes and Misfortunes of the World Great Family Business* (New York: Penguin Books, 2006), pp. xv-xvii, 290-306을 참조하라.
13. ‘부덴브로크 신드롬’은 간혹 ‘부덴브로크 효과(Buddenbrooks effect)’라고 불리기도 한다. 이 독특한 개념의 출전인 토마스 만의 『부덴브로크 가의 사람들』에서 북부 독일 뤼베크의 상인 가문 부덴브로크는 1대 요한 부덴브로크 이래 창업과 수성의 단계를 지나 3, 4대의 몽상과 데카당스를 통해 급속히 쇠퇴와 몰락을 향해 갔다. 이 때 가족의 존립을 위협하고 기업에 손실을 야기하는 것은 질병과 죽음, 사랑, 예술, 철학, 종교 등이다. 토마스 만, 『부덴브로크 가의 사람들 1, 2』, 홍성광 역 (민음사,2001).
14. Duccio Bigazzi, *La Storia d'Impresa in Italia: Saggio Bibliografico, 1980-1987* (Milano: Franco Angeli, 1990), p. 49.
15. Sylvia Junko Yanagisako, *Producing Culture and Capital: Family Firms in Italy* (Princeton and Oxford: Princeton University Press, 2002), pp. 1, 35.
16. Sandro Trento, *Il Capitalismo Italiano* (Bologna: Mulino, 2012), pp. 13-17.

17. 슘페터, 『경제발전의 이론』, p. 234. 강조는 인용자의 것.

18. Bigazzi, *Storia d'Impresa*, pp. 48-50. 강조는 인용자의 것.

19. Franco Amatori, "Italy: The Tormented Rise of Organizational Capabilities between Government and Families," *Big Business and the Wealth of Nations*, Alfred Chandler, Jr., Franco Amatori and Takashi Hikino, eds. (Cambridge, Eng.: Cambridge University Press, 1997), p. 275.

20. Antonio Gramsci, *Quaderni del Carcere III: Quaderni 12-29 (1932-1935)*, 2nd edition, ed. Valentino Gerratana (Torino: Einaudi, 1975), p. 1680. 또한 Nicola Tranfaglia, *Vita di Alberto Pirelli (1882-1971): La Politica attraverso l'Economia* (Torino: Einaudi, 2010), p. xii을 보라.

21. Roberto Romano, *I Crespi: Origini, Fortuna e Tramonto di una Dinastia Lombarda* (Milano: Franco Angeli, 1985), p. 24.

22. Romano, *Crespi*, p. 33.

23. Franco Ramella, "Prefazione," *La Fabbrica Totale: Paternalismo Industriale e Città Sociali in Italia*, Luigi Guiotto (Milano: Feltrinelli, 1979), p. 11.

24. Andrea Colli, "Cent'anni di 'Grandi Imprese' Lombarde," *Storia d'Italia. Le Regioni dall'Unità a Oggi: La Lombardia*, eds. Duccio Bigazzi and Marco Meriggi (Torino: Einaudi, 2001), p. 495.

25. Romano, *Crespi*, pp. 55, 114.

26. 사실, 제1차 세계 대전 직후 많은 이탈리아 기업들이 전시 수요가 전후에도 지속될 수 있으리라는 잘못된 판단으로 무리한 투자를 감행하여 파산에 이르렀다. 제노바의 철강 기업 안살도(Ansaldo)가 대표적이다. 반면, 밀라노의 철강 기업 팔크는 지방 시장에서 다양한 금속재와 파이프, 동관 등의 생산에 특화함으로써 무리한 투자를 피하고 유연성을 확보하여 틈새시장에서 성공할 수 있었다. Franco Amatori, "La Grande Impresa," *Storia d'Italia. Annali: L'Industria*, vol. 15, eds. Franco Amatori, Duccio Bigazzi, Renato Giannetti and Luciano Segreto (Torino: Einaudi, 1999), pp. 708-709.

27. Romano, *Crespi*, p. 152.

28. Romano, *Crespi*, p. 153.

29. Romano, *Crespi*, p. 55.

33. Giovanni Merlini, *Il Passato, il Presente e l'Avvenire della Industria Manifatturiera in Lombardia* (Milano: Libreria di Francesco Sanvito, 1857), pp. 36-37.

34. Luciano Cafagna, *Dualismo e Sviluppo nella Storia Italiana* (Venezia: Marsilio, 1989), p. XLII.

35. Anna Bull and Paul Corner, *From Peasant to Entrepreneur: The Survival of the Fam-*

ily Economy in Italy (Providence and Oxford: Berg, 1993), pp. 2-7.

36. Bull and Corner, *From Peasant to Entrepreneur*, p. 111.
37. Bull and Corner, *From Peasant to Entrepreneur*, pp. 7-11, 74-75.
38. Bull and Corner, F*rom Peasant to Entrepreneur*, pp. 82-90, 103-106.
39. Sylvia Junko Yanagisako, *Producing Culture and Capital: Family Firms in Italy* (Princeton and Oxford: Princeton University Press, 2002), pp. 29-31, 119-121.
40. Yanagisako, *Producing Culture and Capital*, p. 57.
41. "fratelli, coltelli"는 직역하면 "형제가 칼"이라는 뜻이다. 믿는 도끼에 발등 찍히듯이, 형제가 등에 비수를 꽂는다는 말일 테다. 이와 유사한 것으로 "친척이 뱀(parenti, serpenti)"이라거나 가족과 친척을 직원으로 고용한 경우에 "종업원이 경쟁자(dipendenti, concorrenti)"라는 말도 있다. 이런 말들은 모두 질시와 배신이 일상적 드라마의 일부인 가족 기업의 한 단면을 잘 드러내 보여주고 있다. Yanagisako, *Producing Culture and Capital*, pp. 116, 125.
42. Yanagisako, *Producing Culture and Capital*, pp. 115-116.
43. Yanagisako, Producing *Culture and Capital*, p. 13.
44. Yanagisako, *Producing Culture and Capital,* pp. 127-128. 강조는 인용자의 것.
45. Romano, *Crespi*, pp. 39, 105, 156.
46. Romano, *Crespi*, pp. 154-155. 강조는 인용자의 것.
47. Luciano Segreto, *I Feltrinelli: Storia di una Dinastia Imprenditoriale (1854-1942)* (Milano: Feltrinelli, 2011), p. 13.
48. Segreto, *Feltrinelli*, p. 19.
49. Segreto, *Feltrinelli*, pp. 13-22.
50. Bull and Corner, *From Peasant to Entrepreneur*, p. 105.
51. Yanagisako, *Producing Culture and Capital*, p. 38.
52. Yanagisako, *Producing Culture and Capital*, pp. 56-65.
53. Yanagisako, *Producing Culture and Capital*, p. 91.
54. Landes, *Dynasties*, p. xi; 홍하상, 『유럽 명품 기업의 정신』 (을유문화사, 2013), pp. 287-291.
55. James, *Family Capitalism*, pp. 377-378.
56. "무도덕한 가족주의"에 대해서는 Edward C. Banfield, *The Moral Basis of a Backward Society* (Glencoe: The Free Press, 1958)을 참조하라.
57. "제3의 이탈리아"에 대해서는 Arnaldo Bagnasco, *Tre Italie: La Problematica Territoriale dello Sviluppo Italiano* (Bologna: Mulino, 1977)을 참조하라.
58. Geoffrey Jones and Mary B. Rose, "Family Capitalism," *Family Capitalism,* eds.

Geoffrey Jones and Mary B. Rose (New York: Routledge, 2012), pp. 6-7.

59. Segreto, *Feltrinelli*, p. 15.

제6장 프랑스

1. 본장은 은은기, "불로뉴-비앙꾸르시의 지방세 정책(1949-1965)", 『서양사론』, 제 88집, 2005의 내용을 상당 부분 재활용하였음.
2. 꼬뮌(commune)은 도(departement) 아래에 있는 프랑스의 지방자치단체 대체로 자치시를 지칭한다.
3. 상띰은 지방자치단체인 꼬뮌(자치시)가 부의 핵심적인 직접세이다. 상띰은 건물 지세(contribution foncière des propriétés bâties), 나대지 지세(contribution foncière des propriétés non bâties), 동산세(contribution mobilière) 그리고 영업세(patente)로 구성된다. 상띰에 속한 이 4개의 세금은 직접세를 내는 모든 종류의 납세자들을 그 징세대상으로 한다.
4. 2차세계대전 직후인 1947년에 불로뉴는 분명히 노동자의 비중이 매우 높은 노동자 도시였다.
5. 알퐁스 르 갈로는 1902년 엥드르(Indre) 도에서 태어나 전기공으로 일하다가 1934년에 불로뉴 시의 서기로 일하게 되었다. 그는 사회당 시지부의 재정담당관이었고 그리고 행정서기였다. 그는 2차대전 동안 레지스탕스의 일원이었고 그리고 1944년에 임시시의회인 특별위원회를 이끌었다. 1945년 5월 그는 불로뉴 시장에 당선되었다. 그리고 1947, 1953년 및 1959년에 시장에 당선되었다. 1958년에는 센느 도의 도의회 의장이 되었다. 1962년에는 상원의원이 되었고 그리고 1964년에는 프랑스시장연합회의 총서기가 되었다: J. MAITRON et C. PENNETIER, Dictionnaire biographique du mouvement ouvrier français, t. XXXIV, Paris, Editions ouvrières, 1989, p. 참조.
6. 드브레 법 (〈*Le Monde*〉, 1959년 2월 25일자 참조)에 따라 1959년 자치시 선거 때부터 비례대표제를 대신하여 2차결선투표제가 채택되었다. 1차 투표에서 과반수를 넘는 선거리스트가 없을 경우 1차 선거에서 1위를 한 정당과 2위를 한 정당의 선거리스트가 결선에서 대결하여 이기는 정당의 선거리스트에 등록된 시의원들이 행정부를 장악하게 되는 것이다. 다수 당이 난립하고 있던 불로뉴에는 2차 결선 투표가 불가피했고, 사회당은 1위를 할 가능성이 거의 없었던 공산당의 지지를 얻어 집권할 수 있었던 것이다. 비록 퇴임 사회주의 시장인 알퐁스 르 갈로가 1959년의 결선투표에서 공산주의자들의 지지를 거부하였으나 공산주의자들은 드골주의자들이 시의회를 장악하는 것을 막기 위해 사회주의 리스트를 지지하는 수밖에 없었다. 결국 사회주의 선거명부는 1953년과 1959년 선거에서 공산당 선거명부나 드골주의 선거명부와 비슷한 수의 득표율을 보였을지라도 제 2차 결선투표에서 공산주의자들과 드골주의자들의 상호견제

때문에 시 정권을 장악할 수 있었던 것이다.

7. *Bulletin Municipal Officiel,* mai 1955, p. 3. 프랑스 꼬뮨의 대부분은 1950년대 초반에 재정적자에 직면하였다. 이 때문에 수많은 꼬뮌들은 상띰을 증가시키지 않을 수가 없었다.

8. 1963년에 인구 1000명당 르발르와 뻬레는 71개의 방을 보유하였고 끌리쉬는 59개의 방을 보유하였다 : *Annuaire statistique de la ville de Paris et des communes suburbaines du département de la Seine* (이하 *Annuaire statistique*로 약함), 1963.

9. 기타 직접세는 대지 및 나대지수입세, 가정 오물 수거세, 하수구 이용세, 하수구 연결세, 주거지 가치세, 사업장 가치세를 말한다.

10. François Giquel, op. cit. 도지사는 시장에게 다음 해에 꼬뮌의 상띰의 가치가 얼마나 될지를 시장에게 알려준다. 꼬뮌의 지출과 수입을 결정한 후 시장은 상띰의 총액을 계산한다. 이 총액을 상띰의 가치로 나누면 시의회에서 표결해야 될 상띰의 수를 알 수 있다.

11. Jean Cathelineau, *La fiscalit des collectivits locales* (Paris: Armand Colin, 1970), p.18. 영업세는 프랑스에서 상업, 공업, 그리고 수공업에 종사하는 사람과 전문직업인 등을 징세대상으로 한다. 영업세를 면제받는 자들은 예술가, 어부, 조산부(sages-femmes) 등이다.

12. 일반적으로 시행정부는 상띰의 증가가 일반 주민에게보다는 영업세 납부자에게 보다 큰 영향을 미치기 때문에 상띰 증액을 보다 쉽게 추진한다. 물론 상인이나 기업가들이 영업세 부담이 훨씬 큰 꼬뮌에 상점을 열거나 공장을 짓기를 주저한다는 점을 고려해야 한다.

13. *BMO*, juillet 1953, p.1 : 2차 대전 직후 상인 및 기업가들은 영업세의 폐지를 주장하였다. 특히 '상인 및 수공업자 이익수호연합(l'Union de défense des commerçants et artisans)'에 의해 주도되는 푸자드운동(Mouvement poujadiste)은 1953년 자치시선거에서 영업세의 폐지를 슬로건으로 내세웠다. 상인 및 수공업자 이익수호연합은 그 선거에서 전국적으로 12%의 득표율을 보여주었다. 이에 비해 불로뉴의 '상인 및 수공업자 이익수호연합' 지부는 투표에 가담한 유권자들로부터 6%의 지지만을 얻는데 그쳤다. 이것은 불로뉴에서 상인과 수공업자에 대한 영업세의 부담이 1950년대 초반에 그렇게 크지 않았음을 말해주는 것이다.

14. <표 11> 젠느빌리에의 건물 및 주택 신축을 위한 부지매입비와 신축비용 (단위: 천프랑)

지출내역	1960	1961	1962	1963	1964	1965
부지매입	1260	836	2593	5924	1724	3399
신축	3464	2739	3910	2534	6783	6408

15. 꼬뮌의 영업세대장에는 단지 상호명과 영업세부과액만이 기록될 뿐이다. 따라서 그

수가 상당히 많았던 대기업과 중소기업이 각기 납부하는 영업세의 몫을 구별하는 것은 매우 어려운 과제라 할 수 있다. 이에 비해 대상인들은 그 수가 매우 적어 상점 간 판만으로도 쉽게 구별이 된다.

16. 1962년 현재 르노자동차가 납부한 총 납세액은 513,193,191프랑이며, 이 중에서 도와 꼬뮌에 납부한 가장 중요한 지방세이며 직접세인 영업세 및 토지세는 16,586,108 프랑에 달하였다(같은 해 불로뉴시의 총수입은 32,379,000프랑이었다): Régie Nationale des Usines Renault, *Rapport annuel de gestion du prsident directeur gnral pour l'exercice 1962* (1963), p.66.

17. 드브레 법 (<*Le Monde*>, 1959년 2월 25일자 참조)에 따라 1959년 자치시 선거 때부터 비례대표제를 대신하여 채택된 '제 2차 결선 다수결 투표제 (systme de vote plurinominal majoritaire de deux tours)'는 단지 하나의 선거리스트만이 불로뉴의 시의회를 장악하도록 만들었다. 선거리스트가 결선투표에서 1위를 차지할 가능성이 거의 없었던 지역 공산당 리스트는 1959년 이후 시의회에서 완전히 밀려나게 되었다. 사회당 선거리스트는 1953년과 1959년 선거에서 공산당 선거리스트나 우익의 드골파 선거리스트와 비슷한 수의 득표율을 보였을지라도 제 2차 결선 투표에서 공산주의자들과 드골주의자들의 상호 견제 때문에 시정권을 장악할 수 있었다.

18. Département des Hauts-de-Seine, *Donnes rtrospectives locales*: 1952년부터 많은 기업들이 불로뉴를 떠나 지방으로 향했다. 이러한 공장의 지방 이전에도 불구하고 1954년의 93,998명이었던 인구가 1968년에 109,380명으로 증가하였다. 그러나 공장의 지방 이전은 꼬뮌의 산업구조에 영향을 미쳤다. 수송, 상업, 보험, 공공서비스 및 공공토목공사는 1954년 이래로 지속적으로 증가한 데 비하여 가공산업은 쇠퇴하였다. 이러한 산업발전은 사회직업적 계층에 따라 활동인구의 분포의 변화를 초래하였다. 자유직업인과 상급간부들의 수가 1954년에는 2,981명이었으나 계속 증가하여 1968년에는 8,184명에 달하였다. 반면에 노동자의 수는 1954년과 1968년 사이에 31% 감소하였다. 다른 사회계층에 속한 주민의 수는 대체로 별다른 변화를 보이지 않았다.

19. 사회당 소속 시장이 주도하는 불로뉴 시행정부는 직접세인 상띠(영업세)을 대폭 올려 지방세 수입을 증가시킴으로써 서민 주택을 대거 건축하려는 노력을 별로 기울이지 않았다. 이로 말미암아 민간업자들이 자신들의 자본으로 고급주택을 대거 지음으로써 꼬뮌 외부에서 부유층들이 대거 유입되어 불로뉴는 1970년대 이후 부유층의 도시로 바뀌어 갔다. 이 과정에서 노동자들은 불로뉴에서 철저히 밀려나게 되었던 것이다.

제7장 스페인

1. D. Butcher & M. Clarke, "Organization Politics, the Cornerstone of Organization Democracy," *Organization Dynamics,* Vol. 31, No. 1(2002), pp.35-46.

2. I. Irizar and G. MacLeod, 32 claves empresariales de Mondragon (Arrasate: Editorial Provisional para Códigos, 2010).

3. 설립자는 우사토레, 라라냐가, 고로뇨고이티아, 오르투바이, 오르마에체아였다. 회사 이름 울고르는 이 설립자들 이름의 첫 글자를 따서 만든 것이다. 원명은 타예레스 울고르이다. 1956년에 종업원 24명으로 작업을 시작했고 석유난로를 생산했다. Antonio Cancelo Alonso, "Mondragon Corporación Corporativa: 'Historia de una Experiencia'," *Revista Internacional de los Estudios Vascos*, Vol. 44, No. 2(1999), pp.323-357.

4. 이렇게 시작한 협동조합 운동을 아리스멘디는 몬드라곤 협동조합 경험(Experiencia Cooperativa de Mondragón)이라고 불렀다[Joxe Azurmendi, *El Hombre Cooperativo. Pensamiento de Arizmendiarrieta* (San Sebastián: Azata D. L., 1992), pp.425-433]. 이는 중단 없는 역동성을 강조한 것이다.

5. 이에 대한 자세한 내용은 황보영조, 「아리스멘디의 꿈, 기업의 협동조합 질서」, 이정희 외 지음, 『기업가와 유토피아』(영남대학교출판부, 2016), pp.173-177을 참조하라.

6. Roy Morrison, *We build the road as we travel* (Philadelphia, PA: New Society Publishers, 1991), pp. 222-229.

7. 당시 울고르 파업을 지도한 하이오네는 카스미르와의 인터뷰에서 평가 제도를 둘러싸고 파업이 발생했다고 얘기했다[Sharryn Kasmir, *The Myth of Mondragón: Cooperatives, Politics, and Working-class Life in a Basque Town* (Albany: State University of New York Press, 1996), p. 111]. 이하에서 서술하는 울고르 공장의 파업과 관련한 내용은 필자가 『동서인문』 제4집에 게재한 「1974년 울고르 파업에서 드러난 몬드라곤 기업의 이상과 현실」(2015.10)을 수정·보완한 글이다.

8. 몬드라곤협동조합 설립자들은 사업이 성공하면서 기업 규모가 커지자 자회사를 설립했다. 또한 기업체 수가 늘어나자 각 기업의 자치권을 침해하지 않는 가운데 그 기업들을 연결시킬 방안을 연구하게 되었다. 이렇게 해서 생겨난 것이 협동조합그룹 울라르코(ULARCO)였다. 울라르코라는 명칭은 몬드라곤 최초의 세 협동조합 울고르(Ulgor), 아라사테(Arrasate), 코프레시(Copreci)의 첫 두 알파벳을 따서 만든 것이다. 파업 당시에는 여기에 에데를란과 파고르가전이 추가되어 울라르코는 모두 5개 협동조합으로 구성되어 있었다. 재정과 법률 서비스, 시장조사, 인사 업무를 관장했고, 울라르코 공장들의 수입을 공동으로 관리했다[William F. Whyte & Kathleen K. Whyte, *Making Mondragón: The Growth and Dynamics of the Worker Cooperative Complex* (Ithaca: Cornell University Press, 1991), pp.85-87; Ana Gutiérrez-Johnson & William F. Whyte, "The Mondragón System of Worker Cooperatives," Frank Lindenfeld and Joyce Rothschild-Whitt, ed., *Workplace Democracy and Social Change* (Porter Sargent, 1982), p.185].

9. William F. Whyte & Kathleen K. Whyte, Making Mondragón, pp.125-126. 이하 울고르 파업의 자세한 내용에 대해서는 이 책을 참조했다.

10. William F. Whyte & Kathleen K. Whyte, *Making Mondragón*, p.128

11. William F. Whyte & Kathleen K. Whyte, *Making Mondragón*, pp.128-129; Ana Gutiérrez-Johnson & William F. Whyte, "The Mondragón System," p.190.

12. 1971년 내규는 동맹파업은 허용하지만 내부 문제로 인한 파업은 금한다고 규정했다.

13. 석유난로를 생산하는 울고르가 가스레인지와 가스온수기 등을 생산하기 시작한데다 1959년에 설립된 노동인민금고의 재정 지원을 받을 수 있었고 시장 정책의 기초가 확고했기 때문에 이런 성장이 가능했던 것으로 보인다[Henk Thomas & Chris Logan, *Mondragón: An Economic Analysis* (London: Allen & Unwin, 1982), pp.29-30]. 한편 협동조합이 위치한 레니스 계곡에 울라르코 그룹 공장들이 들어서면서 몬드라곤 지역이 1960년대에 번성하는 산업공단 지역으로 변신했다.

14. William F. Whyte & Kathleen K. Whyte, *Making Mondragón*, pp.130-136; Ana Gutiérrez-Johnson & William F. Whyte, "The Mondragón System," p.189; Sharryn Kasmir, *The Myth of Mondragón, pp.*195, 216.

15. 기술전문학교 학생들이 운영한 이 알레콥은 학생들이 4시간은 학교에서 수업을 받고 4시간은 공장에서 일을 할 수 있도록 오전과 오후 4시간씩 2교대로 운영되었다. 그 결과 가난한 학생들도 수업료와 생활비를 마련할 수 있었다. 게다가 협동조합 운영과정을 직접 체험할 수 있었다(William F. Whyte & Kathleen K. Whyte, Making Mondragón, pp.80-81).

16. 조합원 10명당 1명의 대표를 선출하던 것에서 50명 이상에서 1명의 대표를 선출하는 것으로 바뀌었다. 조합평의회 규모가 너무 커서 통제하기 어려운 일이 발생하지 않도록 그 규모를 최대 50명으로 제한하는 바람에 이런 일이 벌어졌다(Ana Gutiérrez-Johnson & William F. Whyte, "The Mondragón System," pp.188-189).

17. 협동조합 정관에 따르면 이사장이 조합평의회 의장을 겸임하게 되어 있었으며 조합평의회는 실권이 없었다.

18. 코프레시에서는 오히려 1971년부터 "참여적 목표 경영"을 확대·강화하기 위한 작업 형태 개혁 프로그램에 착수해 1975년에 이를 완전히 달성했다(William F. Whyte & Kathleen K. Whyte, *Making Mondragón*, pp.148-156).

19. William F. Whyte & Kathleen K. Whyte, *Making Mondragón*, p. 85.

20. William F. Whyte & Kathleen K. Whyte, *Making Mondragón*, p. 135.

21. William F. Whyte & Kathleen K. Whyte, *Making Mondragón*, p. 136.

22. 주로 직무의 안전과 건강, 사회보장, 급여제도, 사회복지사업 문제를 다루었다.

23. 파업 주동자 해고 문제를 다루기 위한 조합원 총회에서 해고자들은 조합평의회가 비

효율적이라서 파업에 호소했다고 주장했다(William F. Whyte & Kathleen K. Whyte, *Making Mondragón*, pp.134-136).

24. Roy Morrison, *We build the road*, p.180. 또한 1973년 사기업 아란사발 공장(IFAM) 파업이 일어났을 때도 그들과 연대해 조업을 중단한 조합원들 264명 가운데 72퍼센트가 여성이었다[Davydd Greenwood & José L. González, *Industrial Democracy as Process: Participatory Action Research in the FAGOR Cooperative Group of Mondragon* (Van Gorcum, Netherlands, and Stockholm: Swedish Center for Working Life, 1992), pp.75-76].

25. 계급 입장에서 바스크 민족주의를 비판한 스페인의 전국 정당이다.
26. Sharryn Kasmir, *The Myth of Mondragón*, pp.113-114.
27. Robert P. Clark, *The Basque Insurgents: ETA, 1952-1980* (Madison: University of Wisconsin Press, 1984), pp.205, 252, 258-260.
28. Ander Gurruchaga, *El código nacionalista vasco durante el franquismo* (Barcelona: Anthropos, 1985), p.255; Patxo Unzueta, *Los nietos de la ira. Nacionalismo y violencia en el País Vasco* (Madrid: El País, Aguilar, 1988), p.160.
29. Luigi Bruni, *E.T.A., historia de una lucha armada* (Tafalla: Txalaparta, 1989), pp.39-60.
30. 하지만 에타-베리가 참여한 스페인 공산주의운동도 1980년대에 바스크 민족주의와 바스크어 부활의 중요성을 인정하고 당명을 바스크어(Euzkadiko Mugimendu Komunista, EMK)로 바꾸게 된다.
31. 그들의 입장이 6차 대회에서 공식화되었기 때문에 이렇게 불렸다. "섹스타"는 스페인어 서수로 6을 의미한다.
32. 에타-섹스타가 참여한 혁명적공산주의연맹도 스페인공산주의운동과 마찬가지로 나중에 민족주의에 관한 입장을 재고하고 당명을 바스크어(Liga Komunista Iraultza, LKI)로 개명했다.
33. "킨타"는 스페인어 서수로 5를 의미한다.
34. 1973년 프랑코 정권의 총리 카레로 블랑코를 암살한 자들은 바로 이 에타-킨타 요원들이었다.
35. 흔히 에타(밀리타르)는 에타(에메)로 줄여 쓰고 에타(폴리티코-밀리타르)는 에타(페-에메)로 줄여 쓴다.
36. 이것이 파업 주동자와 에타와 연관성을 파악하는 데 매우 중요한 단서이다. 하지만 이밖에 다른 정보가 없어 아쉽다.
37. Sharryn Kasmir, *The Myth of Mondragón*, p.115.
38. 아리스멘디 신부는 이러한 비난에 침묵을 유지했다. 그러다가 1970년에 4편의 기사("Dialéctica de los hechos", noviembre de 1970, *Formación Cooperativa*, III, pp.312-

314; "Riesgos innecesarios", diciembre de 1970, *Formación Cooperativa*, III, pp.315-319; "De nuevo", enero de 1971, *Formación Cooperativa*, III, pp.326-329; "Embrujos mágicos", febrero de 1971, *Formación Cooperativa*, III, pp.330-333)를 통해 협동조합운동에 미친 이념 전쟁의 문제와 그 영향을 다루었다. Joxe Azurmendi, *El Hombre Cooperativo*, p.623.

39. 얄궂게도 아리스멘디 신부도 이러한 중국 문화혁명의 물결에 매력을 느꼈다(Joxe Azurmendi, El Hombre Cooperativo, p.625)
40. Sharryn Kasmir, *The Myth of Mondragón*, p. 116.
41. Joxe Azurmendi, *El Hombre Cooperativo*, p. 632.
42. Sharryn Kasmir, *The Myth of Mondragón*, p. 116.
43. Joxe Azurmendi, *El Hombre Cooperativo*, pp.637-639. 아리스멘디는 이러한 비판을 긍정적으로 수용했다. 몬드라곤협동조합에도 관료제의 위험이 있다고 보고 그에 대한 처방으로 체계적인 보직 순환 원칙을 도입하고 주요 직책의 임무를 제대로 수행하지 못할 경우 전보 조치를 단행할 것을 제안했다[José María Arizmendiarrieta, *Formación Cooperativa,* IV (s/f: s/f), p.201].
44. Joxe Azurmendi, *El Hombre Cooperativo*, p.626..
45. Sharryn Kasmir, *The Myth of Mondragón*, pp.117, 167. 이것이 카스미르가 얘기하는 몬드라곤의 신화다. 그녀는 노동자들과의 인터뷰를 통해 몬드라곤협동조합 기업에 사회 계급과 불평등이 존재한다는 사실을 들추어냈다.
46. Sharryn Kasmir, *The Myth of Mondragón*, p.115.
47. Mrianne Heiberg, *The Making of the Basque Nation* (Cambridge: Cambridge University Press, 1989), p.225.
48. Sharryn Kasmir, *The Myth of Mondragón*, pp.119-120.
49. Joxe Azurmendi, *El Hombre Cooperativo*, pp.659-661, 664.
50. 엄밀히 말하면 에타-킨타에서 갈라져나온 에타(폴리티코-밀리타르)를 지칭한다.
51. Joxe Azurmendi, *El Hombre Cooperativo*, pp.637-638, 648-650.
52. Joxe Azurmendi, *El Hombre Cooperativo*, pp.642-646.
53. Joxe Azurmendi, *El Hombre Cooperativo*, pp.640-641.
54. William F. Whyte & Kathleen K. Whyte, Making *Mondragon*, p.133; George Cheney, *Values at Work. Employee Participation Meets Market Pressure at Mondragon* (Ithaca and London: ILR Press, 1999), p.44.
55. José María Arizmendiarrieta, *Formación Cooperativa*, IV, p. 220.
56. William F. Whyte & Kathleen K. Whyte, *Making Mondragón*, pp. 137-138.
57. William F. Whyte & Kathleen K. Whyte, *Making Mondragón*, pp. 139-140.

58. William F. Whyte & Kathleen K. Whyte, *Making Mondragón*, pp. 141-142.

59. 좀 더 구체적인 내용은 노동인민금고에서 출간한 자료(Caja Labor Popular 1986)를 참고하라. 몬드라곤협동조합 지도자들과 조합원들은 이밖에도 노동조합 및 정당과의 관계 문제에 관심을 갖고 토론했다. 이에 관한 내용은 화이트 부부의 책(William F. Whyte & Kathleen K. Whyte, *Making Mondragón*, pp. 142-147)을 참고하라.

60. Lisa Berger & Chris Clamp, "Women Struggle to Overcome Social and Educational Barriers Which Keep Them out of the Professional Positions of the Mondragón Co-operatives," *Workplace Democracy*, 10(4) (1983), pp. 6-8.

61. William F. Whyte & Kathleen K. Whyte, *Making Mondragon*, p.107

62. George Cheney, *Values at Work*, pp.45-46.

63. William F. Whyte & Kathleen K. Whyte, *Making Mondragon*, pp.108-109

64. Teresa del Valle, et al., *Mujer vasca: imagen y realidad* (Barcelona: Anthropos, 1985); Ander Gurruchaga, *El código nacionalista*.

65. Sally L. Hacker & Clara Elcorobairutia, "Women Workers in the Mondragon System of Industrial Cooperatives," *Gender and Society*. Vol. 1, No. 4 (1987), pp.369-370. 핵커와 엘코로바이티아는 같은 글에서 여성들이 협동조합 체제 내의 평등 문제를 인식하고 있었지만 사기업 실업률이 30퍼센트에 육박하던 경제 위기 상황에서 고용 창출에 우선권을 두었기 때문에 이를 문제 삼지 않았던 것으로 얘기하고 있다(Sally L. Hacker & Clara Elcorobairutia, "Women Workers," p.371). 이는 구체적인 분석이 필요한 내용이다.

66. Sally L. Hacker & Clara Elcorobairutia, "Women Workers," p.370.

67. Agustín, Uribe-Echebarria, *Burocracia o Participación: Un Ensayo sobre Organización y las Cooperativas de Mondragón* (Bilbao: Gráficas Oro, 1981).

68. Ainhoa Alustiza Kapanaga, "El impacto de la crisis de Fagor en el cooperativismo vasco," *Boletin de la Asociación Internacional de Derecho Cooperativo*, Núm. 49(2015), p.328.

69. J. M. Luzarraga Monasterio y I. Irizar Etxeberria, "La estrategia de multilocalización internacional de la Corporación Mondragón," *Ekonomiaz, núm.* 79(2012), p.115.

70. A. Errasti Amozarrain, "Tensiones y oportunidades en las multinacionales capitalistas de Mondragón: el caso de Fagor Electrodomésticos, Sdad. Coop.," *REVESCO, Revista de Estudios Cooperativos, Monográfico: Crisis económica actual y sus posibles repercusiones en la economía social*, núm. 113(2013), pp.39-40.

71. A. Errasti Amozarrain, et. al., "La internalización de las cooperativas y su respons-

abilidad social," *Revista de Dirección y Administración de Empresas – Euskal Herriko Unibertsitatea*, núm. 10(2002), p.133.

72. A. Errasti Amozarrain, "Tensiones y oportunidades," p.40.
73. 이 방안은 찬성 63퍼센트, 반대 37퍼센트 가량으로 통과되었다.
74. A. Errasti Amozarrain, "Tensiones y oportunidades," pp.47-48.
75. A. Errasti Amozarrain, "Tensiones y oportunidades," pp.38-40.
76. Mondragón Corporación, "Acuerdo unánime de Mondragon sobre el proyecto Fagor Electrodomésticos," (30 de octubre de 2013). http://www.mondragon-corporation.com/acuerdo-unanime-de-mondragon-sobre-el-proyecto-fagor-electrodomesticos/ (2017.6.18.)
77. F. Delbono and C. Reggiani, "Cooperative firms and the crisis: evidence from some Italian mixed oligopolies," *Annals of Public and Cooperative Economics*, 84(4) (2013), pp.383-397.
78. L. Ciochetto, "Profit People Planet: The Environmental Implications of Development in Brazil, Russia, India and China (The BRIC Economies)," *International and Multidisciplinary Journal of Social Sciences*, 2(2) (2013), pp.145-165.
79 J. M. Luzarraga, D. Aranzadi and I. Irizar, "Understanding Mondragon Globalization Process: Local Job Creation through Multi-Localization: Facing Globalization Threats to Community Stability," *1st CIRIEC International Research Conference on Social Econom* (Vitoria, Canada, 2007).
80. G. Redondo, I. Santa Cruz and J. M. Rotger, "Why Mondragon? Analyzing What Works in Overcoming Inequalities," *Qualitative Inquiry*, 17(3) (2011), pp.277-283.
81. J. M. Luzarraga and I. Irizar, "La estrategia de multilocalización," p.114.
82. A. Errasti, I. Heras, B. Bakaikoa and P. Elgoibar, "The internationalization of cooperatives: the case of the Mondragon Cooperative Corporation," *Annals of Public and Cooperative Economics*, 74, 4 (2003), p.127.
83. C. A. Clamp, "The Internationalization of Mondragon," *Annals of Public and Cooperative Economics*, 71(4) (2000).
84. S. Arando, F. Freundlich, M. Gago, T. Kato and D. C. Jones, "Assessing Mondragon: Stability & Managed Change in the Face of Globalization," William Davidson Institute Working Paper Number 1003 (Ann Arbor, MI: University of Michigan, 2010). 하지만 이들은 그러면서도 이런 모순을 극복하려는 몬드라곤의 노력을 부각시켰다. 이들은 법적, 재정적, 문화적 어려움에도 불구하고 자회사에 조합원 가입의 문을 열어두었고 비조합원들로 구성된 자회사에서도 의사결정 참여 기제와 공동소유의 가

능성이 실질적인 성과를 내고 있다는 점을 강조했다.

85. C. A. Clamp, "The Internationalization of Mondragon," pp.1-22.

86. Timothy Huet, "Can MCC go global?," *Peace Review*, 12, 2 (2000), p.284.

87. Sharryn Kasmir, "Mondragon coops and the anthropological imagination," Focall-Blog (June 29, 2015). www.focaalblog.com 참조.

88. 브란트는 1924년에 설립되었다. 2002년에 파고르와 이스라엘 그룹 엘코가 브란트를 인수했고 2005년에는 파고르와 몬드라곤 그룹이 브란트의 나머지 지분을 모두 매입했다. 당시 브란트는 프랑스에 5개 생산 공장과 이탈리아에 1개 공장을 보유하고 있었다. 파고르가 브란트를 인수하고 나서 회사 이름을 파고르-브란트로 바꾸었다. 파고르-브란트는 2014년 4월에 알제리의 세비탈(Cevital)에 매각되었다.

89. Anjel Errasti, Ignacio Bretos and Enekoitz Etxezarreta, "What do Mondragon Coopitalist Multinationals look like? The rise and fall of Fagor Electrodomésticos S. Coop. and its European Subsidiaries," *Annals of Public and Cooperative Economics*, 87(3) (2016), p.442.

90. Anjel Errasti and others, "What do Mondragon," pp.442-443.

91. 브로자멧으로 더 잘 알려져 있다. 파고르-마스터쿡은 20세기 초 브레슬라우에 설립된 독일회사에 연원을 두고 있다. 브레슬라우는 2차 세계대전 이후 폴란드에 편입되어 브로츠와프로 바뀌게 된다. 파고르가 브로자멧에 기술이전을 시작한 것은 1997년 말이었다. 그러다가 1999년에 마침내 회사를 인수했다. 브로자멧은 파고르가 파산한 이후 2015년 4월에 독일 가전업체인 비에스에이치(BSH, Bosch and Siemens Hausgeräte)에 매각되었다.

92. 이런 연유로 파고르-마스터쿡은 2009년에 폴란드 대통령으로부터 모범경영자상을 받았다.

93. Anjel Errasti and others, "What do Mondragon," p.445.

94. Anjel Errasti and others, "What do Mondragon," p.446.

95. Aleksandra Blawat, "Employee participation in management. Case study of a democratic organization -Mondragon Corporate Cooperativa," Journal of Positive Management, Vol. 5, No. 2(2014), p.38.

96. B. Bakaikoa, A. Errasti, A. Begiristain, "Governance of the Mondragon Corporacion Cooperativa," Annals of Public & Cooperative Economics, Vol. 75 (2004), pp.61-87.

97. Aleksandra Blawat, "Employee participation," p.39.

98. Aleksandra Blawat, "Employee participation," p.40.

99. 몬드라곤 그룹 내에는 27개의 다국적 기업이 있다. 이들이 거느린 자회사에서 일하는 외국인 노동자들은 11,012명에 달한다.

제8장 독일

1. 세계적인 경제주간지 포브스(Forbes)가 2016년 5월 세계 2000개의 기업을 순위별로 발표한 '글로벌2000'에 따르면 전체 기업가운데 22위를 기록했다. 독일기업으로는 1위에 해당된다. https://www.forbes.com/global2000/list/#tab:overall (검색일 2017년 5월 9일)
2. 자동차의 외형이 딱정벌레 모양을 연상시킨다고 해서 붙혀진 이름으로, 독일어로는 'Kaefer'라고 한다. 원래 페르디난트 포르쉐가 개발한 이 차량은 1967년까지는 '타입 I' 혹은 엔진의 용적량에 따라서 1100, 1200, 1300, 1500 혹은 1600이라는 이름으로 공식 출시되었다. '비틀'이라는 이름은 1968년 미국의 광고에서 처음 공식적으로 사용되었지만, 회사 측에서는 1998년에 '골프' 차종을 기반으로 한 신제품의 이름을 '뉴비틀(New Beetle)'이라고 정하기전까지 그 이름을 공식적으로 사용한 적이 없다.
3. 현재 '폭스바겐 회사' 본사가 위치한 볼프스부르크(Wolfsburg)의 옛 이름이다. 1945년 5월까지 이곳은 '기쁨을 통한 힘의 도시(KdF-Stadt)'로 불리면서 그 당시 'KdF-자동차'를 생산하는 노동자들이 거주하는 공간이었다.
4. 히틀러와 나치가 추진한 아우토반 건설 계획과 그에 대한 잘못된 '신화'에 대해서는 다음 글을 참고하시오. 권형진, 『독일사』, 대한교과서, 2005, pp.244-249.
5. 그 당시 자동차에 1910년 3월 2일부터 사치세(Luxussteuer)를 부과하고 있었다. 이 세금은 1922년 목적세(Zwecksteuer)로 변경되었지만, 고-실린더세(High cylinder-tax)은 그대로 남아 있었다.
6. 1920년대 중반에 인구의 83%가 한 달에 200마르크 이하의 임금을 받고 있었기 때문에 이들은 비싼 자동차 구매보다는 200cc 이하의 엔진을 탑재한 500마르크짜리 오토바이를 더 선호했다.
7. 페르디난트 피에히, 김태영 역, 『폭스바겐 스토리』, 생각의 나무, 2002, pp.62-63.
8. 당시 히틀러는 공장건설에 드는 비용으로 8-9천만 마르크와 공사기간으로 4개월을 예상했다. 또한 완전히 건설된 공장에서는 연간 30만대의 차량이 생산될 것으로 기대했다.
9. Horst Moennich, The BMW Story: a Company in its Time, London, 1991, p.171.
10. Bernhard Rieger, The People's Car : A Global History of Volkswagen Beetle, Cambrige, 2013, pp.72-73
11. Rieger, pp.77-78.
12. 박상욱, 「나치 문화정책에서의 프로파간다: '기쁨을 통한 힘(KdF)'의 속성변화와 문화포스터를 중심으로」, 『서양사론』 110, 2011, pp.289-292.

제9장 러시아

1. Gerald, D. Surh, *1905 in Petersburg: Labor, Society and Revolution,* Stanford Univ.

Press, 1989. pp. 3-7; Reginald E. Zelnik, "Russian Workers and the Revolutionary Movement," *Journal of Social History*, Winter, 1972, pp. 214-36.

2. 유럽의 달력으로는 1월 22일임.
3. Walter Sablinsky, *The Road to Bloody Sunday. Father Gapon and the Petersburg Massacre of 1905*. Princeton, N. J., 1976; Sidney Harcave, *First Blood, The Russian Revolution of 1904*, New York, 1964.
4. P. I. Liashchenko, *History of the National Economy of Russia to the 1917 Revolution*, Trans. by L. M. Herman, New York, 1949, pp. 662.
5. L. M. Ivanov, ed., *Рабочее движение в России в 1901-1904 гг. Сворник документов,* Leningrad, 1975; Robert E. Johnson, *Peasants and Proletarian, The Working Class of Moscow in the Late Nineteenth Century*, New Brunswick, N. J., 1979. 이정희, 「러시아 노동계급의 형성, 1870-1914: 급진주의 전통의 사회적 기원」 이민호 외 『노동계급의 형성』 (느티나무, 1991), pp. 261-310.
6. Gerald, D. Surh, "Petersburg's First Mass Labor Organization: The Assembly of Russian Workers and Father Gapon," *Russian Review*, 40:3, July 1981, pp. 241-62 and 40:4, October 1981, pp. 412-41.
7. Tugan Baranovsky, *The Russian Factory in the 19th Century,* 1970.
8. N. Harding, ed. *Marxism in Russia, Key Documents, 1879-1906*, Cambridge, 1983, pp.43-44.
9. Reginald E. Zelnik, "Populists and Workers: The First Encounter between Populist Students and Industrial Workers in St. Petersburg, 1871-1874," *Soviet Studies*, 24, no. 2, Oct. 1972, pp. 251-69.; D. L. Pearl, "Revolutionaries and Workers: A Study of Revolutionary Propaganda among Russian Workers, 1880-1892," Ph.D. diss., University of California, Berkeley, 1984.
10. S. P. Turin, *A History of Russian Labor: From Peter the Great to Lenin*, London, 1935, 강철훈 역, 러시아노동운동사, 녹두 1986, pp. 59-68.
11. 젊은 인민주의자들은 정부 고관 관료들과 반동적인 인물들을 암살하는 테러로서 1902년 내무부장관 시파긴, 1904년 플레베, 심지어 1905년 황제의 숙부인 세르게이 대공이 살해되었다.
12. A. Шестаков, "Всеобщая окцябрьская стачка 1905 года," M. H. Покровски ред., *Istoriia revoliutsionnogo dvizheniia v otdel'nykh* ocherkakh, Moscow and Leningrad, 1925. pp. 264-352 ; Л. М. Иванов и др. ред., *Всероссиискaя политическая стачка в окцябре 1905 года, Часть перваia*, Moscow and Leningrad, 1955 (volume in series, *Революция 1905-07 гг. в России, документы и маетериалыи* ; B. И.

Бовыкин и С. В. Тютюкинт и др., *Рабочии класс в первой россиискоu революции 1905-1907 гг,* Moscow, 1981; В. И. Невскии, *Советы и вооруженное восстание в 1905 году*, Moscow, 1931; А. М. Панкретова и др. *Революция 1905-07 гг в России, документы и метериалы,* Moscow and Leningrad, 1955-1963; Laura Engelstein, *Moscow, 1905: Working Class Organization and Political Conflict*, Stanford, Cal. 1982; J. H. L Keep, *The Russian Revolution: A Study in Mass Mobilization, London*, 1976; Oskar Anweiler, *The Soviets: The Russian Workers, Peasants and Soldiers Councils, 1905-1921*, 1974, Trans. Ruth Hein, New York.

13. И. В. Поткина и Т. П. Морозова, *Савва Морозов* (Moskva, 1998), pp. 181-82.

14. 1905년 2월에 스위스로부터 여행하고 돌아온 볼셰비키 당원으로서 레닌을 위해 재원 조달역할을 하던 크라신은 사바를 개인적으로 방문했는데 이 당시 분명히 크라신은 사민당에 대한 재정적 지원을 요구한 듯하다. 이 때 모로죠프는 매우 차겁게 대했으며 크라신과의 대화는 길게 이루어지지 못하고 그는 아무 소득 없이 떠났다고 알려져 있다. Б. И. Пак "Савва Тимофеевич Морозов" *История СССР* (1980) 6.

15 G. Fisher, *Russian Liberalism: From Gentry to Intelligentsia* (Cambridge, Mass., 1958); L. Haimson, "The Parties and the State: The Evolution of Political Attitudes," C. Clack, ed., *The Transformation of Russian Society* (Cambridge, Mass., 1960); L. Menashe, "Industrialists in Politics: Russia in 1905," *Government & Opposition* 3 (April, 1968), pp. 352-368,

16. 이것은 "Haimson-Yaney" 논쟁으로 알려져 있는 바로서 L. Haimson, "The Problem of Social Stability in Urban Russia, 1905~1914," *Slavic Review* 23.4 (1964) pp. 616-642; 24.1 (1965), pp. 1-27와 G. Yaney, "Social Stability in Pre-revolutionary Russia: A Critical Note," *Slavic Review* 24.3 (1965), pp. 521-527에서 나타난다. 헤임슨의 입장은 "비관적인 것"으로서 1905~1914년 러시아 사회는 이미 완전히 둘로 쪼개어져 구질서의 붕괴는 피할 수 없는 것으로 본다. 이에 비해 야니는 이 기간 러시아 사회는 점진적 개혁을 추구하는 사회세력이 형성되었으며 조정과 타협을 통해 새로운 통합으로 갈 수 있는 가능성이 열렸다고 보고 그 좌절은 제 1차 세계대전과 이로 인한 경제적 파국 때문이라고 주장한다.

17. 전제정의 정치 개혁을 요구하는 젠트리층과 자유주의적 지식인들의 반전제정 운동에 관해서는 조호연, 「1890년대 러시아의 젬스트보 자유주의운동」『서양사론』52 (1995), pp. 137-166; 조호연, 「1905년에서 1917년까지의 러시아 자유주의 운동」『슬라브학보』2 (1999), pp. 345-346을 보라.

18. V. Bill, *The Forgotten Class: The Russian Bourgeoisie from the Earliest Beginnings to 1900* (New York, 1959); П. Вуршкин, *Москва Купеческая* (New York, 2004).

19. С. Э. Сеф, Буржуазия *в 1905 году (Moskva, 1926);* Э. Д. Черменски, *Вуржуазия и царижм в первой Русской революции* (Mokva, 1937); П. А. Берлин, *Русская буржуазия в старое и новое время* (Moscow, 1922)

20. *Обзор деятельности Государственнои Думы третьяго союза. 1907-1912* (Sankt Petersburg, 1912); P. Miliukov, *Constitutional Government for Russia* (New York, 1908); А. Гучков, *Речи по вопросам государственной оборони об общеи политике 1908-1912* (Peterograd, 1917); М. Рожянко, *Государственная Дума: Февральская революция 1917 года,* Т. 6. (Berlin, 1922); В. Козбаненко, *Партиины фракции в I и II Государоственных Думах России* (Moscow, 1966); Т. Локот, *Политическая партия и группы в Государственной Думе* (Moscow, 1970); С. Сидельников, *Образование с деятельности первой Гсударственной Думы* (Moscow, 1962); А. Слепков. *Классовие протиоречия в первой Государственной Думе* (Peterograd, 1923).

21. Pares Bernard, "The Second Duma," *Slavonic Review* 2 (1926); idem, "Alexander Guchkov," *The Slavonic and East European Review* XV (July 1936), pp. 121-134; Warren Walsh, "Political Parties in the Russian Dumas," *Journal of Modern History* 22.2 (June 1950), pp. 144-150; B. Pinchuk, *The Octobrists in the Third Duma, 1907-1912* (Seattle, London, 1973); G. Hosking, *The Russian Constitutional Experiment: Government and Duma 1907-1914* (Cambridge, 1973); V. Maklakov, *The First State Duma* (Bloomington, 1964); M. Brainerd, "The Octobrists and the Gentry in the Russian Social Crisis of 1913-1914,"*Russian Review* 38:2 (April, 1979), PP. 160-179; W. Harrison, "The Octobrists and the Revolution of 1905," *The Durham University Journal* 60:2 (1963), pp. 49-59; J. Hutchinson, "The Octobrists and the Future of Imperial Russia as a Great Power," *Slavonic and East European Review* 50:119 (April, 1972), pp. 220-237; A. Levin, "The Russian Voter in the Elections to the Third Duma," *Slavic Review* 21 (1962), pp. 660-77; A. Rieber, "The Moscow Entrepreneurial Group: The Emergence of A New Form in Autocratic Politics," *Jahrbücher für Geschichte Osteuropas* 25:2 (1977), 174-199; S. Levitsky, "Legislative Initiative in the Russian Duma," *American Slavic and East European Review* 15 (1956), pp. 313-24.

22. A. Rieber, *Merchants and Entrepreneurs in Imperial Russia* (Chapel Hill, 1982); R. Roosa, "The Association of Industry and Trade, 1906-1914: An Examination of the Economic Views of Organized Industrialists in Prerevolutionary Russia." Ph.D. diss., Columbia Univ. (1967) 이하 "Association"으로 약함; W. James "The Moscow

Progressists: Russian Industrialists in Liberal Politics, 1905-1914," Ph. D. diss., Princeton Univ. (1974), 이하 "Progressists"로 약함.

23. T. Owen, *Capitalism and Politics in Russia: A Social History of the Moscow Merchants, 1855-1905* (Cambridge, 1981); L. Menashe, "Alexander Guchkov and the Origins of the Octobrist Party: The Russian Bourgeoisie in Politics, 1905" Ph.D. diss., New York Univ. (1966) 이하 "Guchkov"로 약함; R. Roosa, "Association"; J. West, "*Progressists*"; idem, "Riabushinskii Circle: Russian Industrialists in Search of a Bourgeoisie, 1909-1914," *Jarbücher für Geschichte Osteuropas*, 32:3 (1984), pp. 358-377. 이하"Riabushinskii"로 약함 ; C. A. Goldenberg, "The Association of Industry and Trade, 1906-1917; The Success and Failures of Russia's Organized Businessmen," Ph.D. diss., of Michigan (1974) 이하 "Businessmen"으로 약함; E. Lohr, "Russian Economic Nationalism during the First World War: Moscow Merchants and Commercial Diasporas." *Nationalities Papers* 31.4 (December 1, 2003), 471-484; R. Edelman, *Gentry Politics on the Eve of the Russian Revolution* (New Brunswick, 1980); C. Ferenczi, *Aussenpolitik and Offentlichkeit in Russland 1906-1912* (Husum, 1982).

24. В. Шелохаев и другие, *Политическая история России в Партиях и лицах* (Moscow, 1994); В. Шелохаев, "Дискуссионные проблемы истории Русского либерализма в новеишей отечественной литературе," *Вопросы истории* 5 (May, 2007), pp. 3-16; К. П. Шатилло, "Первая государственная Дума," *Отечественная история* 4 (1996), pp. 60-71.

25. О. Патрикеева. "Правомонархические организации и система Выборов в Государственную Думу, 1906-1907," *Вестник Санкт-Петерсбукого с Унивреситета, История* 2.1 (March 2005); Д. Б. Павлов и В. Шелохаев, "Центральный Коммитет 'Союза 17 Октября' в 1905-1907 годах," *История СССР* 6 (Nov. 1991); Ф. А. Селезнев, "Политические предпочтения буржуазии Москвы и Нижнего Новгорода в 1906-1907 годах" *Отечественная история* 1 (2006), 42-53; В. А. Кувшинов, "Програма Союза 17 Октября" *Kentavr* 5 (1994), pp. 124-133.

26. В. Я. Лаверычев, *Крупная буржуазия в пореформенной России 1861-1900* (Moscow, 1974) p. 70.

27. 당시 짜르 측근 고위 장관의 년소득은 2만 5천 루블이었다. 뻬쩨르부르크에서는 산업자본가보다 금융자본가가 더 주류를 이루었는데, 최상층 230여명의 년평균 소득은 30만 루블로 기록되고 있다. W. C. Brumfield, *Commerce in Russian Urban Culture,*

1861-1914 (Princeton Univ. Press, 1998), pp. 48-49.

28. П. Вуршкин, *Москва Купеческая* (New York, 2004), pp. 94-95.

29. 이정희, 「19세기 모스끄바 상인」기업가 계층의 성격에 관한 일고찰-정치적 자유주의 성장의 한계」,『대구사학』 104 (2011. 8), pp. 239-283.

30. 이정희,「러시아 사적 기업가의 형성과 경제적 유토피아」대구사학 100 (2010. 8), pp. 465-504.

31. С. Э. Сеф, *Буржуазия в 1905 году* (Moskva, 1926); Э. Д. Черменский, *Буржуазия и царижм в первой Русской революции* (Mokva, 1970)이 대표적 연구서이다. L. Menashe, "Guchkov", p. 119.

32. 창당발기인은 G. A. 끄레스또브니끄, S.. 모로죠프, 랴부신스끼 형제, 쁘로꼬로프, 끄누프, K. 바흐구신, A. 꼬노발로프를 위시한 76인이 참여했다. Ф. А. Селезнев, *op. cit.*, pp. 47-48; L. Menashe, "Guchkov," p.166.

33. L. Menashe, "Guchkov," p. 181

34. 제 1차 두마는 1906년 4~6월, 제 2차 두마는 1907년 2~6월 지속되었으나 매번 황제의 해산권에 의해 단명하였다. 1907년 6월 3일 정부와 스똘리삔이 기습적으로 공표한 보수적 <새 선거법>에 의해 제 3차 두마 선거가 이루어졌다. 이것은 1907년 11월 ~1912년 6월까지 지속되었으나 의원들의 재산 구성과 지역분포는 매우 보수적이었다. 구성원이 제 3차 두마와 거의 유사한 재산 분포도를 가졌던 제 4차 두마는 1912년 11월~1917년 2월 혁명까지 지속되었다.

35. А. Добреволскии, ред. *Свод законов Российской Империи* (St. Petersburg, 1913) ,1:1; M. Szeftel, "The Form of Government of the Russian Empire prior to the Constitutional Reforms of 1905-06," J. S. Curtiss, ed. *Essays in Russian and Soviet History in Honor of Geroid T. Robinson,* (New York, 1963), pp. 105-119.

36. W. Walsh, "Political Parties in the Russian Dumas," *Journal of Modern History* 22.2 (June 1950), pp. 144-150; V. Demin, "Factions in the Second State Duma," *Russian Studies in History* 46:4 (Jan. 2008), pp. 34-59 이 논문은 원래 "Фракции II государственной думы," *Вопросы Истории* 10 (2006), pp. 25-41을 Liv Bliss가 영역한 것이다. В. А. Кувшинов, "Программа 'Союза 17 Окцября' (Партия Окцябристов)" *Kentavr* 5 (1994), pp. 124-133; Л. К. Куманин, "Донесения Л. К. Куманина из Министервтого Павильона Государственной Думы, Декабрь 1911~ Февраль 1917 года," *Вопросы Истории* 2 (Feb., 2000), pp. 3-32; A. Levin, "The Russian Voters in the Election to the Third Duma," *Slavic Review* 21 (1962); К. Шацилло, "Первая Государственная Дума," *Отечественная История* 4 (1996), pp. 60-71.

37. 조호연,「1905년에서 1917년까지의 러시아 자유주의 연구」『슬라브학보』 14.1 (1999), pp. 349-350.

38. В. А. Козбаненко, *Партиины фракциii в I и II Государственных думах России* (Moscow, 1966); V. A. Demin, "Factions in the Second State Duma," *Russian Studies in History* 46.4 (Jan. 2008), pp. 34-59; A. Levin, "The Russian Voter in the Elections to the Third Duma," *Slavic Review* 21 (1962), pp. 660-677.

39. *Государственная дума: указател к стенографическим отчетам, 1907 год* (St. Petersburg, 1907) W. Walsh, "Political Parties in the Russian Dumas," *Journal of Modern History* 22.2 (June 1950), p. 145. 그러나 입헌민주주의 계열의 신문에서는 좌파 속에 두 명의 사회혁명당원과 사회민주노동당원이 포함되어 있다고 주장했다.

40. V. Demin, "Factions in the Second State Duma," pp. 34-59; A. Levin, "The Russian Voter in the Elections to the Third Duma," pp. 660-677; idem, *The Second Duma: A Study of the Social-Democratic Party and the Russian Constitutional Experiment* (New Have, Conn., 1940). 사회혁명당과 사회민주노동당이 보이콧트를 해제하고 입후보 한데다가, 농민의 절반이 좌파정당으로 합류함으로서 좌파 집단의 수가 124명에서 216명으로 증가했다.

41. W. Walsh, "Political Parties in the Russian Dumas," p. 147.

42 .Ф. Селезнев, "Политический предпочтения буржуазии Москвы и Нижнегоновгород в 1906-1907 годах," *Отечественная история* 1 (2006), 45-46.

43. 제 3차 두마의 지주들의 과반수는 50-700 데샤찐 크기의 토지 소유자들이었다. *ibid.*, pp. 147-148

44. W. Warren, "Political Parties in the Russian Dumas," p. 148. 총 442석 중, 10월동맹당 148석, 극우파 49석, 중도우파 및 민족주의자 89석, 입헌민주파 130 석이었다; C. Smith, "The Russian Third Duma: An Analytical Profile," *Russian Review* 17 (July 1958), pp. 201-210

45. 제 3차 두마에서 가장 거대한 지주는 9,800제샤찐, 43명이 1,000제샤찐의 토지를 보유하고 있었다. 20명 이상이 년간 15,000 루블의 수입을 가졌고 이외 몇 명의 백만장자들도 있었다. W. Walsh, "Political Parties in the Russian Dumas," pp. 148-149.

46. 1905년 11월 <빼제르부르크 기업주협회>의 83여명의 기업가들은 모금을 하여『새노선』(Новыйпуть)을 후원하고 10월 동맹당의 3명이 편집부에 초빙되었다. L. Menashe, *The Octobrists*, p. 165.

47. L. Menashe, "Progressists," p. 207. 1906년 10월 부터 빼쩨르부르크의 기업가는 협회를 조직하고 기금을 모아 <*Промышленности и торговля*>발간.

48. L. Menashe, "Guchkov," pp. 155-160; idem "Industrialists in Politics : Russia in

1905," *Government & Opposition* 3 (April, 1968), pp. 352-368.

49. B. Pinchuk, *The Octobrists*, pp. 8-9. 10월 동맹당의 창설의 정확한 시점은 1905년 10월 17일에서 11월 10일 사이였다. 조호연,「1905년에서 1917년까지의 러시아 자유주의 연구」,『슬라브학보』14.1, p. 362.

50. L. Menashe, "Guchkov," p. 121

51. B. Pinchuk, *The Octobrists*, p. 8; Э. П. Черменский, *Буржуазии и царизм, 1905-1907 gg*. p. 19 구치꼬프는 모스끄바 섬유기업가 집안의 제3세대에 속하는 인물로서 강력한 국가 재건을 추구하는 매우 실용적, 행동적 인물이었다.

52. L. Menashe, "*Guchkov*," p. 134.

53. J. F. Hutchinson, "The Octobrists and the Future of Imperial Russia as a Great Power," *Slavonic and East European Review* 50:119 (April, 1972), pp. 230-232.

54. T. C. Owen, *Capitalism and Politics in Russia: A Social History of the Moscow Merchants, 1855-1905* (Cambridge, 1981); idem, *Dilemmas of Russian Capitalism: Fedor Chizhov and Corporate Enterprise in the Railroad Age* (Cambridge, Mass., 2005); 이정희,「 러시아 사적 기업가의 형성과 경제적 유토피아」『대구사학』, 100 (2010.8.), pp. 465-504.

55. B. Pinchuk, *The Octobrists.*, p. 14.

56. L. Menashe, "Guchkov," p. 182; C. Сэф, *Буржуазия в 1905 году* (Moscow, Leningrad, 1926), pp. 194-196.

57. 원래 이것은 10월 선언의 조항 중의 하나였다. B. Pinchuk. *The Octobrists*, p . 87. 구치꼬프 자신도 구교도 가문 출신이었고 모스끄바 상인, 기업가 엘리트들 중 상당수가 구교도 집안의 후손들이었다.

58. B. Pinchuk. *The Octobrists* p. 92.

59. J. West, "Progressists," p. 285.

60. J. West, "Progressists," p. 288.

61. V. A. Demin, "Factions in the Second State Duma," pp. 50.

62. B. Pinchuk. *The Octobrists*, p. 51.

63. *Новое Время* 1910.2.29. '도대체 10월 동맹당은 무엇을 했는가?'

64. J. White, "Moscow, Petersburg and the Russian Industrialists in Reply to Ruth A. Roosa," *Soviet Studies* 24:3 (Jan. 1973), pp. 419-420.

65. R. Roosa, "Industrialists" pp. 211-218.

66. П. Вуршкин, *Москва Купеческая* (New York, 2004); A. Beliajeff, "The Rise of the Old Orthodox Merchants of Moscow, 1771-1894" *Ph.D. diss.,Syracuse Univ.* 1975; *Утро Россиu*, 1911, 2, 11; J. West, "Riabushinskii" pp. 359 인용.

67. П. Вуршкин, *Москва Купеческая* pp. 292-293; J. West, "Riabushinskii" pp. 362, 367; *Утро России*, 1912.9.4. p. 391; J. West, "Progressists" p. 391.

68. *Утро России*, 1910. 5. 16; J. West, "Riabushinskii" p. 365. 인용.

69. В. Шелохаев и другие, *Политическая история России в партиях и лицах* (Moskva, 1994), pp. 39-59; J. West, "Riabushinskii," pp. 358-377.

70. *Утро России*, 1910. 5. 19; W. James, "Progressists" p. 31. 인용.

71. R. Roosa, "The Association" pp. 642-646.

72. *Утро России*, 1911.9.23. J. West, "Riabushinskii" p. 367. 인용.

73. 1911년 말 정부의 탄압책과 10월 선언 배신에 실망한 모스끄바 대학교의 교수들과 학생들은 대규모 시위와 휴학, 집단 파업운동을 전개하였다. 이 저항의 물결은 전국에 확산되었고 정부는 파면 징계로 대응했다.

74. J. West, "Progressists," p. 302.

75. П. Вуршкин, *Москва Купеческая*, p. 237.

76. Н. Б. Хаилова, "М. М. Ковалевский," В. В. Шелохаев и другие, *Политическая история России в партиях и лицах* (Moskva, 1994), pp. 211-212

77. J. West, "Progressists," p. 373.

78. *Утро России* 1912. 4. 4. 380, J. West, "Progressists," p. 380. 인용; idem, "Riabushinskii," pp. 358-377; В. Н. Селецкий,"Образование партии прогрессистов," *Вестник Московского Университета, Seriia istoriia* 5 (1970), p. 41.

79. *Утро России* 1911. 12.6; J. West, "Progressists" p. 375. 인용.

80. V. I. Lenin, "National-Liberalism," *CW.*, 22:225, "Itogi vyborg," 22:327, 5th. ed., 1966. J. West, "Riabushinskii" 32.3 (1984), pp. 364.

81. 새 수상 꼬꼬브쪼프는 국무회의를 장악하지 못했고 내각은 서로 만나지도 못하고 있었다. 황제 측실이나 직접적 알현에 의해 무제한 권력을 승인받은 내무상만이 경찰력을 휘두르면서 모스끄바 시장을 해임시키는 권력 남용을 범했다. 궁정 주변에는 위계질서가 무너지고 음모와 중상 그리고 부패가 난무했다. 관료들 조차도 속수무책으로 혼란 속에서 사기가 저하되고 무책임, 부도덕, 타락이 난무하여 정치가 거의 부재한 상태였다.

82. *Государственная Дума IV Созыв, Стенографический отчет*, Sessia I, Zasedanie II, 1912.12.13. (1914), p. 654; J. West James, "Progressists," p. 439. 인용.

83. J. West James, ibid., p. 440. 인용.

84. *Утор России*, 1914.5.12; J. West, "Riabushinskii," p. 371.

85. *Фракция прогрессистов* v IV GD. vyp. I, (Sankt Petersburg, 1913), p. 59, J. West, "Progressivists," p. 409. 인용.

86. "Riech, " 1912, 11.12.; J. West, "Progressivists" p. 412.

87. Liashchenko, pp. 662-63.

88. *Ibid.*

89. Victoria E. Bonnell, *Roots of Rebellion. Workers' Politics and Organization in St. Peterburg and Moscow, 1900-1914,* Berkeley, California, 1983. p. 395.

참고문헌

제1장 서론

Doerflinger, Thomas M., *A Vigorous Spirit of Enterprise: Merchants and Economic Development in Revolutionary Philadelphia* (New York and London: W. W. Norton & Company, 1987).

Jones, Geoffrey and Mary B. Rose, eds., *Family Capitalism* (New York: Routledge, 2012).

Trento, Sandro, *Il Capitalismo Italiano* (Bologna: Mulino, 2012).

만, 토마스, 『부덴브로크 가의 사람들 1, 2』, 홍성광 역 (민음사,2001).

미클스웨이트, 존, 에이드리언 울드리지, 『기업의 역사』, 유경찬 역 (을유문화사, 2004).

슘페터, 요셉, 『경제발전의 이론: 기업가 이윤, 자본, 신용, 이자, 경기순환에 관한 연구』, 박영호 역 (박영률출판사, 2005).

이정희 외, 『기업가와 유토피아: 기업가는 무엇을 꿈꾸는가』 (영남대학교출판부, 2016).

콘, 마거릿, 『래디컬 스페이스: 협동조합, 민중회관, 노동회의소』, 장문석 역 (삼천리, 2013).

푸코, 미셸, 『헤테로토피아』, 이상길 역 (문학과지성사, 2014).

제2장 미국

Adams, G., The *Age of Industrial Violence, 1910–1915: The Activities and Findings of the U.S. Commission on Industrial Relations*. Columbia University Press, New York, 1966.

Andrews, Thomas G. *Killing for Coal: America's Deadliest Labor War*. Cambridge, MA: Harvard University Press. ISBN 0-674-04691-9.

Chernow, R., Titan: *The Life of John D. Rockefeller, Sr.*, Random House, New York, 1998.

Clyne, R., *Coal People: Life in Southern Colorado's Company Towns, 1890–1930*. Colorado Historical Society, Denver, 1999.

Cronin, W., G. Miles, and J. Gitlin, *Becoming West: Toward a New Meaning for Western History, Under an Open Sky: Rethinking America's Western Past,* edited by W. Cronin, G. Miles, and J. Gitlin, W.W. Norton and Company, New York, 1992.

DeStefanis, Anthony, "Violence and the Colorado National Guard: Masculinity, Race, Class, and Identity in the 1913–1914 Southern Colorado Coal Strike" in *Mining Women: Gender in the Development of a Global Industry, 1670 to the Present*, Laurie Mercier and Jaclyn Gier, eds. (New York: Palgrave/Macmillian, 2010), 195–212

DeStefanis, Anthony, "The Road to Ludlow: Breaking the 1913-14 Southern Colorado Coal Strike," *Journal of the Historical Society*, 12 no. 2 (September 2012): 341-390.

Downing, Sybil, *Fire in the Hole*. University Press of Colorado, Niwot, Colorado, 1996.

Foner, Philip Sheldon, *History of the Labor Movement in the United States: The AFL in the Progressive Era, 1910–1915.* New York, NY: International Publishers. 1980.

Foote, K., *Shadowed Ground: America's Landscapes of Violence and Tragedy*. University of Texas Press, Austin, 1997.

Fox, M., *United We Stand: The United Mine Workers of America, 1890–1990*. International Union, United Mine Workers of America, Washington, 1990.

Gitelman, H., *Legacy of the Ludlow Massacre: A Chapter in American Industrial Relations*. University of Pennsylvania Press, Philadelphia, 1988.

Long, Priscilla, *Where the Sun Never Shines: A History of America's Bloody Coal Industry*. Parragon Books, New York, 1991.

Martelle, Scott, *Blood Passion: the Ludlow Massacre and class war in the*

American West. New Brunswick, NJ: Rutgers University Press. 2007.

McGovern, George S., and Leonard F. Guttridge, *The Great Coalfield War*. Houghton Mifflin Company, Boston, 1972.

Papanikolas, Zeese, *Buried Unsung: Louis Tikas and the Ludlow Massacre*. University of Utah Press, Salt Lake City, 1982.

Rockefeller, John D., *John D. Rockefeller: The Autography of an Oil Titan and Philanthropist*, Unpublished manuscript, 1909,

Saitta, D., M. Walker, and P. Reckner, *Battlefields of Class Conflict: Ludlow then and Now*, Journal of Conflict Archaeology 1, 2005.

Scamehorn, H. Lee, *Mill & Mine: The C F&I in the Twentieth Century*. University of Nebraska Press, Lincoln, 1992.

Sinclair, Upton, *King Coal. The* MacMillan Company, New York, 1917.

Sunieseri, A., *The Ludlow Massacre: A Study in the Mis-Employment of the National Guard. Salvadore Books, Waterloo, Iowa, 1972.*

United States Commission on Industrial Relations; George P. West (1915). R*eport on the Colorado Strike*. Chicago: Barnard & Miller Print. Retrieved 2007-07-08.

United States Commission on Industrial Relations (1915). Final Report and Testimony Submitted to Congress by the Commission of Industrial Relations, The Colorado Miners' Strike (Vol VII, Vol. VIII and Vol. IX). Government Printing Office. pp. 6345–8948. External link in |title= (help)

United States Congress, House Committee on Mines and Mining (1914). Conditions in the Coal Mines of Colorado. Government Printing Office. Retrieved 2007-07-08.

United States Congress, House Committee on Mines and Mining (1915). Report on the Colorado Strike Investigation Made Under House Resolution 387. Government Printing Office. Retrieved 2007-07-08.

Zinn, H., *The Politics of History: With a New Introduction*. University of Illinois Press, 1990.

스티브 와인버거 신윤주, 이호은역, 『아이다 미네르바 타벨』, 생각비행, 2010,

허현회, 『그들은 어떻게 권력이 되었는가: 부의 제국 록펠러 재단의 진실』, 시대의 창, 2012
김화진, 『기업지배구조와 기업금융』, 서울: 박영사. 2004,
하워드 진 조선혜역, 『미국민중저항사』, 일월서각, 1986
제임스 로렌, 김한영역, 『미국의 거짓말: 미국은 역사를 어떻게 왜곡해 왔는가?』, 갑인공방 2005
피터 콜리어·데이빗 호로위츠, 함규진 역, 『록펠러가의 사람들』, 씨앗을 뿌리는 사람, 2004.

제3장 영국

Anon, *A Letter from an English merchant in Amsterdam to a friend in London, about the South Sea trade,* London, 1712.

Brewer, John, *The sinews of power: war, money, and the English state, 1688-1783*, New York: Knopf, 1989(1988).

Cobbet, William, *The parliamentary history of England, from the earliest period to the year 1803: from which last-mentioned epoch it is continued downwards in the work entitled "Hansard's parliamentary debates"*, vol. 7: *A. D. 1714-1722* London: Printed by T. C. Hansard, Peterbourgh-court, Fleet-street, 1803).

Coleman, D. C., *The economy of England 1450-1750*, Oxford: Oxford University Press, 1977.

Garber, Peter M., "Famous first bubles," *Journal of economic perspectives* 4 1990.

Hongbin, Song, *Currency wars*, 차혜정(옮김), 『화폐전쟁』, 서울: ㈜알에이치코리아, 2014(2008).

Hoppit, Julian, "Political arithmetic in eighteenth-century England," *Economic history review*, 2nd ser., 44 1996.

Kennedy, Paul, *The rise and fall of the great powers: economic change and military conflict from 1500 to 2000,* New York: Random House, 1987.

Knight, Timothy, *Panic, prosperity, and progress: five centuries of history and the markets*, New York: John Wiley & Sons, 2014.

Overton, Mark, *Agricultural revolution in England: the transformation of the agrarian economy 1500-1850,* Cambridge: Cambridge University Press, 1996.

Parker, Geoffrey, "The "Military Revolution," 1560-1660 - a Myth?," *The journal of modern history* 22 1976.

Peterson, Rochard L., *Trading on sentiment: the power of minds over markets*, Hoboken: John Wiley & Sons, 2016.

Pockers, Anne Dolganos, *International Economic Indicators and Central Banks*, Hoboken: John Wiley, 2007.

Pope, Alexander, "Moral essays. epistle III. - To Allen Lord Bathurst," 1732, http://www.poetrycat.com/alexander-pope/moral-essays-epistle-iii20--to-allen-lord-bathurst

Quinn, Stephen, "Goldsmith-banking: mutural acceptance and interbanker clearing restoration London," Explorations in economic history 34 1997.

Richardson, John, *Slavery and Augustan literature: Swift, Pope, Gay*, London: Routledge 2004.

Stabile, Donald, *Forerunners of modern financial economics: a random walk in the history of economic thought*, Cheltenham: Edward Elagr Publishing, 2005.

Swift, Jonathan, "A pastoral dialogue between Richmond-Lodge and Marble-Hill: written June 1727, just after the news of the King's Death," http://www.online-literature.com/swift/poems-of-swift/58/

Temin, Peter and Voth, Hans-Joachin, *Prometheus shackled: Goldsmith Banks and England's financial revolution after 1700*, Oxford: Oxford University Press, 2013.

Thompson, F. M. L., "The social distribution of landed property in England since the sixteenth century," *Economic history review*, 2nd ser., 19 1966.

Tilly, Charels, ed., *The formation of national states in western Europe*, Princeton: Princeton University Press, 1975.

Willigan, J. Dennis and Lynch, Katherine A., *Sources and methods of historical demography*, New York: Academic Press, 1982.
강종무, "남해 거품 사건을 통해 본 18세기 영국의 사회 문제," 『學林』 34 2013.
김대륜, "18세기 영국에서 국민, 민족주의, 제국 - 주요 연구들에 대한 재검토 -," 『영국연구』 3 1999.
김성룡, "영국 역사 인구학의 성과와 과제," 『大丘史學』 第44輯 1992.
김옥수, "스위프트와 포프의 풍자 차이," 『밀턴과 근세 영문학』 제20집 2010.
송병건, "남해회사 거품(South Sea Bubble)을 위한 변명," 『영국연구』 제29호 2013.
유재수, 『다모클레스의 칼, 금융위기: 탐욕, 망각 그리고 몰락의 역사』, 서울: 삼성경제연구소, 2015.
이내주, 『서양 무기의 역사』 파주: ㈜살림출판사, 2012(2006).
이영석, "18세기 영국의 국가체제와 제국 경영,"『미국학』 제28집 2005.

제4장 영국

Bell, Lady Florence, *At the Works: A study of a Manufacturing Town*, Charleston :Nabu Press, 2011.
Bulmer, M., Bales, K and Sklar, K. K.(eds), *The Social Survey in Historical Perspectives 1880-1940,* Cambridge: Cambridge University Press, 1991.
Bradshaw, L. Daniele, *Origins of Street Names in the City of Manchester*, Radcliffe : Neil Richardson Ltd., 1985.
Cooper, P. F."Historical aspects of wastewater treatment,"in *Decentralized and Reuse: Concept, System and Implementation* Edited by Piet Lens, G Zeeman and G, Lettinga, Cornwall : IWA Publishing, 2001.
Edsall, Nicholas C., *Richard Cobden: Independent Radical*, Massachusetts : Harvard University Press, 1986.
Edwin, Butterworth, *Historical Sketches of Oldham*, Denver : EJ Morten Publishers,1981.
Ed. Glinert, *The Manchester Compendium*, Manchester : Allen Lane, 2008.
Espinasse, Francis, *Lancashire Worthies*, Califonia : Ulan Press, 2012.
Geoffrey, Best, *Mid-Victorian Britain* 1851-1870, Fontana: Collins Press, 1979.

Geoffrey, Finlayson, *Citizen, State and Social Welfare in Britain 1830-1990*, Oxford : Clarendon Press, 1994.

Matthew, Collin *The Nineteenth century: The British Isles: 1815-1901*, Oxford: Oxford University Press, 2000.

Nevell, Michael, Manchester : *The Hidden History*, Gloucestershire : The History press Ltd., 2008.

Hammond, John Lawrence, *The Town Labourer 1760-1832*, Ithaca: Cornell University Library, 2009.

Harris, John, *Private Lives, Public Spirit: Britain 1870-1914*, London : Penguin Books, 1993.

Hoppen, K. Theodore, *The Mid-Victorian Generation 1846-1886*, Oxford : Clarendon Press, 1998.

Ian Douglas, Rob Hodgson, Nigel Lawson, "Industry, environment and Health through 200 years in Manchester," *Ecological Economics* 41(2002), pp. 235-255.

John, Aikin, A *Description of the Country from Thirty to Forty Miles round Manchester*, New York: Open Library-Internet Archive -Augustus M. Kelley publisher, 1978.

Ju, Yeong-Su Kim, Dae-Sung Kang, "Development of Questionnaire for Evaluating Health Effect Associated with Air Pollution", *Journal of Preventive Medicine and Public Health* Vol.30 (No.4, 1997), pp.852-869.

Lloyd-Jones, R. and Lewis, M., M*anchester and the Age of the Factory : the business structure of Cottonopolis in the industrial revolution*, Kent : Croom Helm Ltd., 1988.

Richard Staton, Ray Ennion, Wendy Moore, *Three centuries of Changes*, London : Haper Collins Publishers Ltd., 1998.

Sayer, K. *Women of the Fields: Representations of Rural Women in the Nineteenth Century*, Manchester: Manchester University Press, 1995.

Smith, R., "Manchester as a Centre for the Manufacture and Merchanting of Cotton Goods, 1820-1830,"*University of Birmingham Historical Journal* IV (1953). pp. 47-65.

Sydney, Chapman, *The Lancashire Cotton Industry: A Study in Economic Development*, Manchester : Manchester University Press, 1904.

Thompson, E. P. " The Political Education of the Henry Mayhew", *Victorian Studies*, vol.11(1967), pp. 41-62.

Waller, P. J. *Town, City and Nation: England 1850-1914*, Oxford : Oxford University Press, 1983.

Wohl, Anthony S., *Endanger Lives: Public Health in Victorian Britain*, London : Methuen & Co. Ltd., 1984.

Dr. Deborah Woodman, "Commercial Life and Trading Networks in the Manchester Region during the Nineteenth Century: the economic role of the public house, the warehouse and the Manchester Exchange". pp.1-19.

http://www.ehs.org.uk/dotAsset/af21fa34-f7bb-4f72-a2d6-889fa97ccded.pdf

이영석 저,『역사가가 그린 근대의 풍경』, 서울: 푸른 역사, 2002.

이영석 저,『공장의 역사』, 서울: 푸른 역사, 2012.

폴 망투 저, 정윤형, 김종철 공역,『산업혁명사 하』, 서울 : 창작사, 1987

프리드리히 엥겔스 저, 박준식, 전병유, 조효래 옮김,『영국 노동자계급의 상태』, 서울 : 세계출판, 1988.

페르낭 브로델 저, 주경철 역,『물질문명과 자본주의 Ⅲ-2』, 서울 : 까치 글방, 1997.

제5장 이탈리아

Amatori, Franco, "Italy: The Tormented Rise of Organizational Capabilities between Government and Families," *Big Business and the Wealth of Nations*, Alfred Chandler, Jr., Franco Amatori and Takashi Hikino, eds. (Cambridge, Eng.: Cambridge University Press, 1997).

Amatori, Franco, "La Grande Impresa," *Storia d'Italia. Annali: L'Industria*, vol. 15, eds. Franco Amatori, Duccio Bigazzi, Renato Giannetti and Luciano Segreto (Torino: Einaudi, 1999).

Bagnasco, Arnaldo, *Tre Italie: La Problematica Territoriale dello Sviluppo Italiano* (Bologna: Mulino, 1977).

Banfield, Edward C., *The Moral Basis of a Backward Society* (Glencoe: The

Free Press, 1958).

Bigazzi, Duccio, *La Storia d'Impresa in Italia: Saggio Bibliografico, 1980-1987* (Milano: Franco Angeli, 1990).

Bull, Anna and Paul Corner, *From Peasant to Entrepreneur: The Survival of the Family Economy in Italy* (Providence and Oxford: Berg, 1993).

Cafagna, Luciano, *Dualismo e Sviluppo nella Storia Italiana* (Venezia: Marsilio, 1989).

Chandler, Jr., Alfred D., *Scale and Scope: The Dynamics of Industrial Capitalism* (Cambridge, Mass.: Harvard University Press, 1990).

Colli, Andrea, "Cent'anni di 'Grandi Imprese' Lombarde," *Storia d'Italia. Le Regioni dall'Unità a Oggi: La Lombardia*, eds. Duccio Bigazzi and Marco Meriggi (Torino: Einaudi, 2001).

Colli, Andrea, *The History of Family Business 1850-2000* (Cambridge, Eng.: Cambridge University Press, p. 2003).

James, Harold, *Family Capitalism: Wendels, Haniels, Falcks, and the Continental European Model* (Cambridge, Mass.: The Belknap Press of Harvard University Press, 2006).

Jones, Geoffrey and Mary B. Rose, eds., *Family Capitalism* (New York: Routledge, 2012).

Landes, David S., *Dynasties: Fortunes and Misfortunes of the World Great Family Business* (New York: Penguin Books, 2006).

Merlini, Giovanni, *Il Passato, il Presente e l'Avvenire della Industria Manifatturiera in Lombardia* (Milano: Libreria di Francesco Sanvito, 1857).

Ramella, Franco, "Prefazione," *La Fabbrica Totale: Paternalismo Industriale e Città Sociali in Italia*, Luigi Guiotto (Milano: Feltrinelli, 1979).

Romano, Roberto, *I Crespi: Origini, Fortuna e Tramonto di una Dinastia Lombarda* (Milano: Franco Angeli, 1985).

Segreto, Luciano, *I Feltrinelli: Storia di una Dinastia Imprenditoriale (1854-1942)* (Milano: Feltrinelli, 2011).

Tranfaglia, Nicola, *Vita di Alberto Pirelli (1882-1971): La Politica attraverso l'Economia* (Torino: Einaudi, 2010).

Trento, Sandro, *Il Capitalismo Italiano* (Bologna: Mulino, 2012).
Yanagisako, Sylvia Junko, *Producing Culture and Capital: Family Firms in Italy* (Princeton and Oxford: Princeton University Press, 2002).
만, 토마스, 『부덴브로크 가의 사람들 1, 2』, 홍성광 역 (민음사, 2001).
미클스웨이트, 존, 에이드리언 올드리지, 『기업의 역사』, 유경찬 역 (을유문화사, 2004).
바이셰델, 빌헬름, 『철학의 에스프레소: 위대한 철학자 34인의 일상과 사상』, 안인희 역 (프라하, 2014).

슘페터, 요셉, 『경제발전의 이론: 기업가 이윤, 자본, 신용, 이자, 경기순환에 관한 연구』, 박영호 역 (박영률출판사, 2005).
이정희 외, 『기업가와 유토피아: 기업가는 무엇을 꿈꾸는가』 (영남대학교출판부, 2016).
콘, 마거릿, 『래디컬 스페이스: 협동조합, 민중회관, 노동회의소』, 장문석 역 (삼천리, 2013).
푸코, 미셸, 『헤테로토피아』, 이상길 역 (문학과지성사, 2014).
홍하상, 『유럽 명품 기업의 정신』 (을유문화사, 2013).

제6장 프랑스

Bulletin Municipal Officiel de la ville de Boulogne-Billancourt, 1949-1965.
Comptes administratifs, Boulogne-Billancourt, 1949-1965.
_, Neuilly-sur-Seine, 1949-1965.
_, Saint-Denis, 1949-1965.
_, Suresnes, 1949-1965.
Conseil municipal de Boulogne-Billancourt, *Compte rendu du conseil municipal*, 1949-1965.
Cri Populaire de Boulogne-Billancourt, 1957-1964.
Fédération Nationale des élus socialistes municipaux et cantonaux, *Programme du Parti socialiste(SFIO) des lections municipales de 1953*, Librairie des municipalités, 1953.
Préfet du département de la Seine, "Un siècle d'évolution des budgets communaux du département", in *La conjoncture conomique dans le dparte-*

ment de la Seine, 4e trimestre 1962.

Régie Nationale des Usines Renault, *Rapport annuel de gestion du prsident directeur gnral pour l'exercice 1962*, 1963.

Statistiques et Etudes financires, 1949-1965.

Bacqué (M..-H.), *Identits et reprsentations: Saint-Denis*, thèse, EHESS, 1993.

Barker (B.), *Urban government*, London: D. Van Nostrand company, 1957.

Bertrand (F.) et Da Lage (O.), *Les élections municipales à Boulogne- Billancourt (1959-1977)*, mémoire de maîtrise, IEP, 1978.

Bousta (Y.), *Management public communal: pertinence et efficacit de l'action publique communlale*, thèse, Université de Lyon II, 1999.

Bouvier (J.), *Le comportement dépensier des municipalités: le cas des Hauts-de-Seine*, thèse, Université de Paris X.

Charbonnier (P.) et Charles (Y.), *Initiation aux finances communales*, Paris : Berger-Levrault, 1979.

Conseil scientifique de l'Evaluation, *Petit guide de l'valuation des politiques publiques*, La documentation française, 1966.

Corre (J.-F.), *Action sociale de la municipalité de Marseille de 1892 à 1939*, thèse, Université d'Aix Marseille I.

Ducros (G.), "Politique et finances locales", Analyse et Prévision, Paris: DEDEIS, 1966.

EUN (E.-G.), Action municipale Boulogne-Billancourt de 1949 1976, these de doctorat, Université de Paris IV, 2002.

Giquel (F.), *La commune, son budget, ses comptes: guide d'analyse financire*, Editions ouvrières, 1983.

Juarez (R.), *Politiques urbaines et mutations sociales, Le cas de Suresnes*, mémoire de maîtrise, Université de Paris X, 1989.

Lévy (A.), *Contribution l'tude de l'autonomie financre des communes*, 2 vol., thèse, Université de Nancy II, 1978.

Lévy (M.), *Le cot de la vie*, Editions du Seuil, 1967.

Limouzin (P.), "Idéologies politiques et politiques municipales", *Revue d'Economie régionale et urbaine*, n° 3, 1984.

Mockers (J.-P.), *Croissances conomiques compares, Allemagne, France et Royaume-Uni, de 1950 1967, Essai d'analyse structurale*, Dunod, 1969.

Monnier (E.), *Evaluation de l'action des pouvoirs publics*, Economica, 1992.

제7장 스페인

Alustiza Kapanaga, Ainhoa, "El impacto de la crisis de Fagor en el cooperativismo vasco," *Boletin de la Asociación Internacional de Derecho Cooperativo*, Núm. 49(2015).

Arando, S., F. Freundlich, M. Gago, T. Kato and D. C. Jones, "Assessing Mondragon: Stability & Managed Change in the Face of Globalization," William Davidson Institute Working Paper Number 1003 (Ann Arbor, MI: University of Michigan, 2010).

Arizmendiarrieta, José María, *Formación Cooperativa*, IV (s/f: s/f).

Azurmendi, Joxe, *El Hombre Cooperativo. Pensamiento de Arizmendiarrieta* (San Sebastián: Azata D. L., 1992).

Bakaikoa, B., A. Errasti, A. Begiristain, "Governance of the Mondragon Corporacion Cooperativa," *Annals of Public & Cooperative Economics*, Vol. 75 (2004).

Berger, Lisa & Chris Clamp, "Women Struggle to Overcome Social and Educational Barriers Which Keep Them out of the Professional Positions of the Mondragón Cooperatives," *Workplace Democracy*, 10(4) (1983).

Blawat, Aleksandra, "Employee participation in management. Case study of a democratic organization -Mondragon Corporate Cooperativa," *Journal of Positive Management*, Vol. 5, No. 2(2014).

Bruni, Luigi, *E.T.A., historia de una lucha armada* (Tafalla: Txalaparta, 1989).

Butcher, D. & M. Clarke, "Organization Politics, the Cornerstone of Organization Democracy," *Organization Dynamics*, Vol. 31, No. 1(2002).

Cancelo Alonso, Antonio, "Mondragon Corporación Corporativa: 'Historia de una Experiencia'," *Revista Internacional de los Estudios Vascos*, Vol. 44, No. 2(1999).

Cheney, George, *Values at Work. Employee Participation Meets Market Pres-*

sure at Mondragon (Ithaca and London: ILR Press, 1999).

Ciochetto, L., "Profit People Planet: The Environmental Implications of Development in Brazil, Russia, India and China (The BRIC Economies)," *International and Multidisciplinary Journal of Social Sciences*, 2(2) (2013).

Clamp, C. A., "The Internationalization of Mondragon," *Annals of Public and Cooperative Economics*, 71(4) (2000).

Clark, Robert P., *The Basque Insurgents: ETA, 1952-1980* (Madison: University of Wisconsin Press, 1984).

Del Valle, Teresa, et al., *Mujer vasca: imagen y realidad* (Barcelona: Anthropos, 1985).

Delbono, F. and C. Reggiani, "Cooperative firms and the crisis: evidence from some Italian mixed oligopolies," *Annals of Public and Cooperative Economics*, 84(4) (2013).

Errasti Amozarrain, A., "Tensiones y oportunidades en las multinacionales capitalistas de Mondragón: el caso de Fagor Electrodomésticos, Sdad. Coop.," *REVESCO, Revista de Estudios Cooperativos, Monográfico: Crisis económica actual y sus posibles repercusiones en la economía social, núm.* 113(2013).

Errasti Amozarrain, A., et. al., "La internalización de las cooperativas y su responsabilidad social," *Revista de Dirección y Administración de Empresas – Euskal Herriko Unibertsitatea*, núm. 10(2002).

Errasti, A., I. Heras, B. Bakaikoa and P. Elgoibar, "The internationalization of cooperatives: the case of the Mondragon Cooperative Corporation," *Annals of Public and Cooperative Economics*, 74, 4 (2003).

Errasti, Anjel, Ignacio Bretos and Enekoitz Etxezarreta, "What do Mondragon Coopitalist Multinationals look like? The rise and fall of Fagor Electrodomésticos S. Coop. and its European Subsidiaries," Annals of *Public and Cooperative Economics*, 87(3) (2016).

Greenwood, Davydd & José L. González, *Industrial Democracy as Process: Participatory Action Research in the FAGOR Cooperative Group of*

Mondragon (Van Gorcum, Netherlands, and Stockholm: Swedish Center for Working Life, 1992).

Gurruchaga, Ander, *El código nacionalista vasco durante el franquismo* (Barcelona: Anthropos, 1985).

Gutiérrez-Johnson, Ana & William F. Whyte, "The Mondragón System of Worker Cooperatives," Frank Lindenfeld and Joyce Rothschild-Whitt, ed., *Workplace Democracy and Social Change* (Porter Sargent, 1982).

Hacker, Sally L. & Clara Elcorobairutia, "Women Workers in the Mondragon System of Industrial Cooperatives," *Gender and Society*. Vol. 1, No. 4 (1987).

Heiberg, Marianne, *The Making of the Basque Nation* (Cambridge: Cambridge University Press, 1989).

Huet, Timothy, "Can MCC go global?," *Peace Review*, 12, 2 (2000).

Irizar, I. and G. MacLeod, *32 claves empresariales de Mondragon* (Arrasate: Editorial Provisional para Códigos, 2010).

Kasmir, Sharryn, *The Myth of Mondragón: Cooperatives, Politics, and Working-class Life in a Basque Town* (Albany: State University of New York Press, 1996).

Kasmir, Sharryn, "Mondragon coops and the anthropological imagination," FocallBlog (June 29, 2015). (www.focaalblog.com)

Luzarraga Monasterio, J. M. y I. Irizar Etxeberria, "La estrategia de multilocalización internacional de la Corporación Mondragón," *Ekonomiaz*, núm. 79(2012).

Luzarraga, J. M., D. Aranzadi and I. Irizar, "Understanding Mondragon Globalization Process: Local Job Creation through Multi-Localization: Facing Globalization Threats to Community Stability," *1st CIRIEC International Research Conference on Social Econom* (Vitoria, Canada, 2007).

Mondragón Corporación, "Acuerdo unánime de Mondragon sobre el proyecto Fagor Electrodomésticos," (30 de octubre de 2013). http://www.mondragon-corporation.com/acuerdo-unanime-de-mondragon-sobre-el-proyecto-fagor-electrodomesticos/(2017.6.18.).

Morrison, Roy, *We build the road as we travel* (Philadelphia, PA: New Society Publishers, 1991).

Redondo, G., I. Santa Cruz and J. M. Rotger, "Why Mondragon? Analyzing What Works in Overcoming Inequalities," *Qualitative Inquiry*, 17(3) (2011).

Thomas, Henk & Chris Logan, *Mondragón: An Economic Analysis* (London: Allen & Unwin, 1982).

Unzueta, Patxo, *Los nietos de la ira. Nacionalismo y violencia en el País Vasco* (Madrid: El País, Aguilar, 1988).

Uribe-Echebarria, Agustín, *Burocracia o Participación: Un Ensayo sobre Organización y las Cooperativas de Mondragón* (Bilbao: Gráficas Oro, 1981).

Whyte, William F. & Kathleen K. Whyte, *Making Mondragón: The Growth and Dynamics of the Worker Cooperative Complex* (Ithaca: Cornell University Press, 1991).

황보영조,「1974년 울고르 파업에서 드러난 몬드라곤 기업의 이상과 현실」,『동서인문』, 제4집 (2015.10)

황보영조,「아리스멘디의 꿈, 기업의 협동조합 질서」, 이정희 외 지음,『기업가와 유토피아』(영남대학교출판부, 2016).

제8장 독일

김학이,「나치 경제정책과 자동차산업 - 나치 근대화론에 대한 검토」,『서양사론』 75, 한국서양사학회, 2002

박상욱,「나치 문화정책에서의 프로파간다: '기쁨을 통한 힘(KdF)'의 속성변화와 문화포스터를 중심으로」,『서양사론』 110, 한국서양사학회, 2011

나혜심,「독일 제3제국의 노동정책에 관한 일고찰: 1933~1938년까지의 독일 DAF를 중심으로」,『성대사림』 7집, 성균관대학교 사학회, 1991

도상윤,「나치 폭스바겐 프로젝트와 독일 자동차산업」,『대구사학』 121, 대구사학회, 2015

송충기,「기업의 합리화와 나치의 '근대화' 1919~1939」,『독일연구』 2, 한국독

일사학회, 2001
원철, 「나치스의 대두와 독일대기업」, 『서양사론』 12:1, 한국서양사학회, 1971
권형진, 『독일사』, 대한교과서, 2005
Perdinad Piech, 김태영 역, 『폭스바겐 스토리』, 생각의 나무, 2002
Martin Broszat, 김학이 역, 『히틀러국가』, 문학과 지성사, 2011
Timothy W. Mason, 김학이 역, 『나치스 민족공동체와 노동계급』, 한울아카데미, 2000
Ian Kershaw, 이희재 역, 『히틀러 I: 의지 1889~1936』, 교양인, 2010
Hagen Schulze, 반성완 역, 『새로 쓴 독일역사』, 지와 사랑, 2000
Adolf Hitler, 이명성 역, 『나의 투쟁』, 홍신문화사, 2002
Hans Mommsen & Manfred Grieger, *Das Volkswagenwerk und seine Arbeiter im Dritten Reich*, Duesseldorf, 1997
Horst Moennich, *The BMW Story: a Company in its Time*, London, 1991
Bernhard Rieger, *The People's Car : A Global History of Volkswagen Beetle*, Cambrige, 2013
Deutsche Arbeitsfront, *Organisationsbuch der NSDAF*, Franz Eher Verlag, 1937
Deutsche Arbeitsfront, *Organisationsbuch der NSDAF*, Franz Eher Verlag, 1943

제9장 러시아

Alekseev, S. A., ed., *Samoderzhavie i Liberaly v Revoliutsii 1905-1907*, Moscow and Leningrad, 1925.
Avrekh, A. Ia., *Stolypin i tret'ia Duma* Moscow, 1968.
Avrekh, A. Ia., *Tsariam i tret'eiiunskaia sistema*, Moscow, 1966.
Bakhirev, A. V., *Tret'ia Gosudarstvennaia Duma v kartogrammakh*, St. Peterburg, 1907
Bill, V. T., *The Forgotten Class: The Russian Bourgeoisie from the Earliest Beginnings to 1900*, New York, 1959.
Buryshkin, P. A., *Moskva kupecheskaia*, New York, 1954.
Chermensky, E. D., *Burzhuaziia i Tsarizm v Revoliutsii 1905-1907 gg*. Moscow,

Leningrad, 1939.

Fisher, G., *Russian Liberalism: From Gentry to Intelligentsia,* Cambridge, Mass., 1958

Guchkov, A. I., *Rechi po voprosam gosudarstvennoi oboronyi ob obshchei politike, 1908-1912.* Petrograd, 1917.

Harcave, S., *First Blood: The Russian Revolution of 1905*, New York, 1964.

Hosking, Geoffrey A., *The Russian Constitutional Experiment: Government and Duma 1907-1914*, Cambridge, 1973.

Lenin, V. I,, *The Revolution of 1905*, vol. 3 . Selected Works. New York, 1956.

Levin, A. *The Second Duma : A Study of the Social-Democratic Party and the Russian Constitutional Experiment*, New Haven, Conn., 1940

Morozov, Savva. *Ded Umer Molodym: dokumental'naia, povest'*, Moskva: Sov. pisatel', 1988.

Maklakov, V. A., *The First State Duma*, Bloomington, 1964.

Mazour, A. G., *The First Russian Revolution*, Berkeley, Calif., 1939.

Miliukov, P. N., *Constitutional Government for Russia*, New York, 1908.

Morozova, T. P., and I. V. Potkina. "Savva Morozov.." *Savva Morozov.* 1998.

Owen, Thomas C. *Capitalism and Politics in Russia: A Social History of the Moscow Merchants, 1855-1905.* Cambridge, [Eng.] Cambridge University Press, 1981.

Pankratova, A. M., *Pervaia Russkaia Revoliutsiia 1905-1917 gg. sbornik statei* Moscow, 1955.

Petrov, M., *Progressivnaiia Ekonomicheskaia Partiia St.* Petersburg, 1906.

Pinchuk,, *The Octobrists in the Third Duma, 1907-1912* Seattle, London, 1973.

Polunov, A. Iu. 1966- (Aleksandr Iur'evich), and (Larisa Georgievna). *Russia in the Nineteenth Century: Autocracy, Reform, and Social Change, 1814-1914* / Owen, Thomas C. *The New Russian history*;. Armonk, N.Y.: M.E. Sharpe, 2005.

Rieber, Alfred J. *Merchants and Entrepreneurs in Imperial Russia.* Chapel Hill, NC: University of North Carolina Press, 1982.

Riha, T., *Paul Miliukov's Parliamentary Career, 1907-1917,* Harvard Univ. Ph. D.

Diss., 1961.

Ruckman, Jo Ann. *The Moscow Business Elite: A Social and Cultural Portrait of Two Generations, 1840-1905*. DeKalb, Ill.: Northern Illinois University Press, 1984.

Sef, S. E., *Burzhuasiya v 1905 godu* Moscow, Leningrad, 1926.

Seton-Watson, H., *The Decline of Imperial Russia 1855-1914*, New York, 1952.

Shelokhaev, V. V. et als., *Politicheskaia: Istoriia Rossii v Partiiakh i litsakh* Moskva, 1994.

West, James L. *Merchant Moscow: Images of Russia's Vanished Bourgeoisie*, Princeton, N.J.: Princeton University Press, 1998.

<논문>

Avrekh A. Ia., "Tret'eiiunskaia Monarkhiia i obrazovanie Tret'edumskogo Pomeshchichie-Burzhuaznogo bloka," *Vestnik Moskovskogo Universiteta*, 1 (Jan. 1956), pp. 3-70.

Avrekh, A "III Duma i nachalo krizisa tret'eiiunskoi sistema, 1908-1910 gg., *Istoricheskie zapiski*, vol. 53.

Brainerd Michael and L. Haimson, "The Octobrists and the Gentry, 1905-1907: Leaders and Followers?" in *Politics of Rural Russia*, 1905-1914 (*Book type*) (Jan. 1979), pp. 67-93.

Bill, Valentine Tschebotarioff. "The Morozovs.." *Russian Review* 14, no. 2 (1955): 109-116.

Elkin, B., "Pamyati A. I. Guchkova," *Posledniia Novosti*, 5444, 18 Feb. (1936)

Edelman, Robert, "The Russian Nationalist Party and the Political Crisis of 1909," *Russian Review* 34:1, (Jan. 1975), p. 22.

Galai, Shmuel, "The Role of the Union of Unions in the Revolution of 1905," *Jarbücher für Geschichte Osteuropas*, 24:4 (1976), pp. 512.

Guchkov, A,I., "Iz vospominanii A. I. Guchkova," *Posledniia novosti* (Paris), nos., 5616-68. Aug. 9 - Sept. 30, (1936).

Haimson, L. h. "The Parties and the State: The Evolution of Political Attitudes," C. Black, ed., *The Transformation of Russian Society*, Cambridge, Mass., 1960.

Karpovich, M., "Two Types of Russian Liberalism: Maklakov and Miliukov," in E. J. Simmons, ed., *Continuity and Change in Russian and Soviet Thought*, Cambridge, Mass., 1955.

King, Vlaldimir, "The Liberal Movement in Russia, 1904-5," *Slavonic and East European Review*, 14 (1935), pp. 124.

Kruzhalova, N. Iu. "Deiatel'nost Moskovskoi Gorodskoi Dumy v 1905-1912 gg." *Sovetskie Arkhivy* 2 (March, 1982), pp. 53-55.

Legras, Jules, "A. I. Guchkov," *Le Monde Slave*, I. 1936,

Levin, A., "The Russian Voter in the Elections to the Third Duma," *Slavic Review*, 21 (1962), pp. 660-77.

Levitsky, S. L., "Legislative Initiative in the Russian Duma," *American Slavic and East European Review*, 15 (1956), pp. 313-24.

Lohr, Eric. "Russian Economic Nationalism during the First World War: Moscow Merchants and Commercial Diasporas." *Nationalities Papers* 31, no. 4 (December 1, 2003), pp. 471-484.

Owen, T. C., "Impediments to a Bourgeois Consciousness in Russia, 1880s-1905: The Estate Structure, Ethnic Diversity, and Economic regionalism," in Edith W. Clowes, Samuel D. Krassov and J. L. West, eds., *Between Tsar and People: Educated Society and the Quest for Public Identity in Late Imperial Russia*, Princeton, 1991, pp. 75-92.

Owen, Thomas C. "The Russian Industrial Society And Tsarist Economic Policy, 1867-1905.." *Journal of Economic History* 45, no. 3 (1985): 587-606. ?

Pares Bernard, "The Second Duma," *Slavonic Review*, 2 (1926), p. 36.

Pares, Bernard, "Alexander Guchkov," *The Slavonic and East European Review*, XV (July 1936), pp. 121-134.

Rieber, Alfred J.. "The Moscow Entrepreneurial Group: The Emergence of a New Form in Autocratic Politics.." *Jahrbücher für Geschichte Osteuropas* 25, no. 2 (1977): 174-199. ?

Seletskii, V. N. "Obrazovanie partii progressistov," *Vestnik Moskovskogo Universtiteta*, Seriia istoriia, no. 5 (1970)

Seleznev, Fedor Aleksandrovich. "Politicheskie predpochteniia burzhuazii moskvy i nizhnego novgoroda v 1906-1907 godakh.." *Otechestvennaia Istoriia*, no. 1 (2006), 42-53.

Shatsillo, K. F. "Pervaia Gosudarstvennaia Duma," *Otechestvennaia Istoriia*, 4 (1996), pp. 60-71.

Shelokhaev, Valentin V. "Progressisty" in Shelokhaev, V. V. et als., *Politicheskaia: Istoriia Rossii v Partiiakh i litsakh*, Moskva, 1994, pp. 39-59

Shelokhaev, Valentin V., "Ekonomicheskaia programma Russkogo liberalizma," *Kentavar*, 4 (July, 1994), pp. 73-86

Shelokhaev, Valentin V., "Politicheskaia programma Russkogo liberalizma," *Kentavar*, 6 (November, 1995), pp. 24-42.

Smith, C. J. "The Russian Third Duma: An Analytical Profile," *Russian Review* 17 (July 1958), pp. 201-210

West, J. "Riabushinskii Circle: Russian Industrialists in Search of a Bourgeoisie, 1909-1914," *Jarbücher für Geschichte Osteuropas*, 32:3 (1984), pp. 358-377.

조호연, "1890년대 러시아의 젬스트보 자유주의 운동" 『서양사론』 52, 1995, pp.140-166

조호연, "1905년에서 1917년까지의 러시아 자유주의 연구" 『슬라브 학보,』 14: 1, pp. 341-377

이정희, "19세기 모스크바 상인.기업가 계층의 성격에 관한 일고찰-정치적 자유주의 성장의 한계" 『 대구사학』 104, 2011. 8, pp. 239-283.

본문사진 목록 및 출처

<1-1> 파시즘과 기업가, 토리노(1932) 출처: Wikimedia Commons
<1-2> 토마스 만의 『부덴브로크 가의 사람들』 초판본(1901)
출처: Wikimedia Commons
<1-3> 미셸 푸코, 출처: Wikimedia Commons
<1-4> 이상적 노동자상, 스키오, 출처: Wikimedia Commons
<1-5> '아이 속에 희망이', 로시 보육원, 출처: Wikimedia Commons
<1-6> '이탈리아의 디트로이트', 피아트 린고토 공장의 옥상 시험주행로 건설 현장, 출처: Archivio Storico Fiat

<2-1> 존 D. 록펠러: 출처: http.www.google.com
<2-2> 스탠다드 오일 석유회사, 출처: http.www.google.com
<2-3> our plan 출처: http.www.google.com
<2-4> C F & I. 광부들(어린이 광부 포함) 출처: http.www.google.com
<2-5>록펠러 2세 출처: http.www.google.com
<2-6> 연방의회 노사위원회 출처: http.www.google.com
<2-7> 콜로라도주 러들로 출처: http.www.google.com
<2-8> '죽음특급' 장갑차 출처: http.www.google.com
<2-9> 아녀자로 구성된 텐트 출처: http.www.google.com
<2-10> 민병대 출처: http.www.google.com
<2-11> 13명이 죽은 현장 출처: http.www.google.com

<3-1> 자블라트 전투(the battle of Sablat, 1619년 6월 10일)
출처: https://en.wikipedia.org/wiki/Battle_of_Sablat
<3-2> 17세기 금세공업자의 작업장
출처: http://www.lagunabeachbikini.com/wordpress/wp-content/images/2010/editorial/goldsmith-woodcut-01.jpg

<3-3> 남해회사의 주식 증서:

출처: http://www.thebubblebubble.com/south-sea-bubble

<3-4> 영문판 아시엔토 표지(1713):

출처: Copy of 1713 book at the British Library

<3-5> 남해회사의 주식 증서(1720년 6월 13일 발행)

출처: http://brbl-dl.library.yale.edu/vufind/Record/3443895

<3-6> 호가스(William Hogarth)의 "남해회사 거품"(South Sea Bubble, 1720)

출처: https://www.library.hbs.edu/hc/ssb/description.html

<3-7> 뉴턴의 남해회사 주식 투자와 주가 추이(파버(Marc Faber)의 차트)

출처: Rochard L. Peterson, Trading on sentiment: the power of minds over markets (Hoboken: John Wiley & Sons, 2016), p. 219.

<3-8> 뉴턴(Isaac Newton)

출처: http://sirisaacnewton.info/isaac-netwon-quotes

<3-9> 남해회사 거품 놀이 카드(1720)

출처: Reprint of 1841/1852 editions of Extraordinary Popular Delusions and the Madness of Crowds by Charles Mackay.

<3-10> 남해회사 거품 붕괴로 인한 파산자들이 회사 임원을 잡으려는 일러스터레이션(C. L. Doughty 작품) 출처: https://www.magnoliabox.com/search?q=financial+crisis&type=product

<4-1> 그레이트 맨체스터 County-10개 광역도시 (p.4에 위치)

출처: https://namu.wiki/w/%EB%A7%A8%EC%B2%B4%EC%8A%A4%ED%84%B0

<4-2> 도매창고: 5층짜리 생산제품 보관 빌딩 (1840)

출처: Simon Taylor, Malcolm Copper and Barnwell, Manchester : The Warehouse Legacy-An Introduction and guide (London: English Heritage, 2002), p.9(Fig.11)

<4-3> 19세기 맨체스터 연립주택 구조와 건축 (Back to Back House)

여러 채 주택이 후면 부의 벽을 서로 공유하면서 연립하는 독특한 주거형식.

주택의 한쪽 면만 외부와 접하게 되므로 에너지의 손실을 막고 환기와 통풍이 제한됨.

출처: http://www.archivesplus.org/history/19th-century-housing/

<4-4> McConnel &Kennedy Mills (1797-1950s)

- Manchester Ancoats의 Redhill Street 에 위치한 면직물 공장(그룹)
- 8층짜리 건물 복합 Old mill(1797)+Long Mill(1801)+ Segi week Mill + Royal Mill+1835년경 주당 69시간 노동, 1500여명 근로자 고용, 평균임금 근로자의 3/4가 여성과 어린이, 맨체스터에서 가장 큰 공장으로 평가됨 (by 토크빌)

1891년경 1891 년 McConnel과 Co Limited는 130,000 개의 스핀보유
출처: https://en.wikipedia.org/wiki/List_of_mills_in_Manchester

<4-5> 19세기 맨체스터의 슬럼지구 Angel Meadow의 삶
출처: http://www.archivesplus.org/history/19th-century-housing/

<4-6> 굴뚝연기 자욱한 맨체스터 하늘과 도시모습
출처: http://www.manchestereveningnews.co.uk/news

<5-1> 로시의 알타 공장, 스키오(산업 고고학의 장소)
출처: Wikimedia Commons

<5-2> 피아트 린고토 공장, 토리노(1928) 출처: Wikimedia Commons

<5-3> 크레스피 다다, 크레스피 왕조의 산업 영지: 출처: Wikimedia Commons

<5-4> 비토리오 발레타(가운데), 피아트의 첫 번째 기적
출처: Archivio Storico Fiat

<5-5> 체사레 로미티(가운데,) 피아트의 두 번째 기적 (왼쪽은 피아트 회장 잔니 아넬리) 출처: Wikimedia Commons

<5-6> 코모의 농민-노동자들 출처: Storia d'Italia Series, Einaudi

<5-7> 가르냐노의 펠트리넬리 저택 출처: Wikimedia Commons

<5-8> 잔자코모 펠트리넬리 출처: Wikimedia Commons

<5-9> 구찌오 구찌 출처: Wikimedia Commons

<5-10> 아넬리 왕조의 연속성, 피아트의 창업자 조반니 아넬리와 그의 손자 잔니 아넬리 출처: Wikimedia Commons

<6-1> 불로뉴시의 르노자동차회사의 전경(1960년)

<6-2> <지도> 센느 도의 주요 꼬뮌들(1960년)

<6-3> 1947년 파업에 가담한 르노자동차공장의 노동자들

<6-4> Alfonse Le Gallo(1959)

<6-5> 르노자동차회사의 승용차 생산 과정(1960년)

<6-6> 르노자동차가 있던 불로뉴의 남부 지역에 민간업자들이 지은 고급 주택

<7-1> 몬드라곤 기업의 로고,　출처: Wikimedia Commons
<7-2> 초창기 울도르 협동조합　출처: Wikimedia Commons
<7-3> 예타 요원들　출처: BBC: 3
<7-4> 몬드라곤의 파고르 공장　출처: Wikimedia Commons
<7-5> 파고르 로고　출처: 위키메디아　출처: Wikimedia Commons
<7-6> 파고르 순이익 감소　S. Economy
<7-7> 몬드라곤 그룹 생산공장의 지도 몬드라곤 그룹 홈페이지
<7-8> 파고르-브란트 노동자들의 시위　출처: Le Journal du Pays Yonnais
<7-9> 파고르 마스터 쿡 (브로자멧 공장)　출처: Wikimedia Commons

<8-1> 볼프스부르크(wolfsburg)의 폭스바겐 공장
출처: https://de.wikipedia.org/wiki/Volkswagen_AG
<8-2> 세계의 폭스바겐 공장
출처: https://de.wikipedia.org/wiki/Volkswagen_AG
<8-3> 독일 제3제국의 아우토반(Autobahn)
출처: https://de.wikipedia.org/wiki/Volkswagen_AG
<8-4> 히틀러와 폭스바겐 자동차 모형
출처: https://de.wikipedia.org/wiki/Volkswagen_AG
<8-5> 폭스바겐 최초의 모형
출처: https://de.wikipedia.org/wiki/Volkswagen_AG
<8-6> '기쁨을 통한 힘(kdf)'의 국민차 포스터 광고 1
출처: https://de.wikipedia.org/wiki/Volkswagen_AG
<8-7> '기쁨을 통한 힘(kdf)'의 국민차 포스터 광고 2
출처: https://de.wikipedia.org/wiki/Volkswagen_AG
<9-1> 20세기 초 러시아 수도 도시 빈민의 모습　출처: 뜨레쨔꼬프 미술 박물관
<9-2> 1905년 1월 상뜨 뻬쩨르부르크의 피의 일요일 사건 출처: 뜨레쨔꼬프 미술 박물관
<9-3> 1905년 수도의 부유한 상인·기업가 가족의 모습 출처: 뜨레쨔꼬프 미술 박물관

<9-4> 1905년 12월 모스크바의 폭동 출처: 뜨레쨔꼬프 미술 박물관

찾아보기(인명)

ㅈ

ㅊ

ㅋ

찾아보기(용어)

저자소개

이정희

서울대학교 서양사학과를 졸업하고 박사학위를 받았으며, 미국 University of Michigan, Ann Arbor에서 러시아 및 동유럽사를 전공하였다. 현재 영남대학교 역사학과 교수.
저서로 『러시아 혁명과 노동자』, 『동유럽사』『20세기 급진주의노동의 흐름들』, 『서구 노동계급의 형성』 『혁명, 사상, 사회 변동』, 주요 논문으로 「1930년대 스딸린 대숙청에 관한 비판적 고찰」, 「뻬레스트로이카 이후 러시아 페미니즘 운동」 등

장문석

서울대학교 서양사학과를 졸업하고 동 대학교 대학원에서 문학박사학위를 받았다. 현재 영남대학교 역사학과 교수. 저서로 『민족주의 길들이기』, 『피아트와 파시즘』, 『파시즘』, 『민족주의』, 『근대정신은 어떻게 탄생했을까』, 『국부의 조건』(공저), 『자본주의 길들이기』 등이 있고, 역서로 『만들어진 전통』(공역), 『제국의 지배』, 『래디컬 스페이스』, 『스페인 은의 세계사』, 『현대 유럽의 역사』 등.

은은기

서울대학교 서양사학과 학부 및 석사과정을 졸업하고, 프랑스 소르본느대학교(파리4대학)에서 불로뉴-비앙꾸르시의 도시정책이란 제목으로 박사학위를 받았다. 현재 계명대학교 교수로 재직 중이며, 프랑스 현대사연구, 서양 근대사상의 이해, 강대국의 비밀을 비롯한 여러 편의 저서와 유럽공동농업정책, 플라톤의 국가론에 대한 새로운 접근, 루소의 사회계약론 재검토 등을 비롯한 수십 편의 논문을 기고하고 있다.

황보영조

서울대 서양사학과를 졸업하고, 스페인 마드리드콤플루텐세대학 현대사학과에서 박사학위를 받았다. 저서로 『기억의 정치와 역사』, 『 토지, 정치, 전쟁』, 역서로 『세계사 특강』, 『대중의 반역』 등 다수.

김성룡

경북대학교 사학과를 졸업하고 동대학교 대학원에서 박사학위를 받았다. 현재 영남신학대학교 교수. 저서로 『17-18세기 영국의 국민 통합과 프로테스탄티즘』, 『18세기 잉글랜드의 인구 증가와 농업 사회의 동요』, 주요 논문으로 「원산업화론의 유형과 문제: 영국을 중심으로」, 「산업 혁명 시기 영국의 농업 경제 변화와 복음주의의 부흥」, 「 조용한 통제와 저항: 18세기 전반 잉글랜드의 서번트 문제」 등 다수.

양재열

계명대학교를 졸업하고 동 대학교 대학원에서 문학박사학위를 받았다. 현재 영남대학교, 계명대학교에서 출강하고 있음. 주요 저서로서 『한국인을 위한 미국사』, 『링컨』, 역서로서 『미국헌법의 경제적 해석』, 『미국외교사』 등 다수.

김건우

경북대학교 사학과를 졸업하고 독일 프라이부르크(Freiburg) 대학교에서 박사학위를 받았다. 현재 경북대학교, 계명대학교, 금오공과대학교, 대구대학교에 출강. 저서로서 『흥망으로 본 세계의 역사』 주요 논문으로 「바덴(Baden)의 NSDAP」, 「21세기를 향한 새로운 도시의 창조」, 「녹색반란을 너머 녹색성장의 주인공 으로」, 「21세기 독일전기산업의 창조적 기업가」 등 다수.

최현미

경북대학교 사학과를 졸업하고 동대학원에서 박사학위를 받았다. 현재 경북대학교, 금오공대에서 출강. 주요 논문으로 「20세기 전반 영국 모리스 모터스社와 옥스퍼드 지역경제」, 「영국 기업인 너필드 경의 기업정신과 너필드 재단」, 「'사회적 기업의 모델', 캐드버리 기업(The Cadbury Brothers Ltd.)의 기업정신과 기업문화」, 「19세기 영국 퀘이커교 기업 론트리 기업의 기업정신과 기업문화」 등 다수.론트리 기업의 기업정신과 기업문화」 등 다수.

도상윤

영남대학교 대학원 졸업. 논문으로 『독일 나치스와 폭스바겐』 있음